文字烛照未来

TopBook

全手绘

搜神记

〔东晋〕干宝 撰

曹胜高 主编

于涌 注译

幻想中国丛书

TopBook
鬌书客
陕西新华出版传媒集团
陕西人民出版社

图书在版编目（CIP）数据

全手绘《搜神记》 / 于涌注译. --西安：陕西人民出版社，2022.8

（幻想中国 / 曹胜高主编）

ISBN 978-7-224-14419-2

Ⅰ. ①全… Ⅱ. ①于… Ⅲ. ①笔记小说－中国－东晋时代 Ⅳ. ①I242.1

中国版本图书馆CIP数据核字(2022)第028678号

出 品 人： 赵小峰

总 策 划： 刘景巍

出版统筹： 关 宁

策划编辑： 韩 琳

责任编辑： 晏 藜

书籍设计： 忒色西安·朱天瑞

插　　画： 忒色西安·李双辰

微信扫一扫
关注饕书客

新浪微博 @ 饕书客topbook

全手绘《搜神记》

作　　者 （东晋）干 宝

注　　译 于 涌

出版发行 陕西新华出版传媒集团 陕西人民出版社
（西安市北大街147号 邮编：710003）

印　　刷 陕西金和印务有限公司

开　　本 787mm × 1092mm　1/16

印　　张 17.75

字　　数 328千字

版　　次 2022年8月 第1版

印　　次 2022年8月 第1次印刷

书　　号 ISBN 978-7-224-14419-2

定　　价 79.90元

如有印装质量问题，请与本社联系调换。电话：029-87205094

人类的发展由两个动力推动：一是面对现实生活的能力，通过改造自然、征服自然以及调整社会关系来实现自身的生存与发展；二是面对未来的能力，其中既包括在时间流程上对尚未到来时代的想象，也包括在空间方位对未知世界的理解。面对现实的能力让人类一步一个脚印地前行，而面向未来的能力则启发着人类的想象，让我们能够摆脱现实的拘束，去尽情地畅想遥远时空里的种种奇妙。

想象是人类发展的翅膀，没有想象，我们就缺少对未来的憧憬，也缺失了面对困境的信心。中华民族五千年历史中，并不缺少对未来进行想象的桃花源，更不缺失对未知世界的探索。在观看日落月出时形成的羲和、嫦娥的神话，在仰望星空时形成的四象二十八星宿的幻想，在远眺高山俯瞰江河时生发的山妖河怪的想象，追溯历史故事时联想到神仙神人的故事，都流淌着中华民族浪漫不羁的灵性与超凡脱俗的感知。

幻想，没有起点也不需要终点，可以凭空而来，也可以无根据而去，不能用常理去推测它们为何形成，因为到现在也搞不清为什么会有那样看似不靠谱，也不着调，更无法理喻的幻想。就像《博物志》《搜神记》《拾遗记》《神仙传》《异苑》中的远方与异物、诗情与画意、神奇与变化，为文学提供了浪漫恣肆的素材，为艺术滋养着无数的灵感，为精神寻找到一个徜徉的空间，成为中华民族超越现实、面向未知未来的精神生活方式。

科学技术的快速发展，使得我们更乐意去幻想更为遥远的时空里有着怎样的人和事，基于科技认知而形成的科幻文学，寄托着我们对未来的期待；基于神话传说而形成的玄幻文学，同样承载着我们对超现实能力的幻想；特别是在虚拟的游戏世界里，我们找到了复制远方异物、诗情画意、神奇变化的能力，使得中华民族曾经有过的幻想时空得以立体地呈现在可感知的空间里，成为我们释放想象、渴望穿越、寻求实现的一种途径。我们曾经有过的那些神话传说、地理图式、时空建构、神异变化，有着怎样的细节，有着如何的记录，有着何等的神奇，有着多少的玄幻，让我们一同打开“幻想中国丛书”，进入一个个既有玄幻，又有科幻，还有神异的幻想世界，脑补一下什么是想象的疯狂和穿越的快感。

曹胜高

2022年4月15日

魏晋南北朝可以称为志怪的时代，当时的人对于鬼狐仙怪似乎抱有极大兴趣，当佛教在中土广为传播后，更是拓宽了人的知识领域，激发对未知世界探索的欲望。设想，如果当时有微博的话，有两个人一定可以成为知名博主：一个是刘义庆，一个是干宝。这两人虽然都比较喜欢八卦，但一个是八卦名人逸事，一个是八卦鬼神异事。只不过当时人不管这叫“八卦”，文雅一点称之为“志人”“志怪”。如果说刘义庆《世说新语》可以稳坐“志人小说”界的第一把交椅，那么干宝《搜神记》可算是“志怪小说”界当之无愧的龙头老大。提到志怪小说，进入大家脑海的，想必就是干宝的《搜神记》。想要了解这本书，我们先来看看它的作者，这个“知名八卦博主”干宝究竟是何许人也。

干宝，字令升，《晋书》中记载他是新蔡（今河南新蔡）人，但新蔡只是他的祖籍，干宝出生时，他的家族已经迁到吴地海盐一带。关于他的出生年，史书中没有明确的记载，大致生于吴国末帝天纪年间，即公元280年左右。干宝出生于官宦家庭，祖父干统曾任吴国奋武将军、都亭侯，父亲干莹曾任吴国丹阳丞。他的出身使他从小就接受了良好的家庭教育，加上他少年勤奋苦读，博览群书，在西晋末年就以才华卓著闻名。在建兴三年（315）左右，朝廷将他任命为著作佐郎，干宝在政治上崭露头角。在这段时间，因为参与平定杜弢之乱立下功劳，他还被赐爵关内侯。

在西晋末年的永嘉之乱中，干宝也跟随朝廷南下渡江，因为当时东晋朝廷刚刚建立不久，官制不完善，没有史官，所以在晋元帝建武年间，当时任中书监的王导推荐干宝为史官，领修国史。后来因为家贫，干宝求补山阴（今绍兴）令，继而朝廷又任命他为始安（今桂林）太守。在太宁元年（323）前后，王导又举荐干宝为司徒右长史、迁散骑常侍。散骑常侍只是虚衔，实际上他仍兼任著作郎的工作。咸和元年（326），母亲桓氏去世，干宝辞官为母守孝，服丧期满后，返回朝廷继续任散骑常侍、著作郎一职。晋成帝咸康二年（336）三月，干宝去世，享年六十余岁。朝廷特加尚书令，从祀学宫。

从干宝生平看上去，他的一生没有太大的起伏，基本是担任编撰史书的工作，几次迁官都是王导的举荐，可见王导对他的才能的认可。干宝在担任史官期间，编撰了《晋纪》，《晋纪》从晋宣帝（司马懿）迄于晋愍帝（司马邺），记录了西晋五十三年间事，共二十卷。唐代以前编撰“晋纪”的一共有二十多家，这其中干宝的《晋纪》算是比较好的，当时人评价说：“其书简略，直而能婉，咸称良史。”可惜如此用心编撰的史书却没有完整流传下来，相反，一部记载鬼神之事的《搜神记》，却让干宝以小说家的身份扬名后世。一个史官，按理说应该秉承良史实录传统，不应对鬼神之事如此热衷，究竟是什么触动了他，让他产生创作《搜神记》的动机呢？这就要从传说中他的两件亲历之事说起。

一件事跟一个婢女有关。干宝的父亲有一个宠爱的侍婢，但是干宝母亲嫉妒心极强，等到父亲去世，竟将小婢女推进干宝父亲的墓中陪葬。当时干宝兄弟年纪尚小，对这件事不甚知晓。过了十几年，母亲去世，按理要与干宝父亲合葬，当大家打开墓道时，发现婢女趴在干宝父亲的棺木上，栩栩如生。大家把她抬回去，过了几天竟然苏醒过来。问她在墓中是如何生活的，她说干宝父亲经常给她取来吃的喝的，对她恩情有如生前。大家问她家里发生的事，她都能一一说明，生活在地下一点都不觉得难受。因为还年轻，家里也不能留她，就将她嫁了出去，后来还生了孩子。

另一件事跟他哥哥有关。这一年，干宝的哥哥生病去世了，尸体停在灵堂，但是摸上去体温却如常人，大家觉得很奇怪，也不敢贸然下葬。过了不久，哥哥居然苏醒过来。大家围过来采访他，问他死而复生有何感想，他说感觉自己并没有死，好像做了一场梦，梦中自己往来穿梭于天地之间，见了一些大鬼小鬼、神仙妖怪，说得竟然头头是道。

这两件事对干宝影响非常大，如果说年轻时仅仅对阴阳术数比较有兴趣的干宝，对于道听途说的鬼怪故事尚存有一些怀疑的话，那么这两件事则像两颗深水炸弹般，直接冲击了他的世界观。从此干宝在编撰史书的时候，开始格外注意收集古今神祇灵异、人物变化的故事，最终将其整理为二十卷的《搜神记》（限于篇幅，本书编为上、中、下三卷）。

根据干宝所写《搜神记》序言来看，《搜神记》的材料来源主要有两方面：一种是"承于前载者"，即将前代诸多史书中记录的鬼神之事采摘出来，最大限度地保留故事的原汁原味，不使其遗失；一种是"采访近世之事"，因为史官出身，他在编撰《搜神记》时，尽力通过史书的体例呈现，比如在故事的开头，先明确交代主人公的姓氏、籍里、官职、出身等信息，这是典型的史书记载方式。这两种编撰方式，其目的都是为了"明神道之不诬也"，证明鬼神之事是真实存在的，这也是干宝创作《搜神记》的主旨。

从效果来看，干宝的目的似乎达到了，因为现存唐代房玄龄编撰的《晋书》就"好采诡谬碎事，以广异闻"，这里显然有干宝的影子，这也使《晋书》在"二十四史"正史系统中备受诟病。除了《晋纪》和《搜神记》外，干宝还有《春秋左氏义外传》，注《周易》《周官》凡数十篇及杂文集，可惜这些作品皆不传于世。

《搜神记》的内容，按照李剑国先生的划分，可分为：神仙术士及其法术变化之事、神灵感应之事、妖祥卜梦之事、历史传说、物怪变化及灵奇之物、神话传说、鬼事、精怪、报应故事等九类。这是一种分类方式，如果再按照不同标准划分，还可以分出很多类型来。比如按照题材类型划分，有关于爱情主题、梦主题、复生主题、还魂主题、果报主题、复仇主题、应验主题等。再从选取人物来看，《搜神记》也没有一定的标准，这里面有传说中的神话人物，也有神仙人物；有普通百姓，也有达官贵人；有历史名人，也有当代士族，但凡与神异相关的都纳入其中，正符合“搜神”之名。总之，《搜神记》选材广泛，故事题材类型多样，内容丰富多彩，反映的社会生活面极广。即便如此，从结构上来看，《搜神记》也不显得驳杂混乱，二十卷的分布虽长短不均，但每一卷几乎都可以归纳出一个中心主题来，可以看出干宝在结构安排上的别具匠心。

从叙事的角度来看，这些故事的叙事手法基本有三种：一种是简单的摘抄，比如卷六、卷七，几乎就是简单地从史书中摘录过来，谈不上叙事手段高明与否的问题；第二种是选取人物典型事件，比如管辂、淳于智、郭璞、左慈、华佗等人的故事，仅选取其平生最具有代表性的故事，来表现人物的奇特之处，这显然是史传手法的继承；第三种则是具有完整的故事情节，比如弦超神女、胡母班传书、三王墓、王道平妻、李娥、卢充幽婚、李寄斩蛇等，这些故事不仅篇幅较长，内容完整，而且情节曲折，动人心魄，小说的一些基本要素已经具备。从这些故事中，可以看出小说这种文体在魏晋时期从史传文学中脱胎，并逐渐走向成熟的过程。

除了叙述性的故事之外，干宝还在里面发表一些专门的议论。比如“论妖怪”“论山徙”“论五气变化”等，通过这些议论，干宝表达自己对于超自然现象的理解，折射出当时人们的鬼神观，这对研究魏晋时期的思想史有非常重要的价值。有时候，干宝还在故事中发表一下议论，比如“王道平妻”故事后面，加一句“实谓精诚贯于天地，而获感应如此”的感慨，这也是史官常用的表达方式，其他诸如“掘地得犬”“马皮蚕女”等故事中，还做了一些简单的考证，这种严谨的态度也使他被当时人称为“鬼之董狐”。

世界上固然是不存在鬼神的，有些看似神异的现象，其实从科学角度都可以进行合理的解释。《搜神记》从历代史书中摘录了诸多奇异现象，比如龟生毛、兔生角、牛生五足、雌鸡化雄，诸如此类，显然是生物学上的基因突变，在当今社会其实也并不少见。但在古人看来，这些现象的产生一定与当时的政治相关，在天人感应观盛行的时代，一切自然界的奇异现象，都被看作人世在上天的反映，甚至有些现象完全是人为虚构出来，其背后隐藏了诸多政治意图。

虽然《搜神记》以记录鬼怪神异为主，但不能因此完全否定《搜神记》的价值，因为鬼神故事中所反映的人情世态是千年不变的。在“搜神”的世界里，鬼可以变成人，人也可以变成鬼，鬼有时骗人，人有时骗鬼，鬼有人的七情六欲，人有鬼的阴险诡诈。比如被宋定伯拙劣的演技欺骗后卖到集市上的鬼，简直单纯得令人心疼；秦巨伯被自己的疑心所蒙蔽，居然怀疑两个孙子是鬼变的，竟手刃孙子；与钟繇夜夜相会的女鬼，却被钟繇无情刺杀；风流儒雅、博学多才的斑狐书生，却被张华以千年华表照死烹了吃肉。读罢这些故事，不禁让我们感慨，有时真是人不如鬼。

《搜神记》对后世的影响非常大，尤其在唐传奇以及鬼狐仙怪类小说方面，很多故事成为后世经常出现的原型，有些片段和细节描写也常被移植到后世小说或戏曲当中。比如蒋侯助杀虎的故事，出现在《水浒传》中李逵杀虎的情节中；“东海孝妇”的故事，就是关汉卿《窦娥冤》的原型；“三王墓”被鲁迅改编成《铸剑》，等等。历代还有很多对《搜神记》的仿作，比如陶渊明《搜神后记》、刘义庆《幽明录》、焦璐《搜神录》、徐铉《稽神录》、洪迈《夷坚志》、祝允明《志怪录》、蒲松龄《聊斋志异》、袁枚《子不语》、纪昀《阅微草堂笔记》，等等，这些作品多多少少都有《搜神记》的影子，连蒲松龄都说自己“才非干宝，雅爱搜神”，可见干宝《搜神记》的地位和影响。

坊间《搜神记》的注释版本有很多，我们选取了马银琴译注的《搜神记》做底本，标点和注释基本与此书保持一致，对于有疑问的地方，适当做出修改。在篇目讲解的选择上，我们的选编原则是“去简就繁”。太过于简单的故事，重复出现的类型故事，以及情节上没有太多起伏的故事，文学价值不大的故事，我们仅列出注释，不再进行详细的解读。目的是为读者提供更纯粹、更具有可读性的文学读物。

在解读时，我们更注意避免机械化的翻译，语言力求通俗平易，采用风趣幽默的表达方式。新媒体时代，无厘头式、公众号式的解构性阐释，成为一种普遍流行的趋势，这种风格虽然便于读者接受，但有时也会削弱故事中隐含的知识性和学术性。因此，我们在讲解时，会针对故事中出现的知识点进行扩展，或者对其中不太好理解的地方，发挥想象，进行相对合理的解释。也会对故事中折射的精神和内涵，从现代思维角度加以引申。作者之心未必然，而读者之心未必不然，这种解读仅代表个人的观点，目的也是为了抛砖引玉，给读者提供一个丰富而开阔的想象空间。毕竟《搜神记》就是一部凝聚了奇思妙想的杰作，在读的时候，先要调动你的想象力，假如非要寻根问底，对里面的故事一一进行考证，未免有损《搜神记》的“神”韵。

最后，让我们插上想象的翅膀，一起来遨游“搜神”的奇幻世界吧。

目录

上卷

1. 神农以赭①鞭鞭百草，尽知其平毒寒温之性，臭②味所主，以播百谷，故天下号『神农』也。

＝注释＝ ①赭（zhě）：红色。②臭（xiù）：泛指气味。

＜解说＞ 神农氏是古代非常著名的人物，又被称为炎帝，相传他是农业和医药的发明者。以我们现在的角度来看，农业和医药很难说是某一个人发明的，一定是在偶然之间，发现某物可以吃，吃了可以充饥；某物有毒不能吃，吃了会死人，也许真的死了不少人，在付出了血的惨痛代价以后，才会明白哪些东西是好的，哪些是不好的。所以神农并非一个人在战斗，一定是背后有一个群体在支撑。《白虎通义》《拾遗记》等书对此都有不同的记载，但归结起来，医药和农业的发明都被视作神农的功劳。

还有一种说法比较常见，《淮南子·修务训》里记载："神农乃始教民，尝百草之滋味，当时一日而遇七十毒，由此医方兴焉。"神农拿自己当小白鼠，做活体实验，看到草就拿来嚼嚼，一日遇七十毒。这显然有悖常理，在没有抗生素和血清的古代，漫说七十毒，随便吃到一棵致命的草就回天乏术。除非神农禀赋异常，百毒不侵。

当然，连古人也觉得这并不可信，所以给神农一个很合情合理的归宿，说他最后因吃到了"断肠草"而身亡。不仅圆了神话的荒谬，也赋予了神农为人类伟大事业而牺牲的光辉形象。

既然尝百草并不可靠，于是就有了《搜神记》里的道具出现——赭鞭，一个红色的小鞭子。这个鞭子的神奇之处在于，触碰草木就能显示出草木平、毒、寒、温的药性，有点类似于药物检测器，这种做法显然比尝百草安全得多。而他为什么叫神农而不叫"神医"？那是因为他能够播种百谷，所以称之为"神农"更合理。而且，也没有任何证据可以证明神农行医。

在东汉时期有一本著名的医书，叫《神农本草经》，对三百六十五种药物的功效一一进行介绍。这本书到底是谁写的，至今无法搞清楚，古人还没有意识到尚有"劳动人民共同创造"这种说法，非要给这本权威之作加上权威作者，于是神农氏很自然地被赋予了知识产权。这体现了古人明显的个人英雄主义情怀。

2. 赤松子者，神农时雨师[1]也，服冰玉散，以教神农，能入火不烧。至昆仑山，常入西王母石室中，随风雨上下。炎帝少女追之，亦得仙，俱去。至高辛[2]时，复为雨师，游人间。今之雨师本是焉。

〓注释〓 ①雨师：司雨之神。②高辛：即帝喾（kù），姬姓，名俊（一作夋，夔），黄帝曾孙，受封于辛，号高辛氏，为五帝之一。

＜解说＞ 关于赤松子，《淮南子》和《列仙传》中都有记载，《搜神记》这段内容，就出自《列仙传》，干宝只是做了一点修改。赤松子是上古时期神话中的人物，后来演化成道教中的仙人。《淮南子》里说他能够“吹呕呼吸，吐故纳新，遗形去智，抱素反真，以游玄眇，上通云天”。这显然是道家人物所具有的本领。

赤松子的本领源于他吃了一种仙药——冰玉散，有人认为这种东西其实就是水晶，吃了能够让人长生不死。说他入火不烧其实就是说明这种能力，连火都无法烧死的人，试问还有何物能够消灭他的肉身？

昆仑山是传说中联通天地的神山，里面住着著名的西王母。西王母在中国神话系统中最具特色，她的形象在不断演化。由最早的半人半兽，到容颜绝世的美女，再到后来我们熟知的面目慈祥的王母娘娘，她可以称作地道的“百变女神”。多少凡人梦想着能够与西王母见上一面，为此不惜任何代价却不能如愿。但是赤松子就能经常去昆仑山找西王母聊天，为什么呢？因为他有上天入地的本领。

天地之间的往来，必须要有桥梁，要有沟通天地之法。方法有两种，一是靠风雨，自上而下；一是靠烟气，自下而上。赤松子靠的是风雨，随风雨上下。

赤松子的魅力极大，在当时就吸引了大量粉丝，其中炎帝的小女儿就是一个疯狂的小迷妹。后来她跟着赤松子一起飞升而去，算是私奔了。两人隐居了很久，到了高辛时期，赤松子才复现人间。高辛就是帝喾，五帝之一，是黄帝的曾孙。黄帝和神农在一个时期，也就是说，赤松子在神农时期为雨师，过了两代，到了帝喾时期，依然是雨师。

3. 彭祖者，殷时大夫也。姓钱，名铿。帝颛顼①之孙，陆终②之中子。历夏而至商末，号七百岁。常食桂芝。历阳③有彭祖仙室。前世云：祷请风雨，莫不辄应。常有两虎在祠左右。今日祠之讫④，地则有两虎迹。

〓注释〓 ①颛顼（zhuān xū）：『五帝』之一，姬姓，号高阳氏，黄帝之孙，昌意之子。②陆终：传说中远古时人。颛顼后裔，火神吴回之子。③历阳：古地名。秦置县，东汉治所历阳，晋置历阳郡，北齐改称和州，即今安徽和县。④讫（qì）：停止。

＜解说＞ 彭祖是古代传说中著名的长寿之人，相传他活了八百多岁，是标准的冻龄男神。

彭祖是尧时人，因为封地在大彭，故曰彭祖，说其寿命八百岁，其实是大彭国存在八百年，而非他在人世活了八百岁。司马迁就认为彭祖并非一个人，而是一个氏族的称呼。《史记·楚世家》载："彭祖氏，殷之时尝为侯伯，殷之末世灭彭祖氏。"《竹书纪年》里面也说："（武丁）四十三年，王师灭大彭。"清人孔广森认为，彭祖为彭姓之祖，实际上彭国存在了八百年，而非彭祖活了八百岁。

人都希望获得永恒生命，享受现世的快乐，古希腊神话中有个女巫叫西比尔，她向阿波罗要了永恒的生命，但是她却没有要不老的容颜。随着时间流逝，人都萎缩成了干尸，但就是死不了，活受罪。彭祖就不一样，始终保持寻常老人的形象，因为他懂得养生，常吃桂芝，道家就认为彭祖是导引养生的鼻祖。

一个人究竟能活多久？科学家认为，理论上人能活一百五十岁，但现在世界上最长寿的人，也不过一百二十岁左右。《黄帝内经》里就说上古之人"度百岁乃去"，那是因为上古之人懂得养生之道，"法于阴阳，和于术数，食饮有节，起居有常，不妄作劳"，而"今时之人不然也，以酒为浆，以妄为常，醉以入房，以欲竭其精，以耗散其真，不知持满，不时御神，务快其心，逆于生乐，起居无节，故半百而衰也"。而按照现在人的生活习惯和频频出现的各种环境问题，别说八百岁，过百岁都难。

但如果人人都能如神语中一样活八百岁，想想其实也是件可怕的事。

4. 师门者，啸父①弟子也。能使火，食桃葩②。为孔甲③龙师。孔甲不能修④其心意，杀而埋之外野。一旦，风雨迎之，山木皆燔⑤。孔甲祠而祷之，未还而死。

═注释═ ①啸父：古仙人名。《列仙传》载其于西周市上补履数十年而不老，人多奇之。②葩（pā）：花。③孔甲：相传为夏代国君。④修：顺从。⑤燔（fán）：焚烧。

<解说> 孔甲是夏代第十四位君主，孔甲在位期间荒淫昏庸，国家开始走向衰弱。《史记·夏本纪》称："帝孔甲立，好方鬼神，事淫乱。夏后氏德衰，诸侯畔之。"孔甲有个爱好，喜欢把龙当宠物养。

上古时期的龙，与我们现在于神话传说中看到的龙的形象很不同，现在的龙是经历了氏族部落的图腾融合，再加上历史上的不断增饰演变而来，跟西方扇着翅膀喷着火的 dragon 也不同，具体的形象我们现在很难还原，因为早已灭绝。现在世界上每天都有物种在灭绝，按照中国人的饮食追求，要想灭绝一两种动物根本不在话下。孔甲就差点在餐座上灭绝了龙。

《史记·夏本纪》有这样一段记载："天降龙二，有雌雄，孔甲不能食，未得豢龙氏。陶唐既衰，其后有刘累，学扰龙于豢龙氏，以事孔甲。孔甲赐之姓曰御龙氏，受豕韦之后。龙一雌死，以食夏后。夏后使求，惧而迁去。"有一次天上下来两条龙，一雌一雄，孔甲垂涎龙肉，但是没有像虞舜时期的养龙人豢龙氏那样的人。后来有个人叫刘累，说是曾经跟豢龙氏学过养龙，于是孔甲赐他个更霸气的名字——"御龙氏"。

雌龙水土不服，死了。刘累觉得不能浪费，于是精加工一番，做成龙肉酱，进献给孔甲，孔甲吃后惊呼美味，每顿必吃龙肉酱。有一天孔甲心血来潮，说我要看看我的母龙，刘累心想，低头看看你肚子吧，龙在里面呢。三十六计走为上计，溜吧。

《搜神记》里面说的主角不是刘累，是师门，师门也给孔甲养龙，但是运气就没有刘累那么好，因为不听孔甲的话，被孔甲杀了，埋在了外野。一天早上，风雨大作，可能因为雷电，山上的树木都烧了起来，孔甲觉得自己做错了，于是设立个祠庙祭祀祷告。但是在祭祀回来的路上就死了，也算应得的报应。

5. 前周葛由，蜀羌人也。周成王时，好刻木作羊卖之。一旦，乘木羊入蜀中，蜀中王侯贵人追之，上绥山。绥山多桃，在峨眉山西南，高无极也。随之者不复还，皆得仙道。故里谚曰：『得绥山一桃，虽不能仙，亦足以豪。』山下立祠数十处。

< 解说 > 这是一个小贩走上人生巅峰的故事。

但凡仙人多好卖弄，好像不显示一下本领就枉为神仙。周成王时期有一个四川人，叫葛由，是个技艺精湛的木匠。他的拿手工艺是雕刻木羊，他雕工精湛，能够以假乱真。每只木羊好像匹诺曹一样，能跑能跳。葛由的木羊远近驰名，很有销量，蜀地人民喜欢用木羊作装饰，摆在家里。木匠的老祖宗鲁班的技艺跟葛由相比，似乎略逊一筹，《墨子》里记载说：“公输子削竹木以为鹊，成而飞之，三日不下。”鲁班用竹子削的鸟，有点类似于风筝，能够借助风力飞上三天。但徒具观赏性，毫无实用性可言。而葛由的羊不仅能动，还能骑，至今不知动力何在。这和后来诸葛亮用木牛流马运送粮草一样，是个中国科技史上始终无法解释的谜。

有一天葛由心血来潮骑着木羊去赶集，好多王侯贵人发现木羊原来还有这种玩法，就追着葛由跑，想看看这玩意儿到底有何玄机。不知不觉，来到一座山下，这座山在峨眉山的西南边，叫绥山。绥山实际上就是峨眉山中的“二峨山”。

峨眉山有四座山峰，名字起得简单粗暴：大峨山、二峨山、三峨山、四峨山。大峨山、二峨山是道教圣地，葛洪在《抱朴子》中说：“娥眉山、绥山（二峨山），皆此是正神在其山中，其中或有地仙之人。”峨眉山常有云海，看上去宛如仙境。

跟着葛由的这些王侯贵人来到绥山上，走得口渴，看到漫山遍野的桃子，摘来一吃，美味得很。但所有人都没有下山，而是集体失踪了。后来有人怀疑是食物中毒，死光了。但当时人认为，如果一个人平白无故消失，那就是得道升仙了。

这件集体失踪事件，还成就了一款古今知名水果——“绥山牌仙桃”，山民还自创了广告词：“来个绥山大蜜桃，不能成仙也自豪！”连李白都说好！（李白《叙旧赠江阳宰陆调》有句云：“君披万人丛，脱我如貔牢。此耻竟未刷，且食绥山桃。”）

一个优秀的仙人，不仅能超度时人，还要泽被后代。

6. 崔文子者，泰山人也。学仙于王子乔。子乔化为白霓，而持药与文子。文子惊怪，引戈击霓①，中之，因堕其药。俯而视之，王子乔之履也。置之室中，覆以敝筐。须臾，化为大鸟。开而视之，翻然飞去。

‖注释‖ ①霓（ní）：虹的一种，即虹的外环。亦称“副虹”“雌虹”。

<解说> 王子乔是周灵王的太子，名叫姬晋，字子乔，人称太子晋、王子晋、王子乔。史书中记载，王子乔与他平庸的父亲周灵王不同，他不仅是一个聪慧博学之人，也是一个宽厚仁爱之人。也许这点令其父心里很不爽，后来两人因为在治理水患上意见相左，任性的灵王就把他贬为庶人。被贬后的王子乔内心极其苦闷，三年后就郁郁而终。他在被贬时就预言自己三年后就要见天神了，三年后果然应验，后人就觉得他很厉害。人们都希望这样的人能够有个好的结局，所以成仙显然是他最受人期待的归宿。

王子乔在仙人系统中，知名度极高。刘向《列仙传》中有一段关于王子乔成仙过程的描绘。说王子乔善于吹笙，能够吹出凤凰鸣叫的声音。有一天在伊洛之间游玩，遇到个叫浮丘公的道士。这道士看他骨骼清奇，就把他接到嵩山之上修仙学道，一去就是三十年，家人遍寻不见。某天一个叫桓良的人看到了王子乔，王子乔让他给家人带个话，说七月七日，到缑氏山巅去等我。到了七月七日这天，家人聚集在缑氏山巅，怎么也没找到王子乔，抬头一看，王子乔正骑着白鹤在云端向下摆手，家人都说快下来啊，回家呀。但是王子乔只是笑而不语，拱手跟大家说，拜拜，大家死后见。然后就驾着仙鹤消失于浮云之中，留给大家一个驾鹤西归的美好形象。后来好多人都表达对王子乔的仰慕之情，李白就非常向往王子乔得道成仙的奇妙经历，说："吾爱王子乔，得道伊洛滨。"宋之问也有一首非常著名的诗叫《王子乔》，诗云："王子乔，爱神仙，七月七日上宾天。白虎摇瑟凤吹笙，乘骑云气吸日精。吸日精，长不归，遗庙今在而人非。空望山头草，草露湿人衣。"王子乔的故事被大家传诵，成仙之处犹在，然而人们只有伫立山下，举头远望山顶，怅然喟叹仙人的缥缈与不可企及。

《搜神记》中的主人公是崔文子，本来两人没什么交集的，崔文子也是传说中的仙人。《列仙传》中他能够制药，做成两种药叫黄散、赤丸，做完了就上集市上去卖。刚开始销路不好，但是后来赶上了瘟疫，死了好几万人。没办法，有官员就到崔文子家里求他出山。崔文子打着一个红色的旗子，带着黄散挨家挨户敲门送药，喝了他的黄散的人，都保全了性命。后来人们就觉得他的药是宝贝，把他越吹越神。

要说这药的配方，毫无疑问是绝密的，但是《搜神记》把崔文子和王子乔这两个毫不相关的人联系在一起，编造了灵丹妙药的来历。说崔文子是王子乔的徒弟，有一天王子乔变成了一道白霓，给崔文子送来了灵药。崔文子也是个愣茬儿，拿着戈就投向白霓。幸好王子乔躲得快，情急之中还是掉了一只鞋。崔文子很是调皮，故意把鞋藏起来，这让王子乔很尴尬，回到仙界，人家一看自己光着一只脚丫子，毕竟有损仙貌。所以得想办法让鞋子自己回来啊，于是鞋就变成一只大鸟，趁着崔文子打开大筐看的时候，扑棱棱飞走了。

7. 琴高，赵人也。能鼓琴。为宋康王舍人。行涓、彭之术，浮游冀州、涿郡①间二百余年。后辞入涿水②中，取龙子。与诸弟子期之。曰：『明日皆洁斋，候于水旁，设祠屋。』果乘赤鲤鱼出，来坐祠中。且有万人观之。留一月，乃复入水去。

‖注释‖ ①冀州：古九州之一，包括今河北、山西两省，及河南省黄河以北、辽宁省辽河以西之地。涿郡：郡名。汉置，为今河北省涿县治。②涿水：古水名，相传源出河北省古涿鹿山。

<解说> 古人起名有时很随意，有的按照居住地取名，比如住在东郭的叫东郭先生，住在西门的叫西门大官人；有的也按照技艺取名，比如后羿、豢龙氏；有的按照特征起名，比如冠先，因为“常冠带”。比如这条故事中的主人公琴高，明显是不太谦虚地表示自己的琴艺很高超。

琴高先生是宋康王的舍人，相当于门客。宋康王是战国时期宋国最后一位国君，在位期间颇有作为，相继灭了周边的滕国、薛国，但是其人崇尚暴力。《史记》中称他“盛血以韦囊，县而射之，命曰射天”，在皮囊里装满血，以弓箭射之，美其名曰“射天”。场面之血腥，堪比 B 级电影。《战国策》里还说他“剖伛之背，锲朝涉之胫”，剖开驼背者的背，早上过河的都要砍腿，可谓霸道至极！所以诸侯给他一个“雅号”，叫“桀宋”，意思是他的行为堪比夏朝最后一位暴君桀。后来邻居齐国实在看不下去了，找机会把他给灭了。

宋康王的故事远不止此，他还有一个著名的舍人，叫韩凭，他的故事，我们后面再说。回过头来再看琴高。琴高懂得涓彭之术，涓指的是涓子，彭是彭祖，两者都是以饵食之术得以长寿的代表。到了两汉之际，还形成了“涓彭派”，在方仙道中影响颇大。所以琴高能够在冀州、涿郡之间浮游二百年。有一天琴高来了兴致，要去涿水中取龙子，还特意交代弟子斋戒沐浴，修建一个神祠，准备好各种日常供物。到了日子，大家翘首以盼，以为琴高会像哪吒一样，骑着巨龙潇洒降落。没想到他却骑着一条红色大锦鲤跃水而出，弟子们那叫一个失望啊。不过琴高在神祠中坐了一个月，惹得一万人去跑“转锦鲤”，希望能得到好运。

8. 淮南王安好道术。设厨宰以候宾客。正月上辛，有八老公诣[1]门求见。门吏白王，王使吏自以意难之，曰：『吾王好长生，先生无驻衰之术，未敢以闻。』公知不见，乃更形为八童子，色如桃花。王便见之，盛礼设乐，以享八公。援琴而弦歌曰：『明明上天，照四海兮。知我好道，公来下兮。公将与余，生羽毛兮。升腾青云，蹈梁甫[2]兮。观见三光[3]，遇北斗兮。驱乘风云，使玉女兮。』今所谓《淮南操》[4]是也。

═注释═ ①诣：前往，去到。②梁甫：又名梁父，泰山下的小山，古时死人丛葬的地方。③三光：日、月、星的总称。④《淮南操》：古乐曲名，又称《八公操》。

<解说> 淮南王刘安大家并不陌生，《淮南子》一书就是他组织门客编撰的，将汉初黄老道思想进行了系统的总结。还有一个成语与他相关——“一人得道，鸡犬升天”。说他喜欢道术，因为炼丹药，某天吃了自己炼的丹药一命呜呼了，家里的鸡鸭鹅狗猫也吃了点，顺便也都一命呜呼了。相传他因为炼丹药，还偶然间发明了豆腐，这可是泽被后世的大功劳。

汉代的诸侯王多喜欢开阁延宾，这是战国时期养士之风的遗存。淮南王尤其喜欢养门客。正月上旬的辛日，忽然有八位老人来求见。淮南王故意让门卫刁难一下这八个老头，意思是我这门槛很高，不是什么阿猫阿狗都可以进的。门卫小伙子就说：“我们大王追求的是长生不老，看您几位大爷这老态龙钟的样子，肯定没有不老之术，我是不敢给您几位爷报信的。”

这八个老头一看，明显是淮南王瞧不起咱哥几个，来，哥几个给他露一手！只见八个老头拉个皮、拍个黄瓜、打了几针玻尿酸，不一会儿，捯饬成了八个小孩儿，一个个长得面如桃花。淮南王一听有这等奇事，赶紧盛情款待这八位仙人。为了对自己之前的失礼表示歉意，淮南王特意即兴抚琴唱了一曲赞歌：“上天光明照耀四海，知我好道特派公来。八公为我插上翅膀，羽化升仙漫游梁甫。看见日月与星辰，遇见北斗好销魂。驾着清风踏着云，九天玉女来接朕。”这首曲子就是现在流传下来的《淮南操》。

当然，淮南王希望八位仙人能够传授他不老之术，但是很明显，这几个仙人并没有传授给他，否则他也不会再去炼什么丹药羽化登仙了。这个故事告诉我们，不要以貌取人，尤其是成帮结伙的老年人。

9. 刘根字君安，京兆①长安人也。汉成帝时，入嵩山学道。遇异人，授以秘诀，遂得仙，能召鬼。颍川②太守史祈以为妖，遣人召根，欲戮之。至府，语曰：『君能使人见鬼，可使形见。不者，加戮。』根曰：『甚易，借府君前笔砚书符。』因以叩几。须臾，忽见五六鬼，缚二囚于祈前。祈熟视，乃父母也。向根叩头曰：『小儿无状，分当万死。』叱祈曰：『汝子孙不能光荣先祖，何得罪神仙，乃累亲如此！』祈哀惊悲泣，顿首请罪。根默然忽去，不知所之。

═ 注释 ═ ①京兆：西安古称，汉朝京畿都城地域的名称，是周朝王畿、秦代京畿，之后对都城辖域的称谓。②颍川：郡名。秦朝设置，汉、晋均沿置，辖境约为今河南省中部及南部等地。

<解说> 这则故事，原载于《后汉书·方术传》，这是一则典型的宣验故事，已经开始出现了完整的情节。干宝写《搜神记》这本书的目的是为了“发明神道之不诬”，这就是证验的一种手段。这种思想影响了史书的编撰，《晋书》中就掺杂了大量的神怪故事，虽然备受后世诟病，但也真实反映了当时人认知世界的一种思维方式。

这类宣验故事大多有一种套路：得道—怀疑—验证—隐去。故事的主人公刘根，在嵩山学道，得到异人传授的秘诀，可以召唤鬼魂。鬼是否存在？千百年来，只有两种观点——是和否。站在唯物主义的立场上看，世间是不存在鬼魂的。但是即便在当前科学如此发达的时代，依然有人因为很多科学无法解释的现象，对鬼魂的存在深信不疑。

汉成帝时，朴素的唯物主义信奉者颍川太守史祈，就不相信有鬼的存在，认为刘根的行为是妖言惑众，要将他绳之以法，杀之以儆效尤。他想要当场戳穿刘根的把戏，就让他变出个鬼来给自己看。刘根写了张符，敲了几下几案，口中念叨：“各位，见证奇迹的时刻到了！”不一会儿，只见五六个鬼绑着两个囚犯，出现在大家面前。当然，免不了用些干冰，制造烟雾缭绕的效果，烘托气氛。

史祈定睛一看，两个囚犯不是别人，正是自己过世的父母，史祈吓得跪下磕头如捣蒜，直道：“孩儿该死！”父母站在他面前开骂：“这败家孩子，不能光宗耀祖不说，还胆敢得罪神仙，连累我俩被拉出来示众，这要是在鬼界传出去，多丢人。”史祈赶紧向刘根谢罪，刘根默不作声飘然而去，深藏身与名。

《孝经》里讲：“立身行道，扬名于后世，以显父母，孝之终也。”史祈不仅不能使父母显名，还让父母从九泉之下丢人丢到阳间。刘根正是抓住了这一点，打人不打脸，骂人不骂娘。不打你不骂你，让你爹娘羞辱你，这就是神仙区别于市井小民的厉害之处。

10. 汉明帝时，尚书郎河东①王乔为邺②令。乔有神术，每月朔③，尝自县诣台。帝怪其来数而不见车骑，密令太史候望之。言其临至时，辄有双凫④从东南飞来。因伏伺，见凫，举罗张之，但得一双舄⑤。使尚方识视，四年中所赐尚书官属履也。

═注释═ ①河东：古地区名。黄河流经山西、陕西两省，自北而南的一段之东部，指今之山西省。②邺：古地名，在今中国河北省临漳县西。③朔：农历每月初一。④凫：动物名。俗名野鸭。⑤舄（xì）：鞋。

＜解说＞ 汉明帝时，河东人王乔曾任尚书郎。尚书郎在东汉时期首置，在孝廉中选取优秀人才，进入尚书台。尚书台相当于皇帝的秘书处，属于国家政务中枢。刚进入尚书台的称作尚书郎中，一年后称尚书郎，三年后称侍郎。所以可知王乔在皇帝身边待了至少一年，不足三年。后来王乔被下放到基层锻炼，到了邺县当县令。

王乔可能不甘心在地方工作，仍然惦记着回到中央，所以每个月的初一，就从邺县回到中央尚书台。邺县在今邯郸市临漳县，从邯郸到洛阳有三百五十多公里。按照古代交通情况，走路至少要十天，骑马也要四五天。若按照一般人，这来来回回小半个月就过去了。可是王乔不带任何随从，独来独往，潇洒自如。皇帝觉得特别奇怪，就秘密派太史盯着，看王乔如何日行千里。

太史回来说，每次王乔来的时候，我们都能看见一对野鸭子从东南飞来。这次太史派人埋伏起来，用网逮到了两只野鸭，没想到野鸭竟变成了一双鞋子。让给皇帝制作器物的尚方官员仔细一看，原来是永平四年赐给尚书官署的鞋子。

这个故事与前面所讲崔文子和王子乔的故事有相仿之处，都是鞋子变成鸟，来去自如。说明仙人都有个毛病，爱丢鞋。但是这个故事有诸多疑点，第一，邯郸在洛阳东北，为何从东南飞来两只野鸭？第二，这双鞋明显是王乔当年做尚书郎时在尚书台穿过的，似乎这双鞋与王乔忽然现身有密切关系，但是关系何在？干宝惜墨如金，没有一点赘言，给人无限的遐想。

11. 蓟子训，不知所从来。东汉时，到洛阳，见公卿数十处，皆持斗酒片脯①候之，曰：『远来无所有，示致微意。』坐上数百人，饮啖终日不尽。去后，皆见白云起，从旦至暮。时有百岁公说：小儿时，见训卖药会稽②市，颜色如此。训不乐住洛，遂遁去。正始中，有人于长安东霸城，见与一老公共摩娑铜人，相谓曰：『适见铸此，已近五百岁矣。』见者呼之曰：『蓟先生小住。』并行应之。视若迟徐，而走马不及。

═注释═ ①脯：干肉。②会稽：地名。浙江省旧县名，今与山阴县合并为绍兴县。

<解说> 蓟子训的故事打破了质量守恒定律，证实了爱因斯坦的相对论。

古往今来，多少人追求长生不死，但有人认为，实际上世上长生之人，只是进入了另一个时空，这个时空时间的流逝要慢于现实世界。所以有“天上一日，地上一年”的说法。晋朝樵夫王质烂柯人的传说，日本浦岛太郎的传说，也许都是进入另一个时空的典型。

相对论认为，物质的速度接近或超过光速，时间会变慢甚至倒退，空间会扭曲。狭义相对论有一个经典的理想实验，叫“双生子佯谬”。假设一对孪生子，其中一个坐上太空舱做太空旅行，当他回到地球，会比他的兄弟更年轻。世间很多无法理解的现象，似乎与这种时空扭曲的现象相关。

假设我们的主人公蓟子训也经历这样的时空旅行。他在东汉时，见到很多公卿大夫，拿着一斗酒、一块肉干，招待大家。神奇的是几百个人喝一斗酒、吃一块肉干，整整一天都没有吃光。酒和肉都具有再生功能。这是奇事之一。奇事之二是他离开的时候，白云腾起，从早到晚没有消失。假如他进入时空扭曲内，那么他的消失是一瞬间的事，而在外人看来，白烟却冒了一整天。

奇事之三，更加证明了他进入扭曲空间之中。当时有一个百岁老人，说他小时候见过蓟子训，那时候在会稽市场见到的蓟子训，样貌与现在几乎没有不同。又过了很久，朝代到了曹魏正始年间，也就是竹林七贤活跃的时期，大家在长安东边的霸城见到了蓟子训，他正和一位老人抚摸铜人，并说：“我们刚刚见过这个铜人被浇筑，现在已经五百年啦。”

正始年间（240—249）向前推五百年，如果取约数，那正是秦始皇统一六国时期。史载始皇统一天下后，“收天下兵，聚之咸阳，销以为钟鐻，金人十二，高三丈，重各千石，置廷宫中”（《史记·秦始皇本纪》）。到了三国时期，这十二个金人被董卓销毁十个，做成了铜钱。《魏略》记载，魏明帝景初元年（237），“徙长安诸钟簴、骆驼、铜人、承露盘。盘折，铜人重不可致，留于霸城”。魏明帝想把长安的铜人拉到洛阳，但是因为太重了，就留在了霸城。这两个铜人，正是蓟子训在霸城抚摸的铜人。

有人看到蓟子训出言惊人，便要追上去询问，蓟先生和老人边走边搭话，看着走得慢悠悠的，可是后面的人骑着马也追不上。

12. 左慈字元放，庐江①人也。少有神通。尝在曹公座，公笑顾众宾曰：『今日高会，珍羞略备。所少者，吴松江鲈鱼为脍②。』放曰：『此易得耳。』因求铜盘贮水，以竹竿饵钓于盘中，须臾，引一鲈鱼出。公大拊③掌，会者皆惊。公曰：『一鱼不周坐客，得两为佳。』放乃复饵钓之。须臾，引出。皆三尺余，生鲜可爱。公便自前脍之，周赐座席。公曰：『今既得鲈，恨无蜀中生姜耳。』放曰：『亦可得也。』公恐其近道买，因曰：『吾昔使人至蜀买锦，可敕④人告吾使，使增市二端。』人去，须臾还，得生姜。又云：『于锦肆下见公使，已敕增市二端。』后经岁余，公使还，果增二端。问之，云：『昔某月某日，见人于肆下，以公敕敕之。』后公出近郊，士人从者百数。放乃赍⑤酒一罂⑥，脯一片，手自倾罂，行酒百官，百官莫不醉饱。公怪，使寻其故。行视沽酒家，昨悉亡其酒脯矣。公怒，阴欲杀放。放在公座，将收之，却入壁中，霍然不见。乃募取之。或见于市，欲捕之，而市人皆放同形，莫知谁是。后人遇放于阳城山头，因复逐之。遂走入羊群。公知不可得，乃令就羊中告之，曰：『曹公不复相杀，本试君术耳。今既验，但欲与相见。』忽有一老羝⑦，屈前两膝，人立而言曰：『遽如许。』人即云：『此羊是。』竞往赴之。而群羊数百，皆变为羝，并屈前膝，人立，云：『遽如许。』于是遂莫知所取焉。老子曰：『吾之所以为大患者，以吾有身也；及吾无身，吾有何患哉。』若老子之俦⑧，可谓能无身矣。岂不远哉也。

注释 ①庐江：古地名。西汉设郡，隋初设县，今属安徽庐江县。②脍（kuài）：细切的肉、鱼。③拊（fǔ）：拍，通『抚』。④敕（chì）：帝王的诏书、命令、告诫。⑤赍（jī）：怀抱着，带着。⑥罂（yīng）：大腹小口的瓦器，或作『甇』。⑦羝（dī）：公羊。⑧俦（chóu）：同辈，同一类的人物。

<解说> 曹操是个非常复杂的人物，他将“枭雄”这一称谓由内到外诠释得淋漓尽致。同时，从他写的诗中，又能看出他是个肩负着历史责任感，勇于担当的时代英雄。《世说新语》《曹瞒传》《三国志》等典籍中，对于曹操形象的描绘已然很多。《搜神记》这条故事虽然主角是左慈，但我们在了解左慈的同时，也能从侧面窥见曹操的性格。

庐江人左慈，在《后汉书》中有他的传记，被收在卷 82《方术传下》中。《搜神记》在内容上与《后汉书》差别不大，只在末尾加了老子讲的一段话，作为感叹。基本上讲了一个手段高明的术士，如何几次三番躲避了曹操的迫害。

一次曹操在宴会上突发奇想，说要吃吴淞江的鲈鱼脍。吴淞江远在千里之外，大家自然觉得是玩笑话。但左慈说，这容易，我来给你见证个奇迹。于是拿个铜盘，放满水，拿根竹竿，不一会儿，钓出一条鲜活鲈鱼，满座惊叹。曹操上脸了，说一条不够大家吃，再来一条。于是左慈又钓出一条鲈鱼，两条鱼三尺有余，鲜活可爱。

这里要介绍一下当时的著名美食鲈鱼脍。脍这个字在最初是细细切肉的意思，比如《论语》中说“食不厌精，脍不厌细”，《礼记·内则》中说：“肉腥细者为脍。”强调了脍是生肉。脍肉即是生肉切薄片，脍鱼即是生鱼片。后来还衍生出一个新字“鲙”，专指生鱼片。

汉代乐府诗《羽林郎》有“就我求珍肴，金盘脍鲤鱼”之句，说明至少在汉代，就已经普遍用脍的方式吃鱼了，只不过吃的是鲤鱼，鲤鱼土腥味较重，肉质也不如鲈鱼细腻爽滑。鲈鱼比较适合原汁原味的吃法，要么生吃，要么清蒸。

这道菜之所以出名，源于西晋人张翰。西晋时期，吴郡吴县人张翰在洛阳当官，看到秋风起时，格外想念家乡的菰菜羹、鲈鱼脍，于是任性地递上辞呈，扬长而去，回家品尝舌尖上的吴郡。

后来这道菜名气越来越大，隋炀帝下江南时候，也夸赞鲈鱼脍是“所谓金齑玉脍，东南佳味也”。后人便用“金齑玉脍”的雅号取代了鲈鱼脍之俗名。因为生鱼会有腥味，加之有细菌，需要葱、芥来调味。《礼记》称：“脍，春用葱，秋用芥。”又因为水产之物寒性较大，需姜来中和。

曹操说，鱼也有了，最好再来点蜀地产的姜就完美了。其实是想再考验一下左慈，左慈当然说小 case，没问题，别说蜀地生姜，就是日本瓦萨比我也能给你弄到。这时曹操的狡诈显露出来了。为了防止左慈事先准备好生姜，他特意交代说，我之前派人去蜀地买彩锦，你去跟他们讲，让他们多买四丈回来。

左慈应诺离去，不一会儿带来生姜，还说看到了买锦的使者，已经交代他们多买四丈了。曹操只是笑笑，心想小样儿，你就装吧，你猜我信不信你。

一年以后，曹操派去买锦缎的使者回来，果然多买了四丈。曹操一问，使者就说去年某月某日，当时正是曹操宴会之日，在市场上遇到一个人，将您的命令传达来的。可以想象曹操此时内心震惊程度。曹操此时已然知道左慈的厉害，以他的性格，难以掌控之人，必除之以绝后患。这来无影去无踪的，某天忽然出现在我曹孟德的卧榻之侧，趁我酣睡之时，给我来上那么一刀，想想就脊背发凉。铲除左慈的机会很快就来了。

又一次聚会，这次左慈拿了一坛子酒，一片肉，就让百官吃个酒足饭饱。曹操大吃一惊，疑心顿起，派人暗中调查。发现头一天晚上，一家酒店里的酒肉全部丢失。一股愤怒和恐惧袭来，曹操顿生杀心。曹操不允许任何人在他面前卖弄，卖弄才华者，杀。卖弄智谋者，杀。卖弄出身者，杀。卖弄道术者，必须杀！

于是悬赏捉拿左慈，左慈当然不会束手就擒。第一次，在市场上士兵看到左慈，刚要抓他，忽然发现全市集的人都变成了左慈。原来左慈用了忍者秘术——“影分身术”，不知哪个是真身。第二次，有人在阳城山头看到了左慈，派人去追，左慈一眨眼钻入羊群，变成一头羊。

曹操一看这么抓是抓不住，只能使点诈。于是派人说：“曹公不想杀你，只是想考验考验你的法术，既已验证，就想见你一面。”随后有一只老公羊像人一样站起来说：“哎呀妈呀，把我吓够呛！”现形了，抓他！当大家扑上去抓这只羊的时候，忽然几百只羊都像人一样站起来，说“哎呀妈呀，把我吓得够呛！”大家顿时又一次陷入迷茫。

故事到这里结束了，史传记载也到此为止。但《搜神记》给加了一段老子的话：“我之所以有所忧患，是因为我有身体存在。假如我没有身体存在，又何来忧患？”在干宝看来，左慈就是没有形体的人，正因为没有具体形体，才可能成为任何形体，才不会有生死存亡的忧患。修仙之人，想要达到的就是这种境界。

13. 孙策欲渡江袭许①，与于吉俱行。时大旱，所在熇厉②。策催诸将士，使速引船。或身自早出督切，见将吏多在吉许。策因此激怒，言：『我为不如吉耶？而先趋附之。』便使收吉至，呵问之曰：『天旱不雨，道路艰涩，不时得过，故自早出。而卿不同忧戚，安坐船中，作鬼物态，败吾部伍。今当相除。』令人缚置地上，暴③之，使请雨。若能感天，日中雨者，当原赦；不尔，行诛。俄而云气上蒸，肤寸④而合。比至日中，大雨总至，溪涧盈溢。将士喜悦，以为吉必见原，并往庆慰。策遂杀之。将士哀惜，藏其尸。天夜，忽更兴云覆之。明旦往视，不知所在。策既杀吉，每独坐，仿佛见吉在左右。意深恶之，颇有失常。后治疮方差，而引镜自照，见吉在镜中，顾而弗见。如是再三。扑镜大叫，疮皆崩裂，须臾而死。吉，琅琊人，道士。

〓注释〓①许：许昌的简称。②熇（xiāo）厉：热，炎热。③暴（pù）：晒。④肤寸：古代长度单位。一指宽度为寸，伸直四指的宽度为肤（一肤为四寸）。这里指浓云密布之状。

<解说> 关于孙策的死，《三国志》说是因刺客所杀。孙策杀了吴郡太守许贡，许贡的小儿子和一个刺客流亡到江边，谋划着寻机为父报仇。建安五年，一次孙策单骑出门，不想路上遇到此刺客，被刺客所伤。

据《三国志》注引《吴历》记载，孙策的伤本来不重，医生说好好将养，百日勿动，自会痊愈。可坏就坏在伤口的位置在脸上。《三国志》记载："策为人，美姿颜，好笑语。"有这样一副俊美无俦的面孔，当然格外骄傲。所以当他拿起镜子，仔细窥视一番，发现已被刺客毁容，顿觉人生昏暗，癫狂般地怒捶几案，留下一句"面如此，尚可复建功立事乎？"当夜暴亡。一代英杰小霸王孙策，就这样匆匆结束了自己短暂的二十六岁春秋。

在这则故事中，孙策的死也是跟镜子有关。只是镜子中出现的不是自己，而是道士于吉。这则故事暴露了孙策的致命弱点——小心眼儿，为人不够大气，并且出尔反尔，缺乏一个有为君主该有的气度。

就因为将士们都围绕着于吉，孙策妒忌了，居然质问，我难道还不如于吉吗？为何大家都倾服于他。于是就要治罪于吉。这本身就幼稚得很，像是二十来岁小伙子的脾气。还将于吉绑起来暴晒，声称如果下雨，就放了你。显示出一个富二代残忍跋扈的一面。令他意外的是，天果然下雨了，将士们都为于吉高兴，觉得可以免死了。但孙策一看将士们的反应，又妒意大发，居然出尔反尔杀了于吉。

孙策自从杀了于吉，行为就有些反常。时而觉得于吉就在自己身边，安静时候好像能感受到于吉的呼吸，听到于吉的心跳。后来因为受伤，创口刚刚好些，孙策照镜子时，忽然发现于吉站在身后，披头散发，形态可怖。孙策猛然回头，哪有人影，只有寒风吹着帷幔，令人发冷。再次望向镜子，于吉正站在背后对着自己笑！再回首，无人，风更大。

孙策慢慢转过脸来，汗如雨下，脸和镜子成四十五度角停住，眼睛却不由自主地一点点望向镜子。于吉！他笑得更加狰狞，不出声地对着镜子里的孙策说话，口型分明在说"拿，命，来！"孙策大叫一声，脸上的伤口崩裂开来，一命呜呼。

镜子，照的不仅是形体，更是内心，你的内心有什么，照出来的就是什么。就像贾瑞手中的风月宝鉴，宝鉴无关风月，风月之人照之，自见风月。人又何尝不是镜子，你看到别人的样子，其实只是你自我的写照罢了。

14. 吴猛，濮阳人。仕吴，为西安①令，因家分宁。性至孝。遇至人丁义，授以神方；又得秘法神符，道术大行。尝见大风，书符掷屋上，有青乌衔去，风即止。或问其故，曰：『南湖有舟，遇此风，道士求救。』验之果然。武宁令干庆②，死已三日，猛曰：『数未尽，当诉之于天。』遂卧尸旁。数日，与令俱起。后将弟子回豫章③，江水大急，人不得渡。猛乃以手中白羽扇画江水，横流，遂成陆路，徐行而过。过讫，水复。观者骇异。尝守浔阳，参军周家有狂风暴起，猛即书符掷屋上，须臾风静。

〓注释〓①西安：古地名。东汉末年设县，晋改名豫宁，武周分建昌设武宁县，即今江西武宁县。②干庆：干宝之兄。③豫章：古地名。在今江西南昌一带。

<解说> 《搜神记》中记载的神仙，一个重要的特质就是有掌控自然的能力。这似乎是早期先民对于自然畏惧心理的遗留，对自然力破坏的畏惧，使先民格外崇拜英雄人物，进而捏造出诸多神话。如射日的后羿，治水的大禹，补天的女娲，等等。神话中的英雄人物多是能够掌控自然或者征服自然的超人。所以神仙之掌控自然，既是对神话人物的移植，也是对超人的合理性想象。

吴猛就具备掌控自然的神异能力。吴猛从至人丁义这里得到了神方，不仅能够起死回生，还能通过画符止风分水。符箓是道家修炼常见的手段，符箓神通广大，内容丰富多彩，最常见的功用是可以祛除邪祟。电影中常见茅山道士，手持桃木剑，口念急急如律令，烧符驱鬼，这是百姓对于符箓功能的基本认知。至于能否奏效，恐怕很难说，但至少可以起到心理安慰的作用。

通过画符，控制自然现象，也属于符箓一项功能，吴猛就画了一张符，扔到屋顶上，立刻飞来一只青鸟，叼走了这张符，本来刮得正紧的风忽然止住。有人就很奇怪，奇怪的不只是止风的手段高明，更奇怪好端端的，为什么要让风停住。吴猛就说，南湖有一只小舟，遇到这阵大风，马上就要翻船了，上面有一个道士，向我求救，我这才施以援手。除了止风，吴猛还能分水，他分水的过程，很像《出埃及记》里的摩西。可见中外神话中这种掌控自然能力的传说都是相似的。

15. 园客者，济阴人[1]也。貌美，邑人多欲妻之，客终不娶。尝种五色香草，积数十年，服食其实。忽有五色神蛾，止香草之上，客收而荐[2]之以布，生桑蚕焉。至蚕时，有神女夜至，助客养蚕，亦以香草食蚕。得茧百二十头，大如瓮，每一茧，缫[3]六七日乃尽。缫讫，女与客俱仙去，莫知所如。

注释 ①济阴：菏泽古称，因在济水之南而得名。②荐：衬，垫。③缫（sāo）：抽茧出丝。

<解说> 济阴有一个帅哥叫园客，远近闻名，当地好多人想要把自己女儿嫁给他，但他都不为所动。他种了棵五色香草，有美容养颜的功效，连续吃它的果实几十年，可保容颜不衰。有一天忽然飞来一只五色飞蛾，落在香草上，园客把它放在布上，产下许多蚕卵。

到了养蚕的时候，有一位神女半夜突然出现，帮他养蚕，以香草喂养的蚕有一百二十条，条条大得如瓮一样，缫丝六七天才完成。神女缫丝结束后就跟园客羽化一起升仙，不知所踪。这个故事很简单，但可以让我们了解养蚕的一些知识。

中国养蚕历史悠久，相传始于黄帝的妻子嫘祖，这虽然很难考证，但是可知养蚕织布是古代女子分内之事，中国古代多称“男耕女织”，重体力活自然交给男子。而养蚕、采桑、织布、制衣等一系列紧张繁复的劳动，则成为妇女几千年来的责任和义务。《夏小正》中说：“三月……摄桑……妾子始蚕。”《诗经·豳风·七月》也有“蚕月条桑”，“蚕月”就是夏历三月，也就是现在的阴历四月。四月是个繁忙的月份，女子在外采桑，不仅劳累，还要担心被公子们掳走。许多爱情故事也发生在春光明媚的采桑季节，在这个时候，辛勤劳作的女子，挥洒汗水，散发着无比耀眼的光彩。

在古代，织布的能力也是衡量一个女子是否勤劳手巧的一个标准，汉乐府有一首诗，叫《上山采蘼芜》，这里面说：“新人工织缣，故人工织素。织缣日一匹，织素五丈余。将缣来比素，新人不如故。”缣和素都是锦，但是缣色发黄，素色洁白，两者贵贱有别。男子用织缣、织素来比较新媳妇和前妻，是典型的男权社会的思维习惯。由此可见，心灵手巧，在织布数量及质量上能够创造极大价值的仙女，自然成为古代男子梦寐以求的妻子标准了。

16. 汉董永，千乘人。少偏孤①，与父居。肆力田亩，鹿车载自随。父亡，无以葬，乃自卖为奴，以供丧事。主人知其贤，与钱一万，遣之。永行三年丧毕，欲还主人，供其奴职。道逢一妇人曰：『愿为子妻。』遂与之俱。主人谓永曰：『以钱与君矣。』永曰：『蒙君之惠，父丧收藏②。永虽小人，必欲服勤致力，以报厚德。』主曰：『妇人何能？』永曰：『能织。』主曰：『必尔者，但令君妇为我织缣③百匹。』于是永妻为主人家织，十日而毕。女出门，谓永曰：『我，天之织女也。缘君至孝，天帝令我助君偿债耳。』语毕，凌空而去，不知所在。

〓注释〓 ① 偏孤：早年丧父或丧母一方。② 收藏：指入殓下葬。③ 缣（jiān）：双丝的细绢。

＜解说＞ 董永与七仙女的故事大家并不陌生，至少我们都熟悉黄梅戏《天仙配》，可惜的是这个流传极广的戏曲，把一个唯美浪漫的爱情传说，活脱脱地演绎成了十分接地气的乡村爱情故事。但是，至少满足了普通劳苦大众对仙女的一种幻想，仙女如果不劳动，那不就是花瓶吗？所以仙女不仅要好看，还要中用。

关于董永和仙女的故事，有很多版本，史书中最早出现的董永，是在汉代刘向的《孝子传》中："董永者，少偏孤。与父文居，乃肆力田亩。鹿车载文随。父终，自卖身富公，以供丧事。道逢一女，呼与语曰：'愿为君妻。'遂俱至富公，富公曰：'汝为谁？'答曰：'永妻，欲助偿债。'公曰：'汝织三百匹，遣汝。一旬乃毕，女出门谓永曰：'我天女也，天令我助子偿人债耳。'语毕，忽然不知所在。"

这是董永故事的雏形，但是这《孝子传》原书遗失了，现在见到的是在《法苑珠林》等书中保存的内容，基本上董永的故事梗概已经初步形成。三国时期曹植的《鼙舞歌》五首之二《灵芝篇》，也是关于董永的一条重要文献："董永遭家贫，父老无财遗。举假以供养，佣作致甘肥。责家填门至，不知何用归。天灵感至德，神女为秉机。"显然是对《孝子传》内容的诗化处理。此后便是我们看到的《搜神记》这个版本了。

争议最大的要数董永故里了，现在大家都在争名人故里，以增加本地的知名度，尤其是年代久远，籍贯记载不明确的古人。董永的老家，就有山西运城万荣、山东青州（千乘）、江苏东台、湖北孝感等说法。大多数人都认为是山东青州，其中一个重要依据就是《搜神记》里的记载。

关于仙女，更是有多种多样的传说，最早，刘向《孝子传》说是"天女"，曹植也只说是"神女"，而到了《搜神记》，则变成了"天之织女也"。但是问题来了，"织女"已经配给了"牛郎"了，人家"盈盈一水间，脉脉不得语"，似乎情比金坚，再嫁给董永，织女岂不成了"渣女"？

于是后人慢慢就在人数上做文章，敦煌残卷《董永变文》就把织女变成了三个人，其中一个就是董永的妻子，解决了这一婚姻难题。再后来，到了宋代，就演化成了七个仙女，最小的嫁给了董永。从董永和七仙女的故事发展来看，我们不难发现古代的神话传说，是在不断地累加修改，逐渐解决不合情理之处，增加故事情节的曲折生动，并且加入当时人的观点态度。

董永的故事之所以能够历代相传至今，是因为它具有极大的魅力。这个故事肯定了"孝"的行为，董永卖身葬父，就是宁可舍弃自己最宝贵的人身自由，也不能让父亲曝尸于野，这关系到一个人的基本道德底线。加上佛教传入之后，果报理论盛行，认为善有善报，董永的孝行得到回报自是理所应当。既赎了身，又娶了老婆，最后居然还升仙了，这一步一步走上人生巅峰的梦幻经历，皆源于自己的孝行，满足了读者对好人结局的期待。

17. 汉时有杜兰香者，自称南康①人氏。以建业四年春，数诣张传。传年十七，望见其车在门外，婢通言：『阿母所生，遣授配君，可不敬从？』传先改名硕，硕呼女前视，可十六七，说事邈然②久远。有婢子二人：大者萱支，小者松支。钿③车青牛，上饮食皆备。作诗曰：『阿母处灵岳，时游云霄际。众女侍羽仪，不出墉宫④外。飘轮送我来，岂复耻尘秽。从我与福俱，嫌我与祸会。』至其年八月旦，复来，作诗曰：『逍遥云汉间，呼吸发九嶷⑤。流汝不稽路，弱水⑥何不之。』出薯蓣子⑦三枚，大如鸡子，云：『食此，令君不畏风波，辟寒温。』硕食二枚，欲留一，不肯，令硕食尽。言：『本为君作妻，情无旷远，以年命未合，其小乖⑧。太岁⑨东方卯，当还求君。』兰香降时，硕问：『祷祀何如？』香曰：『消魔自可愈疾，淫祀无益。』香以药为消魔。

‖注释‖ ①南康：古地名，现江西南康。②邈然：遥远的样子。③钿（diàn）：把金属宝石等镶嵌在器物上作装饰。④墉宫：传说中西王母的居处。⑤九嶷：又名苍梧山，位于湖南省宁远县南，相传舜葬于此。⑥弱水：泛指传说中险恶难渡的河海，险而遥远的河流。⑦薯蓣子：山药。⑧乖：不顺，不和谐。⑨太岁：我国古代天文学中为纪年的方便而假设的星名。

<解说> 关于杜兰香的故事，在魏晋之际广为流传。具体产生的时间，有两种说法：一种是《太平御览》中收录的《杜兰香传》，说是发生在西晋太康时期（280—289）；一种是《艺文类聚》《搜神记》里记载，蜀后主建兴四年（226）。《杜兰香传》的作者一般认为是两晋之交的文人曹毗。《晋书·曹毗传》中说："时桂阳张传为神女杜兰香所降，毗因以二篇诗嘲之，并续《兰香歌》诗十篇，甚有文彩。"说明这个传说离曹毗生活的时代并不遥远，有可能在太康年间最早流传的。

《搜神记》应该是以曹毗的《杜兰香传》为底本的，可惜的是曹毗所写的《兰香歌》诗十篇现在已经遗失了。后人还有人写成《杜兰香别传》，也安在曹毗的名下，说明这个故事流传度非常广。

为什么当时人对这个故事有如此大的兴趣？主要是神女下嫁的情况在当时颇为流行。神人相接是先秦以来形成的文学命题，从宋玉的《神女赋》到《汉武故事》中的西王母，神女都是与帝王相见，但是都没有屈尊下嫁的情况。连曹植的《洛神赋》也是一副高冷范儿，神女的可遇不可求成为文人的共同遗憾，正所谓"神女只应天上有，人间得有几回闻"。

但是到了汉末，从董永的传说开始，神女嫁给普通百姓成为普遍现象，这是神仙形象渐趋人格化的表现，也是道教神仙逐渐大众化的反映。大家似乎都希望与神仙来个偶遇，就算只是得到点灵丹妙药也是极好的。

张传这小伙子也不知是哪辈子修来的福，故事里既没有说他具备董永的高尚品德，也没有说明他有啥特异之处，却得到了神女的青睐。要说这神女杜兰香，其实也是受其母委派，下嫁给张传，所谓婚姻大事，父母之命，媒妁之言，岂是杜兰香一人说了算？也不知母亲看上张传哪一点？所以杜兰香话里话外透露着不那么情愿的态度。一会儿说这是母亲的命令，一会儿说咱俩年命不合，婚后生活怕是会有不和谐。但是杜兰香还是给了张传三颗鸡蛋大小的山药蛋，说吃了这玩意儿，不怕水不怕风，不怕寒凉和温病（**山药果真有此功效吗？**），张传说，这玩意儿有点噎，我留一个吧。不行！必须吃！别人求着都吃不到，你还净事儿呢？

这个故事结构上有点松散，没头没尾，叙述也不是很成熟，但越是这样越给后人极大的发挥空间。所以《艺文类聚》《太平广记》这些书里，又有很多演绎这小两口婚后生活的故事。比如《艺文类聚》有一条说杜兰香嫁给张传以后，天天给他做好吃的，但是味道着实很一般。张传跟她反映说，老婆这菜有点味同嚼蜡的感觉呢。但是好在人家是神女，味道虽然不咋样，但是吃一顿能让你七八天都不饿。

《太平广记》里的一段记载很搞笑，说杜兰香嫁给张传时，人家张传本来就有老婆，但是老婆没有孩子，而且相当善妒。张传就问杜兰香该怎么办，杜兰香就说没事看我的。说完张传老婆就得了重病，眼瞅着快不行了，张传急了。杜兰香说你别急，等这创伤好了，她也就不嫉妒了。果然，几天以后老婆病好了，从此以后再也不嫉妒了。这也是当时男权社会下对女性要求的一个缩影。

18. 魏济北郡从事掾[1]弦超，字义起。以嘉平[2]中夜独宿，梦有神女来从之。自称天上玉女，东郡[3]人，姓成公，字知琼，早失父母，天帝哀其孤苦，遣令下嫁从夫。超当其梦也，精爽感悟，嘉其美异，非常人之容。觉寤钦想，若存若亡，如此三四夕。一旦，显然来游，驾辎軿[4]车，从八婢，服绫罗绮绣之衣，姿颜容体，状若飞仙。自言年七十，视之如十五六女。车上有壶、榼[5]、青白琉璃五具，食啖奇异。馔[6]具醴[7]酒，与超共饮食。谓超曰：『我，天上玉女，见遣下嫁，故来从君。不谓君德，宿时感运，宜为夫妇。不能有益，亦不能为损。然往来常可得驾轻车，乘肥马；饮食常可得远味异膳，缯[8]素常可得充用不乏。然我神人，不为君生子，亦无妒忌之性，不害君婚姻之义。』遂为夫妇。赠诗一篇，其文曰：『飘飖[9]浮勃逢[10]，敖曹[11]云石[12]滋[13]。芝英不须润，至德与时期。神仙岂虚感，应运来相之。纳我荣五族，逆我致祸菑[14]。』此其诗之大较，其文二百余言，不能尽录。兼注《易》七卷，有卦有象，以彖[15]为属。故其文言，既有义理，又可以占吉凶，犹扬子之《太玄》[16]、薛氏之《中经》也。超皆能通其旨意，用之占候。作夫妇经七八年，父母为超娶妇之后，分日而燕[17]，分夕而寝，夜来晨去，倏忽若飞，唯超见之，他人不见。虽居暗室，辄闻人声，常见踪迹，然不睹其形。后人怪问，漏泄其事。玉女遂求去，云：『我，神人也。虽与君交，不愿人知。而君性疏漏，我今本末已露，不复与君通接。积年交结，

恩义不轻，一旦分别，岂不怆恨？势不得不尔，各自努力！』又呼侍御下酒饮啖。发簏[18]，取织成裙衫两副遗超。又赠诗一首，把臂告辞，涕泣流离，肃然升车，去若飞迅。超忧感积日，殆至委顿。

去后五年。超奉郡使至洛，到济北鱼山下陌上。西行，遥望曲道头有一马车，似知琼。驱驰至前，果是也。遂披帷相见，悲喜交切。控左援绥[19]，同乘至洛。遂为室家，克复旧好。至太康中，犹在。但不日日往来，每于三月三日、五月五日、七月七日、九月九日、旦、十五日辄下，往来经宿而去。张茂先[20]为之作《神女赋》。

═注释═ ①济北郡：古地名，郡治博阳，故城在今泰安市岱岳区旧县村。从事掾：古职官名，郡守的幕僚。②嘉平：曹魏齐王曹芳年号。③东郡：古地名。今约在河南省东北部、山东省西部。④辎軿：辎车和軿车的并称。后泛指有屏蔽的车子。⑤榼（kē）：古代盛酒或贮水的器具。⑥馔（zhuàn）：饮食，吃喝。⑦醴（lǐ）：甜酒。⑧缯（zēng）：古代对丝织品的总称。⑨飘飖：飘扬飞翔，动荡起伏。⑩勃逢：泛指仙境。勃，通“渤”，指渤海；逢，通“蓬”，指蓬莱。⑪敖曹：声音嘈杂貌。⑫云石：泛指云板、磬石等鸣器。⑬滋：增长，发出。⑭菑（zāi）：同“灾”。⑮彖（tuàn）：《易经》中解释卦义的文字。⑯扬子之《太玄》：扬雄所著的《太玄经》。扬子，指扬雄，西汉官吏、学者、辞赋家；《太玄》，指《太玄经》，古代哲学著作，汉代扬雄撰。⑰燕：通“宴”，宴饮。⑱簏（lù）：竹筐，竹篓。⑲控左援绥：牵住左边的马，拉住绳子。左，左骖，古时一车三马位于最左边的马；绥，登车时手挽的索。⑳张茂先：即张华。西晋时期政治家、文学家、藏书家。

<解说> 接着上一个故事来看，这又是一个神女下嫁凡人的故事。

三国时期，魏国的济北郡，有一个从事掾叫弦超，一天晚上睡觉，做了个梦。梦到有一貌美女子，自称是天上玉女，叫知琼。天帝看他父母早亡，孤苦伶仃，就派她下凡出嫁。梦里弦超就感觉神清气爽，十分真实，所以醒了以后也不知是真的还是做梦。

就这样苦苦想了三四天，一天晚上，梦中玉女现身了，坐着华丽大车，跟着八个婢女，个个貌美如仙，气度不凡，弦超心想，就这八个婢女给我一个也成啊！两人互通年龄，知琼说我今年七十了，弦超说那我……是不是得叫您奶奶？知琼说少贫，别看我今年七十岁了，但是我保养得好，在爱情面前，年龄什么的不重要。来，车上有酒，咱车上聊。

相亲的细节就不表了，大同小异。知琼说，咱俩呀，前世有缘，合该做夫妻，以后你要是跟了我，那是游山玩水，吃喝玩乐，荣华富贵，享之不尽。而且我是神仙，虽然不能给你生孩子，但也不耽误你，你也可以娶妻生子，我不干涉，你说咋样？嗬！弦超心想我这是修了几辈子福啊，摊上这好事？脑袋像捣蒜一样，行行行，你说啥都行，俺都听你的！

于是两人开始了没羞没臊的幸福生活。这神女不仅貌美，还才高。没事就给弦超写个几百字的情诗，弦超的文学素养直线飙升。不仅如此，人家神女学问高深，没事还手把手教弦超研究深奥的《易经》，弦超的预测技能也直线飙升。

两人这样过了七八年，弦超的父母并不知情，看儿子老大不小还不找老婆，就担心儿子，于是整天催婚。不得已，弦超娶了隔壁吴老二家大闺女，但也没有跟神女知琼断绝联系。而知琼都是晚上来，白天走，倏忽之间快得像一道闪电，一般人根本看不见。（后来的鬼狐仙怪故事中的狐狸精、女鬼都是这个套路。）

虽然如此，但终究是纸包不住火，别人总能听见弦超屋里有女人的声音，但是进去啥也看不见。有人很好奇，问他是咋回事。弦超相当自豪地说咱跟神女约会好几年啦，那神女长得，那家伙……总之，一顿炫耀。

当晚，神女就跟他提出分手，说咱俩神人相殊，我是不想让人知道咱俩约会的事，但是你如今使我彻底暴露了。虽然咱俩这么多年夫妻，分开我也难受，但是没办法。就这样吧，咱俩且行且珍惜。听她说完，弦超趴地下，大鼻涕甩老长地认错。神女心里也很难受，毕竟那么多年感情，难以割舍。于是两人最后吃了一顿饭，知琼送给弦超两件彩丝金缕衣，写了一首诀别诗，执手相看泪眼，神情凄凉，登车而去。

自从知琼离去，弦超整日茶不思饭不想，浑浑噩噩，几近颓丧。五年以后，有一次弦超出差到洛阳，路上看见一辆马车，他对这马车格外熟悉，正是自己当初与知琼相亲时知琼乘坐的马车。于是飞奔过去，掀开帷幕一看，流下了两行泪，车中不正是自己日思夜想的知琼吗？知琼见到弦超也十分吃惊，两人悲喜交加，往事一幕幕浮现眼前，相叙别离相思之苦。两人重归于好，又过上了没羞没臊的幸福生活。只不过两人不能天天见面，每年三月三、五月五、七月七、九月九、初一、十五等重要节假日，知琼才来与弦超相见一面，一直到晋武帝太康年间，往来不断。只是，从此以后，弦超不再跟任何人谈起知琼了。

19. 寿光侯者，汉章帝①时人也。能劾②百鬼众魅，令自缚见形。其乡人有妇为魅所病，侯为劾之，得大蛇数丈，死于门外，妇因以安。又有大树，树有精，人止其下者死，鸟过之亦坠。侯劾之，树盛夏枯落，有大蛇，长七八丈，悬死树间。章帝闻之，征问，对曰：「有之。」帝曰：「殿下有怪，夜半后，常有数人，绛衣，披发，持火相随。岂能劾之？」侯曰：「此小怪，易消耳。」帝伪使三人为之。侯乃设法，三人登时仆地，无气。帝惊曰：「非魅也，朕相试耳。」即使解之。或云：汉武帝时，殿下有怪，常见朱衣披发，相随持烛而走。帝谓刘凭曰：「卿可除此否？」凭曰：「可。」乃以青符掷之，见数鬼倾地。帝惊曰：「以相试耳。」解之而苏。

注释

① 汉章帝：即刘炟，东汉第三位皇帝，汉光武帝刘秀之孙。② 劾（hé）：揭发、揭露。指用法术使妖魔现形并将其降服。

<解说> 汉章帝时，有个寿光侯，能够降服鬼魅。何谓鬼魅？《尔雅·释训》云："鬼之为言归也。"《礼记·祭义》云："众生必死，死必归土，此之谓鬼。"也就是说死了的东西，归于天地的是为鬼。古人认为人死之后有灵魂，灵魂幻化成鬼。而魅与魑相似，《史记》服虔注曰："螭魅，人面兽身，四足，好惑人，山林异气所生，以为人害。"魅常能够迷惑人，因此我们常说魅力，就是说你会不知不觉被吸引。

鬼魅也不是不可以控制，寿光侯可算是最早的阴阳师。他同乡的老婆被魅所迷惑，生了病，寿光侯施法，捉到一条数丈长的大蛇，弄死大蛇，妇人病就好了。又有一棵大树很奇怪，人到下面一站，死了，鸟停在上面，也死。有人就请寿光侯考察一下，他一施法，大夏天的树叶就枯死了，抬头一看，树上吊着一条七八丈长的大蛇，看来这寿光侯貌似是捉蛇的。《论衡》云："鬼者，老物之精。"也就是说哪有什么鬼，无非是成了精怪的老物罢了。

汉章帝听说寿光侯很有手段，就想试试，看来皇帝一天天闲着没事也很无聊。汉章帝说，朕这大殿之下，有鬼怪，半夜常能看见几个穿着红色衣服的人，披头散发，打着火把来回溜达，先生看看能不能给朕解决一下？寿光侯说小事，没问题。半夜汉章帝就安排身边的小太监装扮成鬼魅的模样，在大殿下打着火把瞎溜达，寿光侯一看就知道咋回事，信手捏个诀，三人立刻倒地，气息全无。汉章帝赶紧说，先生手下留情，这三人不是魅，是朕想试你一试。寿光侯心说，就你那两把刷子，我早看出来了，你也就是皇帝，换成别人早让你这三个小厮到阎王那去报道，变成真的鬼了。想归想，毕竟没必要残害三个无辜生命。

《搜神记》很严谨，还讲了另一个版本，说的是一模一样的事件，发生在汉武帝和刘凭身上。其实不管是汉武帝还是汉章帝，都说明两个事实，第一，帝王根本不相信有人能降服鬼这件事；第二，阴阳师不仅能降服鬼，还能要人命。第一点也就罢了，第二点着实令人恐惧。

20. 闽中有徐登者，女子化为丈夫。与东阳赵昞，并善方术。时遭兵乱，相遇于溪，各矜其所能。登先禁溪水为不流，昞次禁杨柳为生稊①。二人相视而笑。登年长，昞师事之。后登身故，昞东入长安，百姓未知。昞乃升茅屋，据鼎而爨②。主人惊怪，昞笑而不应，屋亦不损。

赵昞尝临水求渡，船人不许。昞乃张帷盖③，坐其中，长啸呼风，乱流而济④。于是百姓敬服，从者如归。章安令恶其惑众，收杀之。民为立祠于永康，至今蚊蚋⑤不能入。

徐登、赵昞，贵尚清俭，祀神以东流水，削桑皮以为脯。

═注释═ ①稊：杨柳新长出的嫩芽。②爨（cuàn）：烧火做饭。③帷盖：车子的帘幕与布盖。④济：渡，过河。⑤蚊蚋：泛指如蚊子之类会吸人畜血液的昆虫。

<解说> 以上几条都是讲徐登、赵昞两人，可以并到一起来讲，这三则都是出自《后汉书·方术传》。

两人是师徒关系，如何确立的呢？说是两人在溪边偶遇，同样身为方术士，一见面那肯定彼此不服气，非要比画两下，分出个雌雄来。徐登掐指捏诀，溪水即刻断流，赵昞也不示弱，施法让杨柳生出新芽。两人相视一笑，似乎谁都不服谁。徐登说，你这不算啥，以前我是女子，现在咱变成男子了，我连自己的性别都能随便切换，还不用去泰国，厉害不？赵昞连说佩服佩服，从此拜徐登为师。

关于赵昞的本领，《抱朴子》有一段记载，说道士赵昞能够“以气禁人，人不能起。禁虎，虎伏地，低头闭目，便可执缚。以大钉钉柱，入尺许，以气吹之，钉即跃出射去，如弩箭之发”。这种特异功能在抓捕罪犯，捕捉野生猛兽上有独特效果。

这两人都崇尚简朴，祭祀神仙时，人家都用酒，两人用河水代替酒，人家用干肉，两人用桑树皮代替干肉，这怎么看都像是在糊弄神灵。

徐登死了以后，赵昞就来到章安县，老百姓对他并不买账，赵昞心想，是时候展示真正的技术啦！于是随便上到一户老百姓家的茅屋上，支起个几吨重的大鼎开始烧火做饭。这茅草屋哪经得起如此重压？而且还在上面生火，明显是要纵火的节奏。主人跑出来一看，诶？屋子居然没事儿。这回赵昞算是出了名。

赵昞一看自己的技术得到了大家的认可，表现欲蹭蹭飙升。他来到一条大河前说要渡河，船夫也看不起他。从前面章安百姓对他爱答不理及船夫也看不起他这点来看，分明是说赵昞是个极其不起眼的人。赵昞看船夫不理自己，就张起个帷盖，坐在里面一声长啸，唤来一阵大风，连人带帷盖吹到了河对岸。大家又一次被惊呆。

但似乎所有的县令都厌恶这种有本领的高人，就以扰乱社会治安，公共场所纵火嫌疑，以宗教迷信手段迷惑广大人民群众等罪名将其逮捕，处以死刑，即刻执行。老百姓终究觉得他冤屈，毕竟人家是人是神还没搞清，人就死了，就在永康这个地方立了个祠庙来祭祀他，神奇的是，这个祠庙蚊虫不能飞入。

21. 宣城①边洪，为广阳②领校③，母丧归家。韩友往投之。时日已暮，出告从者：『速装束，吾当夜去。』从者曰：『今日已暝④，数十里草行，何急复去？』友曰：『此间血覆地，宁可复住。』苦留之，不得。其夜，洪欻⑤发狂，绞杀两子，并杀妇，又斫⑥父婢二人，皆被创。因走亡。数日，乃于宅前林中得之，已自经⑦死。

═注释═ ①宣城：古郡名，今安徽宣城市。②广阳：古县名，今北京长阳镇。③领校：郡中军事长官。④暝：日落，天黑。⑤欻（xū）：忽然。⑥斫（zhuó）：用刀、斧等砍劈。⑦经：缢死，上吊。

＜解说＞ 这个故事颇有悬疑小说的色彩，故事表述冷峻，语言简练，其中一处都没有提到鬼，但处处透露着恐怖惊悚的氛围。

故事的主人公是韩友，这个韩友是谁？《晋书》中有关于他的记载，说韩友“善占卜，能图宅相冢，亦行京、费厌胜之术”，相当于现在的风水先生。有一天天色已晚，韩友带着仆人投奔到广阳领校边洪家里，恰巧边洪家里死了人，死者正是边洪的母亲。天刚黑，韩友就对仆人说，麻溜儿收拾东西，撤！仆人说这大半夜的，外面数十里都是荒野之地，走那么急干啥？显然仆人不了解其中的利害。韩友耐心解释说，这里血流满地，住不得，不宜久留，赶紧走！

边洪听说韩友要走，苦苦相留，韩友还是带着仆人头也不回地一溜烟跑了。当天晚上，恐怖的一幕发生了。边洪不知为何，忽然发疯，先是用绳子绞杀了两个儿子，杀了妻子，又拿斧头砍伤父亲的两个婢女，然后跑出门外。屋子里到处弥漫血腥之气，应验了韩友说的血流满地的惨状。几天后，人们在边洪家附近的林子里找到了已然上吊自杀的边洪。

故事到这里戛然而止，一幕可怖景象残留在读者脑海。可能有人会问，韩友本事那么大，为何见死不救，反而落荒而逃？其实这则故事还有前传，《晋书·艺术传·韩友》中记载，说边洪其实很早就认识韩友，曾经求韩友为他家相宅，看来边洪家本来就有不干净的东西。韩友一看就说，您家有兵殃，相当严重。但是也可以破解，只需砍七十捆柴，放在你家庚地，到七月丁酉这一天，放火烧之，可保无害。边洪当天就砍了七十捆柴，但是到了七月丁酉这一天，因为风太大，不敢点火，怕把屋子点着。于是就有了前面的故事。

22. 戚夫人①侍儿贾佩兰，后出为扶风②人段儒妻。说：『在宫内时，尝以弦管歌舞相欢娱，竞为妖服以趋良时。十月十五日，共入灵女庙，以豚黍乐神，吹笛，击筑③，歌《上灵之曲》。既而相与连臂，踏地为节，歌《赤凤皇来》，乃巫俗也。至七月七日，临百子池，作于阗④乐。乐毕，以五色缕相羁，谓之「相连绶」。八月四日，出雕房北户，竹下围棋。胜者，终年有福；负者，终年疾病。取丝缕，就北辰星求长命，乃免。九月，佩茱萸，食蓬饵⑤，饮菊花酒，令人长命。菊花舒时，并采茎叶，杂黍米饟⑥之，至来年九月九日始熟，就饮焉，故谓之「菊花酒」。正月上辰，出池边盥濯⑦，食蓬饵，以祓⑧妖邪。三月上巳，张乐于流水。如此终岁焉。』

注释 ①戚夫人：汉高祖刘邦宠姬，高祖死后遭吕后施酷刑，被折磨而死。②扶风：古郡名。旧为三辅（西汉治理京畿地区的三个职官的合称，亦指其所辖地区）之地，多豪迈之士。今陕西扶风县。③筑：古代弦乐器，形似琴，有十三弦。④于阗：古国名。今新疆和阗县一带，汉代西域三十六国之一。⑤蓬饵：指米糕一类的点心。今演化为『重阳糕』。⑥饟：通『酿』，酿造。⑦盥濯（guàn zhuó）：洗涤。⑧祓（fú）：扫除，消除。

<解说> 大家都想知道宫廷生活是什么样的，也都向往宫廷里的生活，皇宫中走出来的人，都会惊悸于当年宫中那一幕幕尔虞我诈，一幕幕步步惊心，一幕幕险象环生。当然，还有皇宫生活的奢侈、浮华、高贵、典雅……

扶风人段儒有幸娶到了一位宫廷中走出来的宫女，这个宫女不是普通的宫女，而是戚夫人身边的随身侍从。戚夫人是何人？她大概是刘邦一生最爱的女人，刘邦在为汉王时，得到戚夫人，一直对她宠爱有加，渐渐疏远了妻子吕氏。爱屋及乌，刘邦还给戚夫人生的孩子取名叫刘如意，听名字就知道刘邦对他的喜爱程度，刘邦甚至一度想废掉太子刘盈，改立如意。吕后对戚夫人的恨意渐渐达到了极点。等到刘邦死后，吕后就把戚夫人砍掉手足，剜掉眼睛，刺聋耳朵，灌下哑药，扔到猪圈里，称之为“人彘”。

嫉妒竟可让一个女人如此残忍。

戚夫人被害，她的宫女被逐出宫去，这个宫女叫贾佩兰，每天都生活在回忆当中。闲下来的时候，她就对人说起自己在宫廷的生活：

“那时候我们经常听管弦乐队演奏优美的音乐。大家争相穿上妖冶的服饰，日子过得悠闲自在。”

“十月十五下元节的时候，大家一起到灵女庙，用猪肉黍酒娱神，吹着笛子，击着筑，唱着《上灵之曲》。大家手拉着手，踏着节拍，唱着《赤凤凰来》。

“七月七日乞巧节那天，到百子池，演奏着于阗乐曲，用五彩绳扎头发，我们管这叫‘相连绶’。

“八月四日，我们相约在竹林下围棋，胜的人一年都有好运气，败的人一年都会生病，一定要拿着丝线向北极星求福方可免除霉运。

“九月更有意思啦，我们采茱萸，吃蓬饵，喝菊花酒，延年益寿，采菊花要连茎带叶一起采，掺上黍米酿造，到了第二年九月九日重阳节，就可以喝到味道香甜的‘菊花酒’啦！

“还有正月上辰日，三月三日上巳节，一年一年，我们都过着无忧无虑的生活，好像日子本来就该这样，一切都不会改变，永远都不会改变……”

往昔是如此美好，不知这美好的回忆之中，是否会有一丝血腥的阴翳。

或许等回过神来，贾佩兰已泪如雨下……

23. 汉武帝时，幸李夫人。夫人卒后，帝思念不已。方士齐人李少翁，言能致其神。乃夜施帷帐，明灯烛，而令帝居他帐遥望之。见美女居帐中，如李夫人之状，还幄坐而步，又不得就视。帝愈益悲感，为作诗曰：『是耶？非耶？立而望之，偏婀娜，何冉冉其来迟！』乐府①诸音家弦歌之。

注释 ①乐府：古职官名。汉武帝置，为掌管音乐的机关，职掌制定乐谱，采集民间诗歌以入乐，并负责训练乐工。

<解说> 汉武帝有个宠臣，叫李延年，是当时著名的音乐家，有一天他给汉武帝唱了一首歌：“北方有佳人，绝世而独立。一顾倾人城，再顾倾人国。宁不知，倾城与倾国，佳人难再得。”汉武帝听完就问，还有这么倾国倾城的美人吗？李延年说有啊，就是我妹妹。汉武帝忙令赶快将其带来。

武帝一见李夫人，果然貌美倾城。从此十分宠爱，可惜的是李夫人给汉武帝生下个儿子后就病死了。李夫人很聪明，在她病危的时候，武帝要见她一面，她死活不肯，说我生病了，容颜衰败，不好看。武帝非要看，她就用被子蒙着头，把脸别过去。所以她在武帝心中，永远是那个倾国倾城的佳人，武帝对她也是念念不忘。

于是就找了个齐人方术士李少翁，让他想办法。李少翁就在晚上设个帷帐，后面摆个蜡烛，让武帝远远地看，不让靠近。一会儿，帷幔后出现一个美人的倩影，看样子与李夫人一模一样，起坐行卧，简直就是李夫人再世。武帝愈加悲伤，当即就写了一首诗：“是你吗？不是你吗？你站在我眼前，却又远在天边，你那飘然的身影，为何慢慢地走，迟迟才来？”成语“姗姗来迟”由此而来。武帝还为她写了一首《李夫人赋》以表思念。

24. 夏侯弘自云见鬼，与其言语。镇西谢尚①所乘马忽死，忧恼甚至。谢曰：『卿若能令此马生者，卿真为见鬼也。』弘去良久，还曰：『庙神乐君马，故取之。今当活。』尚对死马坐，。须臾，马忽自门外走还，至马尸间，便灭，应时能动，起行。谢曰：『我无嗣，是我一身之罚。』弘经时无所告。曰：『顷所见，小鬼耳，必不能辨此源由。』后忽逢一鬼，乘新车，从十许人，着青丝布袍。弘前提牛鼻，车中人谓弘曰：『何以见阻？』弘曰：『欲有所问。镇西将军谢尚无儿。此君风流令望，不可使之绝祀。』车中人动容曰：『君所道正是仆儿。年少时，与家中婢通，誓约不再婚，而违约。今此婢死，在天诉之，是故无儿。』弘具以告。谢曰：『吾少时诚有此事。』弘于江陵，见一大鬼，提矛戟，有随从小鬼数人。弘畏惧，下路避之。大鬼过后，捉得一小鬼，问：『此何物？』曰：『杀人以此矛戟，若中心腹者，无不辄死。』弘曰：『治此病有方否？』鬼曰：『以乌鸡薄②之，即差③。』弘曰：『今欲何行？』鬼曰：『当至荆、扬二州。』尔时比日行心腹病，无有不死者，弘乃教人杀乌鸡以薄之，十不失八九。今治中恶④辄用乌鸡薄之者，弘之由也。

注释 ①谢尚：东晋时期名士、将领，豫章太守谢鲲之子。②薄：通『敷』，涂抹。③差：病愈。后作『瘥』。④中恶：中医病名，俗称中邪。由于冒犯不正之气所引起。

<解说> 一般人都不希望见到鬼，一说见鬼，那都是怕得要命，可是夏侯弘很是以此为傲。说我不仅能见鬼，还能跟鬼聊天，没事还能从鬼那里打听一些八卦逸事，美得很。

这一日，镇西将军谢尚有事求到夏侯弘，这谢尚是谁？那可是南朝大名鼎鼎的风流人物，人称“小安丰”，拿他和竹林七贤的王戎相比。谢尚没事就穿着紫罗衣坐在城楼上，对着大街小巷弹琵琶，唱小曲，风姿潇洒。

不过这谢尚也有烦恼。谢尚格外喜欢马，可谓地道的爱马人士，简称“爱马仕”。他有一匹宝马，真是舍不得骑，舍不得打，天天好吃好喝照料着，不幸爱马还是被照料死了。谢尚相当悲痛，于是就让夏侯弘想办法，夏侯弘说，你这马啊，庙神看上了，说是骑着玩玩，我跟他打招呼了，我说这是谢尚的马，人家给你面子，马上就把你马送回来啦，你就等好吧。谢尚就死盯着自己的马，怎么还不起来啊？啥时候起来啊？不一会儿，他看到自己的爱马从外面跑进来，到了死马这里消失不见，死马竟立刻复活了。

谢尚一看这夏侯弘还真有本事，就想再让他帮自己解决点问题，想来想去，说自己啥都不缺，就缺个儿子，我都生了仨闺女招弟、来弟、盼弟了，就是没儿子，您看咋回事呢？夏侯弘说，我这最近看到的都是小鬼儿，这些小角色肯定不知道您的情况，您等着，等我哪天抓个大家伙，看看能不能给您找到病因。

不久后，夏侯弘真的遇到个大鬼，这鬼坐着豪华大车，身边随从就十几个人，穿着青丝布袍。夏侯弘上前拜见，车中人说为何拦我去路？夏侯弘就说，您别介意，向您打听个事啊，这镇西将军谢尚您认识不？车中人说，哼，你可问对人了，我何止认识他，我就是他爹！哎呦喂，难怪看您老人家气宇不凡，还少了两颗门牙，原来您就是当年被称作“江左八达”的谢鲲啊，晚辈失敬失敬。夏侯弘深深一揖。

谢鲲哈哈大笑，说那是俺年轻时留下来的光荣伤疤，但是依然不耽误我啸歌啊，来来来，我给你啸一个！夏侯弘心说省省吧您，就您这门牙，说话都兜不住风，还啸个啥呀。于是赶紧岔开话题，说咱还是先说说您儿子为啥没儿子这件正事吧，等会儿再听您啸。

只见谢鲲一声叹息，唉，此事正所谓小孩没娘，说来话长，我这儿子当年跟我一样风流，跟家中婢女私通，还发誓说非她不娶，你说这孩子，这点跟我就不一样，要是我吧……夏侯弘一看又要扯远，赶紧往回拉。谢鲲接着说，后来啊，我儿子就违背誓言了，这婢女也郁郁而终。死了也就罢了，居然到阴间控告他，阴司一看，说我这儿子这不是渣男嘛，便判他没儿子，所以我到死都没抱上大孙子。夏侯弘说原来如此，多谢，后会有期，说完转身一溜烟就跑了。谢鲲在后面大喊，大兄弟，你还没听我给你啸呢，我给你啸一个啊！

夏侯弘找到谢尚，把他话痨老爹的话跟他一讲，谢尚半晌无语，说确有此事，这可真是我年轻时造的孽啊。所以，谢尚至死也没有儿子。

古代世家大族为了袭爵，如果自己没有儿子，那就在兄弟或堂兄弟间过继，相当于自己亲生儿子一样，可是谢尚这一支也当真奇怪得很。谢尚无子，于是将堂弟谢奕的儿子谢康过继给谢尚，世袭其爵位。不过谢康死得早，也没儿子。解决的办法很简单，继续过继！谢康的弟弟谢静又以其子谢肃继嗣，说来也奇怪，这谢肃居然又无子。不得已，谢静的儿子谢虔又以其子谢灵佑作为谢肃的后代。谢静心想，幸亏我儿子多，否则都不够给你谢尚一支过继的了。这谢家子弟一听说要把自己过继给谢尚一支，打死都不干！这婢女断子绝孙的诅咒实在可怕至极。

这夏侯弘不仅是个阴阳师，还是个有责任有担当的阴阳师。一天他在江陵遇见一个大鬼，手里提着矛戟，后面跟着几个小鬼，夏侯弘不敢去跟大鬼聊天，万一人家一个气不顺，一矛刺向自己，那岂不呜呼哀哉？于是到路边躲起来，等到大鬼走远了，他抓到一个小鬼问，大王手里拿的是啥玩意儿啊，看着挺邪乎啊？小鬼说，这可厉害了，这个矛只要刺到人的心腹，那人立刻就死。夏侯弘表示很佩服，就问，那有何办法可以治疗呢？小鬼也没心眼儿，就说只要用乌鸡药涂抹心腹，立刻痊愈。夏侯弘又问，请问你们要去哪里呢？小鬼说，去荆州扬州溜达一圈去。夏侯弘这才明白，为何最近荆州、扬州一带，经常有人得心腹病而死。他赶紧命人去荆州和扬州，将乌鸡一方传授下去。这下荆扬百姓倒是好了十之八九，只是乌鸡数量大为减少。

25. 汉永平①中，会稽钟离意，字子阿，为鲁相。到官，出私钱万三千文，付户曹②孔诉，修夫子车。身入庙，拭几席剑履。男子张伯除堂下草，土中得玉璧七枚。伯怀其一，以六枚白意。意令主簿③安置几前。孔子教授堂下床首有悬瓮，意召孔诉问：「此何瓮也？」对曰：「夫子瓮也。背有丹书④，人莫敢发也。」意曰：「夫子，圣人。所以遗瓮，欲以悬示后贤。」因发之，中得素书，文曰：「后世修吾书，董仲舒；护吾车，拭吾履，发吾笥⑤，会稽钟离意。璧有七，张伯藏其一。」意即召问：「璧有七，何藏一耶？」伯叩头出之。

＝注释＝ ①永平：东汉明帝刘庄的年号。②户曹：官名。掌管民户、祠祀、农桑等的官署。③主簿：官名，各级掌管文书的佐吏。④丹书：朱笔书写的文字。⑤笥（sì）：一种盛物的竹器，指孔子的遗瓮。

<解说> 钟离意为人正直、为官清廉，在东汉是一位口碑颇好的官员，历仕光武帝、汉明帝，《后汉书》赞美他“临官以洁，匡帝以奢”。在朝廷为官期间，他敢于正言直谏，勇于承担责任，受到上下一致好评，在晚年出任鲁相期间，《后汉书》称其“意视事五年，以爱利为化，人多殷富。以久病卒官”。临终之前还上书皇帝，说“陈升平之世，难以急化，宜少宽假”，始终心系国家，皇帝感慨万千，特意下诏书嗟叹一番，并赐钱二十万。

本则讲了钟离意在出任鲁相期间发生的一件小事，说他到了鲁地，自己出钱一万三千文，修理孔子的车子。并且亲自入孔庙，擦拭桌椅、佩剑、鞋子等，以表示对孔子的尊敬。他的儿子张伯在清理厅堂阶下的荒草时，发现了七枚玉璧。张伯忽然心生贪念，就默默藏了一枚在怀里，只说找到了六枚玉璧。话说这孔圣人的东西都敢偷，胆子忒大了点。钟离意也没有多想，就让他把玉璧安放在桌子上。

在孔子当年讲学的地方，坐床的床头放了一个坛子，钟离意很好奇，就问户曹孔诉这坛子的用途。孔诉说这坛子是孔子留下来的，我们也不知道里面装了啥，坛子的背后有丹书，大家都不敢轻易打开看。万一里面蹦出来个什么，也怪吓人的。钟离意说，既然孔子放个坛子在这里，就一定有他的用途，估计是有什么秘密，或者是想要给咱们啥启示吧。于是就打开坛子，发现里面有一个用素绢写的文书。上面写着：

“后世修习我著作的是董仲舒，保护我车乘、给我擦鞋、打开坛子的是钟离意。玉璧有七枚，张伯偷走了一枚。”

钟离意一看，这还了得，一切都逃不过孔老夫子的法眼啊，马上找来张伯，询问之下张伯说了实情，交出了玉璧。这个技法拙劣得漏洞百出，想来一定是有人发现了张伯私藏了玉璧，又不好明言，便将实情写在白布上，放到坛子里，再故意让钟离意发现。其实钟离意一看也知道这是人为的，或许，正是钟离意自己所为，也不得而知。

26. 段翳字元章，广汉新都①人也。习《易经》，明风角②。有一生来学，积年，自谓略究要术③，辞归乡里。翳为合膏药，并以简书④封于筒中，告生曰：『有急，发视之。』生到葭萌⑤，与吏争度。津吏挝⑥破从者头。生开筒得书，言：『到葭萌，与吏斗，头破者，以此膏裹之。』生用其言，创者即愈。

═注释═ ①广汉：古郡名，今四川广汉市。新都：古县名，今属四川成都市新都区。②风角：古代占候法，以五音占风而定吉凶。③要术：指方术、学术、创作等方面的基本内容或要诀。④简书：用于告诫、策命、盟誓、征召等事的文书。亦指一般文牍。⑤葭萌：古县名，又作葭明县。本古苴侯国，秦置县，治今四川省广元市西南。⑥挝（zhuā）：打，敲打。

<解说> 锦囊这东西有两个鲜明特征，第一，必须在规定时间、规定地点，在紧要关头才能打开；第二，锦囊必然解决一个非常棘手的问题，否则便失去其意义。《三国演义》里诸葛亮经常喜欢给人发锦囊，往往能产生出奇制胜的效果，显示了其谋略之高。本则故事也是关于锦囊的，虽说其作用不如诸葛亮有力挽狂澜之效，但也算未卜先知了。段翳在《后汉书》中的记载很短，只讲了他的两个故事，都是说他具有未卜先知的本领。有人想向他学习，人家还没来，他就颠颠地跑去跟守着渡口的官吏说，某天将有两个人，挑着担子问我家门牌号，麻烦您告诉他俩一声啊。到了那天，果然应验。另外一个就是本故事的学生，跟他学了一年，就觉得得到要领了，打算回家摆个地摊混口饭吃。临走时，段翳说你要走，我也没啥好送你的，给你配好一点药膏，写了一个文书，放在竹筒里，遇到急事的时候，再打开。这学生拜别老师，走到了葭萌县，出事了。他跟官吏抢着渡河，官吏手下打爆了他随从的头。学生一看这还了得？这么危急的时刻，必须拿出老师的锦囊妙计来看了，想我老师那本事，一定有办法给我出口恶气。等到打开文书一看，傻眼了。只见文书上写着：“你到了葭萌，肯定会跟官吏干仗，肯定会被人家开瓢，拿我给你的药膏涂抹伤口吧。”学生一看顿时无语，还以为老师有啥解决方案，原来就是忍气吞声，原来那创可贴是这时候用的啊？有人说，这学生看来也没有学到老师本事的皮毛，否则又怎会算不到有此一劫？又为何不能自渡其劫？

27. 太尉①乔玄，字公祖，梁国人也。初为司徒长史②，五月末，于中门卧。夜半后，见东壁正白，如开门明。呼问左右，左右莫见。因起自往手扪摸之，壁自如故。还床，复见。心大怖恐。其友应劭③，适往候之，语次相告。劭曰：『乡人有董彦兴者，即许季山外孙也。其探赜④索隐，穷神知化，虽眭孟、京房⑤，无以过也。然天性褊狭⑥，羞于卜筮⑦者。』间来候师王叔茂，请往迎之。须臾，便与俱来。公祖虚礼盛馔，下席行觞。彦兴自陈：『下士诸生，无他异分。币重言甘，诚有踧踖⑧。颇能别者，愿得从事。』公祖辞让再三，尔乃听之，曰：『府君当有怪，白光如门明者。然不为害也。六月上旬，鸡鸣时，闻南家哭，即吉。到秋节，迁北行，郡以金为名。位至将军三公。』公祖曰：『怪异如此，救族不暇，何能致望于所不图？此相饶耳。』至六月九日未明，太尉杨秉暴薨⑨。七月七日，拜钜鹿太守。『钜』边有『金』。后为度辽将军，历登三事⑩。

注释 ①太尉：古职官名。由战国时秦国的国尉演变而来。秦统一以后改称太尉，为全国最高的军事长官，为三公之一。②司徒长史：古职官名，负责管理州郡农桑户籍、官吏考课，是司徒府众多僚属的长官。③应劭：东汉法学家、学者。④赜（zé）：幽深微妙（的事物）。⑤眭孟：西汉学者，精通《春秋》，晚知经术。京房：西汉学者，通晓《春秋》《周易》，开创『京氏学』，著有《京氏易传》。⑥褊狭（biǎn xiá）：气度或土地狭小、狭隘，不宽阔。⑦筮：古代用蓍（shī）草占卜的一种迷信活动。⑧踧踖（cù jí）：恭敬而不安的样子。⑨薨（hōng）：古代称诸侯或有爵位的大官死去。⑩三事：即三公。太师、太保、太傅。

<解说> 东汉时期，风角占卜颇为流行，也是当时的学术风气，但很多儒生以卜筮为末流，不屑为之。有很多著名的经学家，如马融、郑玄，在卜筮上都有很深入的研究，也流传了很多占卜灵验的故事。本则讲了一位名叫董彦兴的儒生，精于周易占卜之术，为乔玄解决了困难，透露了他的人生轨迹。

五月底的一个晚上，乔玄像往常一样早早入睡，但是到了半夜，忽然被一阵光晃醒，东面墙壁上，像开了一扇门，光芒四射。乔玄立刻叫身边的人来看，但是大家都说什么都没看到。他起身用手去摸，墙壁还是原来的样子。乔玄疑惑不解，刚刚躺下，又看到了那道光。乔玄想别是闹了鬼了，这一夜没有再睡着。

第二天，他的朋友应劭来家里做客，乔玄就给他讲了自己昨晚的奇遇。应劭说我给你介绍一个高人吧，这人是我的同乡，叫董彦兴，他是许季山的外孙，他能够探赜索隐，穷神知化，本领跟眭孟、京房这些大牛人也不相上下了。只不过这董彦兴性格古怪，不屑于干这些占卜的事，估计很难请得到。

不久后，董彦兴的老师王叔茂来乔玄家做客，乔玄一看机会来了，托王叔茂去请董彦兴，老师的面子怎么也得给吧。董彦兴果然来了。乔玄态度相当恭敬，安排丰盛的晚餐，又亲自给人端茶倒酒。董彦兴表示，俺只是个乡间小儒生，没啥本事，您这么客气真是让我觉得不好意思啊。我只能稍微辨别一下吉凶，以报答您的款待。乔玄客气了一番，就把几天前晚上发生的事跟他说了。说完，董彦兴沉吟半晌，缓缓道来：您府上发生的这件事，并非坏事，反而是好事，《庄子》里面不是说“虚室生白，吉祥止止”嘛，你这是吉兆啊。等到六月上旬，鸡鸣的时候，你就会听到南边人家的哭声，那就大吉大利啦。到了秋天，你要前往北面去任职，我不能告诉你地名，但是郡城的名字中带有金字边，你正好五行缺金啊。到了那个地方以后，你就会诸事顺利，将来要官至三公。

乔玄听了董彦兴的话，并没有相信，说我这天天提心吊胆的，人家都说这不是啥好事，只要能保证我家平平安安就不错啦，根本没指望当大官，您这也就是安慰我的话罢了。董彦兴一看人家根本不信，就笑着摇摇头。占卜者就怕遇到这种情况，人家千求万求想让你给占卜，你勉为其难占了一卦，人家还不信，这是最尴尬的，所以董彦兴不爱给人卜筮是有道理的。

不过，到底董彦兴不负其名，六月九日这一天，太尉杨秉去世了，七月七日这一天，乔玄升任钜鹿太守，“钜”字恰好就是金字边。果然，乔玄的官职扶摇直上，最后坐上了三公之位。所以同样的异象在不同人那里，所反映出来的吉凶是不同的，为何会有这种情况发生？下面一则故事道出了答案。

28. 管辂字公明，平原[1]人也。善《易》卜。安平太守东莱[2]王基，字伯舆，家数有怪，使辂筮之。卦成，辂曰：『君之卦，当有贱妇人，生一男，堕地便走，入灶中死。又，床上当有一大蛇，衔笔，大小共视，须臾便去。又，乌来入室中，与燕共斗，燕死，乌去。有此三卦。』基大惊曰：『精义之致，乃至于此，幸为占其吉凶。』辂曰：『非有他祸，直官（一作客。）舍[3]久远，魑魅罔两[4]，共为怪耳。儿生便走，非能自走，直宋无忌[5]之妖将其入灶也。大蛇衔笔者，直老书佐[6]耳。乌与燕斗者，直老铃下[7]耳。夫神明之正，非妖能害也。万物之变，非道所止也。久远之浮精，必能之定数也。今卦中见象，而不见其凶，故知假托之数，非妖咎之征，自无所忧也。昔高宗之鼎，非雉所雊[8]；太戊之阶，非桑所生[9]。然而野鸟一雊，武丁为高宗；桑穀暂生，太戊以兴。焉知三事不为吉祥？愿府君安身养德，从容光大，勿以神奸污累天真。』后卒无他。迁安南将军。

后辂乡里刘原问辂：『君往者为王府君论怪云：「老书佐为蛇，老铃下为乌。」此本皆人。何化之微贱乎？为见于爻象[10]，出君意乎？』辂言：『苟非性与天道，何由背爻象而任心胸者乎？夫万物之化，无有常形；人之变异，无有定体。或大为小，或小为大，固无优劣。万物之化，一例之道也。是以夏鲧[11]，天子之父，赵王如意[12]，汉高之子。而鲧为黄熊，意为苍狗，斯亦至尊之位，而为黔喙⑬之类也。况蛇者协辰巳之位⑭，乌者栖太阳之精，此乃腾黑⑮之明象，白日之流景⑯。如书佐、铃下，各以微躯，化为蛇乌，不亦过乎？』

〓注释〓 ①平原：古郡名。治所在今山东平原县西南二十五里张官店。②安平：古郡名。东莱：古郡名，郡治屡有迁移，治所约在今山东烟台、莱州市地区。③官舍：官吏的住宅。④魑魅罔两：即『魑魅魍魉』，原为古代传说中的鬼怪。现指各种各样的坏人。⑤宋无忌：张华《博物志》称其为『火之怪』。⑥书佐：古职官名，主办文书的佐吏。⑦铃下：指侍卫、门卒或仆役。⑧高宗之鼎，非雉所雊：武丁，商朝第二十三任君主。一次祭祀时，有只野鸡飞落在鼎上鸣叫，武丁见状恐惧，大臣祖己趁机劝谏武丁勤政修德，此后武丁励精图治，殷商国力大为兴盛，史称『武丁中兴』。⑨太戊之阶，非桑所生：太戊，商朝第九任君主。太戊七年，亳地有怪异的桑树和榖树一起长在朝堂上，一夜之间长得有两手合抱那么大。太戊见状恐惧，国相伊陟说：『君王有过失之处，才会发生怪事。妖魔鬼怪不能压制有德之人，大王如果善政修道，以德治民，自会免除祸害。』太戊听从他的话，桑树很快枯死。⑩爻象：易经各卦的六爻所显示的形象，引申为形迹、迹象。⑪鲧：古人名，大禹的父亲，传说葬身于羽山，其神化为黄熊，入于羽渊。⑫如意：汉高祖刘邦之子，戚夫人所生，高祖死后被吕后所杀。据传，吕后曾被如意死后所化的苍狗袭击受伤，所以文中说『意为苍狗』。⑬黔喙（qián huì）：黑色的嘴。泛指鸟兽之类。⑭辰巳之位：古代以十二地支配十二生肖来指代方位，蛇对应辰巳之位，指东南方。⑮腾黑：黑暗。⑯流景：闪耀的光彩，流逝的光阴。

<解说> 中国古代将山、医、命、相、卜，统称为玄学五术，其中的“相”指相面、相地之术；“卜”指卜筮之法。三国时期的管辂，可称之为中国卜卦观相方面的祖师爷。《三国志》称他“容貌粗丑，无威仪而嗜酒，饮食言戏，不择非类，故人多爱之而不敬也。”可见他是个极其随和的人，也是活得比较洒脱通透的人。

《三国志》中管辂的传记，除了以上几句简单的介绍之外，就是大量引述故事，表现管辂占卜本事的高超。管辂在当时非常有名，很多知名人士向他问卜。求他占卜的人上自王侯将相，下到平民百姓，比如著名的何晏就曾经咨询过管辂，何晏问他自己能不能做到三公位置，管辂说别说三公了，你要是再不老实，小命都难保，说得何晏心里十分不爽。回家后，管辂的舅舅就骂他说，你也太口无遮拦了，这要是得罪人家怎么办？管辂说，跟死人说话，客气个啥？没过多久，高平陵政变发生，何晏和邓飏果然被杀了。

这段文字是管辂解释世间万物变化的规律，可以作为一篇小的说理散文来看。事件的起因是安平太守王基家里闹鬼，找管辂占卜。一般地摊占卜，都是察言观色，通过观察你的反应和微表情，慢慢引到与你相关的话题。描述基本上也不是很精确，模棱两可，似是而非，俗人颇信以为神。管辂并不问话，只是通过起卦占卜，便得出精确判断。这就非常厉害。

他给王基占了一卦，说从卦象上看，有三件离奇事件，第一，你家有个卑贱妇人，生个男孩，生下就会跑，而且一跑就钻灶坑里面烧死了。第二，你家有一条大蛇在坐榻上，衔着一支笔，大家都看见了，但是一下子就不见了。第三，有一只乌鸦飞进屋里跟燕子争斗，燕子死了，乌鸦飞走。

管辂说完，王基佩服得五体投地，想不到占卜居然能够精确到这个地步。当时就有点怀疑，是不是管辂事先在他家安装了眼线。王基不确定这些事到底是好还是坏，希望管辂给他解惑。

管辂说没啥大惊小怪的，因为你现在住的是官舍，里面之前住过很多人，所以会有很多精怪作祟，因为迎来送往太多人了。这个孩子生下就会跑，是因为火精宋无忌引导的原因。大蛇衔笔，是老书佐而已。乌鸦和燕子争斗，是老铃下作祟的缘故。如果咱们自己精神纯正，一身正气，那些小精小怪不足为患。

管辂又说，从卦象里的表现来看，这些是妖怪依托，看不出有何吉凶。比如当年殷高宗武丁祭祀的大鼎上有野鸡鸣叫，中宗太戊的朝堂庭阶上生出了桑榖，虽然是异象，但都是好事。所以您也不要多心，只要安身养德，从容应对，不要因为外界的事物干扰了您纯正的内心。

其实管辂这番话，颇有一点朴素的唯物主义思想，世间万物的变化都是可以解释的，过多关注这些变化带来的影响，就会干扰正常的生活节奏，越是害怕越是迷茫，越迷茫就越害怕，久而久之形成恶性循环。我们常说身正不怕影子斜；没做亏心事，不怕鬼叫门，就是说要心思纯正。

但是接下来管辂对变化的分析，就不那么唯物主义了。有人不信他算得那么神，就问他说，老书佐变成大蛇，老铃下变成乌鸦，本来是人，却变成了卑贱的动物，这恐怕是你猜测的吧？对此，管辂做了如下解释：万物的变化没有固定形状，人的变化也没有固定形状。有的大变小，有的小变大，没有好坏高低之分。比如夏鲧是天子的父亲，赵王如意是汉高祖的儿子，但是鲧变成了熊，如意变成了苍狗，这都是从高贵变成卑贱的例子。何况，蛇配辰巳之位，乌鸦是太阳中的精灵，这像黑暗中的光明，白日下的亮光一样明白的事，以老书佐和老铃下这两位身份卑微的身躯，变成蛇和乌鸦，不是很正常吗？

管辂的解释很明显有庄子的影子，庄子爱讲万物的变化，比如鲲化而为鹏，他说："物之生也，若骤若驰。无动而不变，无时而不移。"（《秋水篇》）"万物化作，萌区有状，盛衰之杀，变化之流也。"（《天道篇》）认为世间万物都是变动不居的，没有恒定的形态。而且庄子有意模糊世间万物的界限，认为生死、有无、是非之间都是无法严格区分的，万物也是齐同的。所以循此思路，管辂对世间事物变化的解释，就显得合情合理了。

29. 管辂至平原，见颜超貌主①夭亡②。颜父乃求辂延命。辂曰：『子归，觅清酒一榼③，鹿脯一斤，卯日④，刈⑤麦地南大桑树下，有二人围棋次。但酌酒置脯，饮尽更斟，以尽为度。若问汝，汝但拜之，勿言。必合有人救汝。』颜依言而往，果见二人围棋。颜置脯，斟酒于前。其人贪戏，但饮酒食脯，不顾。数巡，北边坐者忽见颜在，叱曰：『何故在此？』颜惟拜之。南面坐者语曰：『适来⑥饮他酒脯，宁无情乎？』北坐者曰：『文书已定。』南坐者曰：『借文书看之。』见超寿止可十九岁，乃取笔挑上，语曰：『救汝至九十年活。』颜拜而回。管语颜曰：『大助子，且喜得增寿。北边坐人是北斗，南边坐人是南斗。南斗注生，北斗主死。凡人受胎，皆从南斗过北斗；所有祈求，皆向北斗。』

注释 ①主：预示、预兆。②夭亡：短命早死。③榼（kē）：古代盛酒或贮水的器具。④卯日：中国古代以干支纪年，用天干地支相互配合为六十花甲，来记录年月日时。卯日就是地支为卯的日子，共有五个，每十二天出现一次，轮流当值。⑤刈（yì）：割。⑥适来：刚才。

<解说> 古人认为人的生死有专门的神灵掌管，先秦时期有“大司命”掌管人的夭寿，屈原在《大司命》里说：“纷总总兮九州，何寿夭兮在予”，人的寿命是有定数的，所谓“阎王叫你三更死，不敢留你到五更”。极少有像孙悟空那样本领通天又脾气火爆，敢私自修改生死簿，阎王还一句都不敢吭的硬茬。普通人想要改变自己的寿命，那也不是不可能，就看你能否遇到高人。

平原郡人颜超还没成年时，遇到了高人管辂，从此改变了自己的命运。管辂看了他的面相就觉得这孩子一定早夭，颜超的父亲请求管辂帮自己的孩子延长点寿命。管辂拗不过，就对颜超说，你回家找一壶好酒，一斤干鹿肉，待到卯日这天，到割过麦子的麦田南边，有棵大桑树，树下有两个人在下棋，你就上去斟酒，摆上鹿肉，等酒喝完你就添上。如果人家问你，你就只管磕头，不要说话，定然有人帮你。

颜超按照管辂说的，等到卯日这天，果然在麦田南边的桑树下见到两个人在下棋，颜超赶紧上去给两人斟满美酒，摆上鹿肉，这两人看也不看，拿起酒就喝，拿着肉就吃。酒过几巡，北面的人才发现原来颜超在场，呵斥他说，你在看什么？颜超只管磕头，并不回话。坐在南边的那位一看就很和蔼，立马打圆场说，嗨，人家给你又上酒又上肉的，俗话说，吃人家嘴短，咱不得给人家还个人情？坐在北面的人冷哼了一声说，吃也白吃，反正文书已经写定了。（其实这个文书就是生死簿）南面那人说，是吗？拿文书来我看看。拿来一看，可不是嘛。颜超寿命只有区区十九年。南面这人拿起笔来，把“十九”改成了“九十”，这把颜超美坏了，叩头如捣蒜，乐呵呵地回家去了。

颜超回去就跟管辂说，如此这般，这般如此，管辂很欣慰，说他们能够给你增寿，真是祝贺你了。其实坐在北面的人是北斗，南面的是南斗，南斗掌管生，北斗掌管死。人由生到死的过程，就是从南斗到北斗的过程。人的所有乞求，都要向北斗提出。

南斗和北斗本是星宿，并无主生死的能力，但是到了魏晋时期，逐渐形成了“北斗主杀”的概念（《后汉书》《晋书》中提到“北斗主杀”或“北斗主杀罚”）。至于“南斗主生，北斗主死”的说法，最早见于《搜神记》。后来，道家将南斗六星，赋予了星君官位，各司其职，《上清经》云：“南斗六星，第一天府宫，为司命星君；第二天相宫，为司禄星君；第三天梁宫，为延寿星君；第四天同宫，为益算星君；第五天枢宫，为度厄星君；第六天机宫，为上生星君，总称六司星君。”将南斗分为六位神仙，六位各有掌管，实际上掌管寿命的是“司命星君”和“延寿星君”，但是在干宝这里，还是统一在一个人身上。

30. 利漕①民郭恩，字义博。兄弟三人，皆得躄疾②。使辂筮其所由。辂曰：『卦中有君本墓，墓中有女鬼，非君伯母，当叔母也。昔饥荒之世，当有利其数升米者，排着井中，啧啧有声，推一大石下，破其头。孤魂冤痛，自诉于天耳。』

＝注释＝ ①利漕：古运河名，即利漕渠，汉末曹操所筑。②躄疾（bì jí）：瘸脚病。

<解说> 该则故事并不完整，虎头蛇尾，乍读令人不知所云，所幸此故事出自《三国志·管辂传》，裴松之注引《辂别传》记录得更为详细，不仅可以补充此条之不足，还可看出管辂师承，及其学艺过程的一些记录。

利漕民郭恩精通《周易》《春秋》，又能仰观天文。管辂最初拜其为师，但管辂天赋异禀，学了几十天就超过了老师，不到一年，郭恩反而向管辂学习，可见天赋这东西的可怕。郭恩对管辂佩服得五体投地，还说您跟我的差距简直是天上地下，您是已经洞悉天机了，佩服佩服。恭维一番后，郭恩说出了困扰自己多年的一件事。

郭恩有兄弟三人，奇怪的是三人后来都成了瘸子，郭恩对此十分纳闷，自己卜卦无数次也不知个中缘由，于是觍着脸求管辂帮他解决一下。管辂占了一卦，但是卦象出来后，管辂沉吟了半晌，又是摇头，又是点头，看得郭恩兄弟几人一头雾水，最后管辂没说话就走了。搞得大家心里七上八下，不知道原因，也不敢问。

到了半夜，管辂单独找郭恩透露了详情。说白天人太多，不方便说，因为这件事关涉到您的家事。接着管辂讲了一个令人不寒而栗的故事：白天我占卜的卦象中，有您家族的坟墓，里面有一个女鬼，大概不是您的伯母，就是您的叔母，当年闹饥荒，有个人贪图几升米，就把她推入井里，她当时并没有死，还发出啧啧的声音，上面的人又推了一块大石头，砸破了她的头。她死后，因为冤屈，就向天帝哭诉自己的悲惨遭遇。于是……后面的事您就知道了。

管辂说完，郭恩大惊失色，因为当年推他伯母下井的正是自己的父亲，这也算报应了。郭恩不仅感到羞愧，更感激管辂没有当众道出实情，于是又问管辂，我们兄弟瘸也就瘸了，但是会不会影响下一代？管辂说不会，因为如果被火烧死，那就有可能代代相传，但是如果死在水里，祸不及子孙。

究竟谁是凶手，是这个故事最大的疑问。对此，《搜神记》并没有给出答案，甚至连郭恩的反应都有意回避。但是《三国志》在结尾却说“于是恩涕泣服罪”，貌似凶手是郭恩本人。但是想来并不合理，因为如果是郭恩所为，祸应该在郭恩及其子女，而不能波及兄弟，况且，彼时郭恩当是一个孩子，不至于有如此的狠戾和力气作案。《辂别传》又有所补充，郭恩说道：“皇汉之末，实有斯事。君不名主，讳也。我不得言，礼也。”感觉应该是郭恩的长辈所为，但如果是叔父或伯父杀害自己的妻子，也说不通，所以最有可能的凶手，是郭恩的父亲。

31. 淳于智，字叔平，济北庐①人也。性深沈，有思义②。少为书生，能《易》筮，善厌胜之术③。高平刘柔，夜卧，鼠啮其左手中指，意甚恶之。以问智，智为筮之，曰：『鼠本欲杀君而不能，当为使其反死。』乃以朱书手腕横文后三寸，为田字，可方一寸二分，使夜露手以卧。有大鼠伏死于前。

〓注释〓 ①济北：古郡名，郡治博阳（故城在今泰安市岱岳区旧县村），领庐县。庐：古县名，约在今山东济南市长清区。②思义：想着道义。③厌胜之术：古代一种巫术，谓能以诅咒制胜，压服人或物。

<解说> 淳于智是西晋人，擅长厌胜之术。所谓厌胜，就是通过如符咒、巫术等技术手段，来达到压制某物或某人的目的。厌胜之术常常出现在宫廷之中，或为上位，或为害人，更有甚者，因厌胜招致杀身之祸。普通人家也常见此术，比如有匠人不受敬重，就偷偷在人家的房梁上布置不为人知的厌胜之法，家中便常有怪事发生。以现在的科学观点来看，厌胜当然是荒谬的，但是从心理学上讲，巫术禁忌的确能够给人带来某种心理暗示，导致人心理失衡，乃至疾病。

高平人刘柔这晚睡觉，忽觉左手中指钻心地疼，醒来一看，原来是手指被老鼠咬破。也不知自己哪里得罪了老鼠，刘柔心里相当恶心，就咨询淳于智。淳于智先给他占了一卦，说这个老鼠本想咬死你，但是很显然下口位置不对，现在看来，咱们要先弄死它，不然它还会再来骚扰你。于是拿起朱砂，在刘柔手腕横纹后三寸的位置，写了一个“田”字，大概有一寸二分见方，让刘柔睡觉的时候把手臂放到外面。果然，第二天一早，刘柔发现大老鼠死在了手腕处。

人的手腕横纹后三寸处，正是“内关穴”，写一“田”字，大概是取“田内关鼠”之意。诸君晚上睡觉若是担心老鼠作祟，可以试试此法是否灵验，不过第二天起床，看到一只死老鼠与自己同眠，那心情怕是难以描述。

32. 谯[1]人夏侯藻，母病困，将诣智卜，忽有一狐当门向之嗥叫。藻大愕惧，遂驰诣智。智曰：『其祸甚急。君速归，在狐嗥处，拊[2]心啼哭，令家人惊怪，大小毕出。一人不出，啼哭勿休。然其祸仅可免也。』藻还，如其言，母亦扶病而出。家人既集，堂屋五间拉然[3]而崩。

〓注释〓 ①谯：古县名，即今安徽亳州市。②拊（fǔ）：拍。③拉然：塌倒的样子。

<解说> 我们经常说鬼狐仙怪，其中就有狐占了很大分量。民间多信奉狐仙的传说，至于狐仙何时出现，难以确切考证，因为狐狸敏锐通灵的品性，使人将之与精怪之物联系到一起，狐仙自然有好有坏，谯县人夏侯藻就遇到了一只善良的狐仙。

夏侯藻的母亲病得厉害，夏侯藻想要出门找淳于智为他占卜一下，还没等出门，就看见一只狐狸对着门大声吼叫。夏侯藻一看吓了一大跳，赶紧跑到淳于智那里求救。淳于智一听，赶紧说：这个灾祸相当紧急了，您赶紧回家，在刚才狐狸吼叫的地方，使劲哭，捶胸顿足地哭，最好让你家人觉得你疯了，直到全家大小全部出来为止，才能停止啼哭，切记切记！

夏侯藻一听这什么损招啊？但是没办法，人家大神明示了，赶紧照办就是。于是他回家，在刚才狐狸吼叫的地方，号啕大哭，哭得要多惨有多惨，全家一看这咋回事啊，都跑出来看他是不是疯了。老母亲在屋里也相当气愤，心想我这还没死呢，你就开始哭起来了？今天非打死你不可！于是拄着拐杖，颤颤巍巍也出来了。等到屋里一个人都没有了，忽然听到轰隆隆的巨响，整个五间堂屋轰然崩塌，竟毫无征兆。

看来是这只小狐狸救了夏侯藻一家，不知夏侯藻以何为报？或许从今往后，供奉起了狐仙也未可知。

33. 郭璞字景纯，行至庐江，劝太守胡孟康急回南渡。康不从。璞将促装①去之，爱其婢，无由得，乃取小豆三斗，绕主人宅散之。主人晨起，见赤衣人数千围其家，就视则灭。甚恶之，请璞为卦。璞曰：『君家不宜畜此婢，可于东南二十里卖之，慎勿争价，则此妖可除也。』璞阴令人贱买此婢，复为投符于井中，数千赤衣人一一自投于井。主人大悦。璞携婢去，后数旬而庐江陷。

注释　①促装：迅速整理行装。

<解说> 下面两则，都是讲一个魏晋时期知名度极高的人的故事。

郭璞的身份很复杂。他是文学家，写了很多游仙诗，《诗品》评价为“始变永嘉平淡之体，故称中兴第一”，《文心雕龙》也说：“景纯仙篇，挺拔而俊矣。”

他是学者，他曾经注《尔雅》《山海经》，流传至今。

他是史学家，曾与王隐共撰《晋史》。

他是风水学家，曾为《葬经》作注，被称为中国风水学鼻祖。

这样一个全能之才，史书中被记载最多的，却是关于卜筮的内容。

郭璞在当时名气相当大，他曾为当时许多名人，如王导、桓温、桓彝、庾亮、庾冰、庾翼、许迈等卜筮算卦，连元帝司马睿都找他咨询国家大事，他还为简文帝司马昱相面，说此人当兴晋祚。他所测的吉凶，往往一言即中，人皆称神。

本则故事讲了郭璞最著名的一件事，撒豆成兵。

郭璞路过庐江郡，劝说太守胡孟康赶紧离开庐江，避难到南方，胡孟康不听劝。不得已郭璞只好自己跑路，但是他看上了太守家里一个婢女，又不好意思开口要，只好动用一些歪脑筋。

郭璞找来三斗小红豆，绕着太守家撒了一圈。第二天主人起来一看，有几千个穿红衣服的人把他家团团包围，走近一看，就不见了，主人十分纳闷，刚好郭璞还没走，就咨询他。郭璞装模作样，假装占了一卦，说问题出在您家这个婢女身上，您要把她卖到东南面二十里远的地方，而且不要讨价还价，人家给多少要多少，这些邪祟之物自然消失。

主人赶紧打发人去卖了这个婢女，郭璞就派人跟在后面，到地方就以低价买了她。然后就在主人家的井里投了一张符，几千个红衣人陆续跳进去，消失不见。郭璞带着婢女开开心心地走了，几十天后，庐江城果然被攻克了。

这个故事虽然讲了郭璞神机妙算，法术高明，但以卑劣伎俩骗取人家婢女，终究不是件光彩之事。

34. 赵固所乘马忽死，甚悲惜之，以问郭璞。璞曰：『可遣数十人持竹竿，东行三十里，有山林陵树①，便搅打之。当有一物出，急宜持归。』于是如言，果得一物，似猿。持归，入门，见死马，跳梁②走往死马头，嘘③吸其鼻。顷之，马即能起。奋迅④嘶鸣，饮食如常，亦不复见向物。固奇之，厚加资给。

注释 ①陵树：植于陵园、陵墓的树木。②跳梁：跳跃。③嘘：慢慢地吐气，呵气。④奋迅：精神振奋，行动迅速。

<解说> 赵固的爱马死了，主人十分痛惜，想问郭璞有没有什么办法挽救一下。

郭璞说，派几十人拿着竹竿，东行三十里，山林中有一棵种在陵园的树，拿着竹竿打树，会跳出一只怪物，把怪物抓回来。

赵固照办，果然抓到一只怪物，仔细一看颇像猿猴，于是五花大绑，带到死马前面。这猿猴也不知为何把自己抓来此地，看到有一匹死马，不知不觉就跳到它面前，对着死马鼻子就做人工呼吸。过了一会儿，奇迹发生了，马长嘶一声，活了。回头一看猿猴，早已不知去向。

这件事其实传达了中国古代一件民间习俗，就是在马厩中养猴子，可以防治马病。

贾思勰《齐民要术》里讲道："常系猕猴于马坊，令马不畏，辟恶，消百病也。"李时珍在《本草纲目》中解释了为何马厩中养猴可以避免疾病："养马者厩中畜之，能辟马病……时珍曰：'《马经》言：马厩畜母猴，辟马瘟疫。逐月有天癸流草上，马食之，永无疾病矣。'"意思是说马厩中养母猴，母猴每月的经血流在草料上，马吃了就不会得病。

其是否有科学依据且不说，但是我们可以明白为何《西游记》中孙悟空在天宫养马，给他册封"弼马温"之称号，乃是取"避马瘟"之意。

35. 隗炤，汝阴①鸿寿亭民也，善《易》。临终书板，授其妻曰：『吾亡后，当大荒。虽尔，而慎莫卖宅也。到后五年春，当有诏使来顿此亭②，姓龚，此人负③吾金，即以此板往责之。勿负言也。』亡后，果大困，欲卖宅者数矣，忆夫言，辄止。至期，有龚使者，果止亭中，妻遂赍④板责之。使者执板，不知所言，曰：『我平生不负钱，此何缘尔邪？』妻曰：『夫临亡，手书板见命如此，不敢妄也。』使者沉吟良久而悟，乃命取蓍筮之。卦成，抵掌叹曰：『妙哉隗生！含明隐迹而莫之闻。可谓镜穷达而洞吉凶者也。』于是告其妻曰：『吾不负金，贤夫自有金。乃知亡后当暂穷，故藏金以待太平。所以不告儿妇者，恐金尽而困无已也。知吾善《易》，故书板以寄意耳。金五百斤，盛以青罂，覆以铜柈⑤，埋在堂屋东头，去地一丈，入地九尺。』妻还掘之，果得金，皆如所卜。

注释 ①汝阴：古郡名，三国魏设郡，郡治在今安徽阜阳市。②亭：秦汉时的基层行政单位，地方治安机构。③负：拖欠。④赍（jī）：拿东西给人。⑤柈（pán）：古同『盘』，盘子。

<解说> 这是两个易学高手的隔空对话。

汝阴鸿寿亭人隗炤临死前，给妻子留了遗言，说我死了以后，咱们这地方会有大饥荒，你要记住，不管家里多困难，也不要卖掉宅院。五年后的春天会有一个姓龚的使者来到咱们这，到时候你拿着我写的这块木板，去找他，他欠我钱。记住，千万不要违背我的话。说完，撒手人寰。

隗炤死后，果然发生了灾荒，但是妻子信守丈夫的遗言，即使再苦难，也没有卖掉宅子，总算挨过了灾荒。

一晃，五年时间到了。这一天，果然有一个姓龚的使者来到鸿寿亭，隗炤的妻子就拿着当年那块木板去找使者索债。姓龚的使者很纳闷，我这辈子从来没欠过谁的钱啊，况且，我连隗炤都不认识啊。隗炤的妻子说这是我丈夫临死时的遗言，我不敢胡说。

这个使者也是一位精通周易的大师，他拿着隗炤写的木板翻来覆去地看，也看不出一点门道儿。忽然他仿佛明白了什么，立刻命人拿来卜筮的蓍草，占了一卦。卦成之后，他摆手大笑，说，这个隗炤啊，真是厉害极了！这么厉害的占卜高手，居然隐姓埋名于此，真是可惜可惜啊。

使者跟隗炤的妻子说，我并不欠你丈夫的钱，而是你丈夫想通过我把他的钱给找出来，他算准了自己死后，家境会困难，所以提前埋好了钱财，之所以不说，是怕你们把钱都败坏掉，今后的日子不好过。他算出我精通周易占卜，所以写了个木板给我看。你回家，到你家堂屋东头，离墙壁一丈的地方，挖地九尺，就会看到五百斤黄金，装在一个青罂里，上面盖着铜盘子。

妻子回家按照使者说的一挖，果然得到五百斤黄金。

隗炤虽然已死，但是其卜筮之精准，依然受到同行的佩服，只是始终不知他在木板上所写究竟为何？

36. 沛国①华佗，字符化，一名敷。琅邪刘勋为河内②太守，有女，年几二十，苦脚左膝有有疮，痒而不痛，疮愈数十日复发。如此七八年。迎佗使视。佗曰：『是易治之。当得稻糠黄色犬一头，好马二匹。』以绳系犬颈，使走马牵犬，马极辄易。计马走三十余里，犬不能行，复令步人拖曳，计向五十里。乃以药饮女。女即安卧不知人。因取大刀断犬腹近后脚之前，以所断之处向疮口，令二三寸停之。须臾，有若蛇者，从疮中出。便以铁椎横贯蛇头，蛇在皮中动摇良久，须臾不动，乃牵出，长三尺许，纯是蛇，但有眼处而无瞳子，又逆鳞耳。以膏散着疮中，七日愈。

〓注释〓 ① 沛国：古郡国名。东汉改沛郡置，治所在今安徽淮北市西北相山区。② 琅邪：古郡名，秦时置郡，唐以后废。河内：古郡名，西汉置郡，治所在今河南武陟县西南。

<解说> 本则故事讲了外科圣手神医华佗的故事，关于华佗的故事大家并不陌生，都知道在《三国演义》中，华佗要给曹操开脑治头疼，曹操多疑，竟把他杀了。《三国志·方技传》记载了华佗很多行医的故事，但是却没有《搜神记》里这则，只因本则故事颇为离奇。史家陈寿恐怕以为此为不经之谈，故而没有收录，但是在裴松之的注中，引的《华佗别传》却保留了这则故事。医生行医多有依据，可这件事恐怕很难用当时的医学知识来解释，因此干宝把这则故事收录进来。

河内太守刘勋家的女儿年近二十，到了出嫁年龄，但是却得了一个怪病。左膝关节生了一个不大不小的疮，平时也不痛，就是痒，每隔几十天就复发一次。这样的情况有七八年了。

刘勋听说华佗专治疑难杂症，便延请华佗为女治病，华佗说这病不难治，只是很麻烦，要准备黄毛狗一条，好马两匹。刘勋为他置办好，华佗把狗拴在马身上，让马拉着狗跑，马累了就换一匹，继续跑。大概跑了有三十来里地，把大黄狗累得够呛，就继续叫人牵着狗走，又走了有五十里地。此时大黄狗已经濒于崩溃。

这时华佗拿出了他的独家秘方——麻沸散，给女孩喝下，女孩便失去知觉。只见华佗手拿手术刀，径直走向大黄狗，在大黄狗的靠近腿肚子根上，划开一刀。接着，把伤口对着女孩的疮口两三寸的地方。不一会儿，只见一条蛇从疮口里爬出来，华佗抓准时机，以铁锤横穿蛇头，蛇在肉皮中扭动几下，不动了。华佗把它拉出来，有三尺多长。看着绝对是条蛇，只是没有眼珠，而且全身鳞逆长。

关于这个故事的解释，很多人从象数易学进行解读，《黄帝内经》称："诸痛痒疮皆属于心。"心主火，可见女孩乃是心火虚热致病，马属火，黄狗属土，狗后腿部位乃是火气最盛之处，因此形成寅午戌三合火局。又因此疮为微热邪引起的虚证，虚在表，所以在皮肤表面做些化解即可。此说据正一道士张法宇（无能子、衍道人）解释，可做参考。

37. 佗尝行道，见一人病咽，嗜食不得下。家人车载，欲往就医。佗闻其呻吟声，驻车往视，语之曰：『向来道边，有卖饼家蒜齑①大酢②，从取三升饮之，病自当去。』即如佗言，立吐蛇一枚。

══注释══ ①齑（jī）：用来调味的辛辣食物或菜末。②酢（cù）：即醋。

＜解说＞ 人体生病有多种原因，除了常见的“风寒暑湿燥火”之外，中医很早就发现了寄生虫可以致病的现象，并有一些医治办法。比如华佗这则故事，就是治疗寄生虫的一个典型案例。

华佗走在路上，看见一个人喉咙痛，吃东西咽不下去，家里人正要拉着他去看医生。华佗听到了他的呻吟声，停车去看，然后对家里人说，去路边卖饼的人家要点蒜末和醋，取三升喝下去，病就好了。家人将信将疑，取来让病人喝下，不一会儿竟然吐出小蛇一条。

华佗只用了“望闻问切”中的望、闻，即可得知其病所在，难道真的神奇如此？其实不然，因为华佗对这种寄生虫的治疗已经很有经验。《三国志》中在这个故事的后面还有一段记载：“县车旁，欲造佗。佗尚未还，小儿戏门前，逆见，自相谓曰：‘似逢我公，车边病是也。’疾者前入坐，见佗北壁县此蛇辈约以十数。”意思是这个病人把这条小蛇挂在车边，想要去拜谢华佗。华佗还没回家，华佗的小儿子在门口玩耍，看到这个人之后，就说，这人肯定是见到我父亲了，因为他车上正挂着自己的“病”。病人进到华佗屋内一看，华佗家北边墙壁上，悬挂了十几条这样的小蛇。这说明华佗对这个病症很有研究。

陈寿在《三国志》赞云：“华佗之医诊，杜夔之声乐，朱建平之相术，周宣之相梦，管辂之术筮，诚皆玄妙之殊巧，非常之绝技矣。”将华佗与杜夔、朱建平、周宣、管辂等人的各种高妙之术相列举，是对华佗医术的高度肯定。

38. 风伯，雨师，星也。风伯者，箕星[1]也。雨师者，毕星[2]也。郑玄谓司中、司命，文星第四，第五星也。雨师一曰屏翳，一曰号屏，一曰玄冥。

注释 ①箕（jī）星：二十八星宿之一，东方青龙第七宿，属人马座。②毕星：二十八星宿之一，西方白虎第五宿，属金牛座。

<解说> 风伯、雨师在中国神话系统中是掌管风、雨之神，《山海经·大荒北经》中记载：“蚩尤作兵伐黄帝，黄帝乃令应龙攻之冀州之野。应龙蓄水。蚩尤请风伯雨师，纵大风雨。黄帝乃下天女曰魃，雨止，遂杀蚩尤。”这里面把风雨之神人格化了，并且还掺进了人类社会的斗争。

风伯还称“飞廉”，屈原《离骚》：“前望舒使先驱兮，后飞廉使奔属。”飞廉的形象也被描述成奇怪的样子，高诱说得很简单，只说他“长毛有翼”，郭璞给他丰富了一下，《史记》注引郭璞曰：“飞廉，龙雀也，鸟身鹿头者。”晋灼的描述又颇有不同，《汉书》注引晋灼云：“身似鹿，头如爵，有角而蛇尾，文如豹文。”

东汉蔡邕《独断》云：“风伯神，箕星也。其象在天，能兴风。”所以风伯又叫“箕伯”。箕星，是东方苍龙七宿（角、亢、氐、房、心、尾、箕）中的星宿，星有四颗，因属于苍龙的尾巴，可以摆动成风，故而为风伯。所以古人认为一旦箕星明亮起来，那就预示着要刮风。

关于雨师，我们第一卷中的第二则故事，就讲了雨师的来历，是说赤松子能随风雨上下，而为雨师。这是《搜神记》的说法，还有一种说法，是与风伯相对，认为雨师是二十八星宿中西方白虎七宿（奎、娄、胃、昴、毕、觜、参）中的第四星。蔡邕《独断》曰：“雨师神，毕星也。其象在天，能兴雨。”

至于为何雨师要称“师”？《风俗通义》做了如下解释：“雨师者，毕星也。诗云：‘月离于毕，俾滂沱矣。’易师卦：‘师者，众也。’土中之众者莫若水，雷震百里，风亦如之。至于太山，不崇朝而遍雨天下，异于雷风，其德散大，故雨独称师也。”意思是说雨的德行较大，能够润泽万物，因此以“师”冠名，表示尊重。

雨师的另外两个称谓，一个是“屏号”，《汉书》颜师古注云：“雨师，屏翳也，一曰屏号。”一个是“玄冥”，《风俗通·祀典·雨师》云：“玄冥，雨师也。”《春秋左氏传》说：“共工之子为玄冥雨师，郑大夫子产禳于玄冥雨师也。”因为共工被称为水神，故而也有将玄冥称之为水神的，雨毕竟也属于水。司中、司命最早见于《周礼·春官·大宗伯》：“以燎祀司中、司命、风师、雨师。”关于司中、司命，《史记·天官书》提到其为：“斗魁戴匡六星，一曰上将，二曰次将，三曰贵相，四曰司命，五曰司中，六曰司禄。”这与干宝所言一致。至于两者的神格职责，毫无疑问，司命是掌管人的寿命，但是司中的职责就有很多说法，比如，《晋书》认为司中“司隶赏功进”，掌管功名利禄，清人黄生《义府·司中》认为：“盖司中、司命一神，即今俗所谓南斗注生、北斗注死是也。司中主生，司命主死，故并祀之。”此外，吕思勉先生认为，司中负责掌管人的品性善恶，可供大家参考。

那么问题是，为何干宝把风伯、雨师、司中、司命放到本篇第一则中来讲呢？因为在古时，“星、辰、司中、司命、风伯、雨师”被称为“六宗”。六者都是星宿，是古人祭祀时最主要的祭拜对象，目的是为了乞求风调雨顺，人寿安宁。当然，关于“六宗”的说法还有很多，或云“天、地、春、夏、秋、冬”，或云“四时、寒暑、日、月、星、水旱”，或云“水、火、雷、风、山、泽”，或云“日、月、星、岱、海、河”，但基本都是与人类生活密切相关的自然现象或事物。

39. 文王以太公望为灌坛令。期年，风不鸣条①。文王梦一妇人，甚丽，当道而哭。问其故，曰：『吾泰山之女，嫁为东海妇。欲归②，今为灌坛令当道有德③，废我行；我行，必有大风疾雨。大风疾雨，是毁其德也。』文王觉，召太公问之。是日果有疾雨暴风，从太公邑外而过。文王乃拜太公为大司马。

‖注释‖ ①风不鸣条：风吹动树枝不发出声音，指代风调雨顺。②归：出嫁。③当道有德：主政者有德行。

<解说> 此条亦见于《博物志·异闻》。姜尚又称吕尚，人称姜太公，或太公望。他是周文王、武王灭商过程中无可取代的重要辅佐之臣，还辅佐了周公旦平定内乱。后人将他视为兵家鼻祖、武圣、百家宗师。关于姜子牙有很多传说，小说中对他的演义较多，将他塑造成一个法术高明的术士形象，我们最熟悉的就是《封神演义》。

在这则故事中，既神化了姜子牙，赞美了姜子牙的德行，又揭示了姜子牙发迹的过程。当年姜太公在渭滨钓鱼，被文王发现，文王刚开始并没有重用他，而是给他安排了个灌坛令。至于灌坛在何处，今天难以确考。但是这则故事其实间接透露了灌坛所在的大致方位。

姜太公在任灌坛令的时候，干了一年左右，就将当地治理得政通人和。这一天，文王做了一个梦，梦到一位美人，挡在路上哭泣。细问之下，女子说，我是泰山之神的女儿，嫁给东海之神为妻。正准备出嫁，但是我经过的地方都要有狂风暴雨，因为灌坛令德行非常好，地区治理得也好，我要是路过此处，必然损害他的德行，所以在此哭泣。

文王醒了就找来姜太公询问，是否在某月某日有过狂风暴雨。一问之下果然，人家婚姻大事，总不能耽搁吧，到底要从灌坛经过。文王一看，这姜子牙果然名不虚传，看来是有一定能力，于是提拔他为大司马。

所以，灌坛这个地方一定是在泰山和东海之间，那就是泰安到胶东半岛之间某处，这也是后来姜太公被封的齐国所在。

后来古人多将受德行感化而降的雨称为“灌坛雨”，如庾肩吾《从驾喜雨》诗：“赦诏还京兆，归神出灌坛。”杜甫《题鄠县郭三十二明府茅屋壁》：“云散灌坛雨，春青彭泽田。”高适《同房侍御山园新亭与邢判官同游》：“灌坛有遗风，单父多鸣琴。”

40. 胡母班，字季友，泰山人也。曾至泰山之侧，忽于树间，逢一绛衣驺[1]，呼班云：『泰山府君召。』班惊愕，逡巡[2]未答。复有一驺出，呼之。遂随行数十步，驺请班暂瞑[3]。少顷，便见宫室，威仪甚严。班乃入阁拜谒。主为设食，语班曰：『欲见君，无他，欲附书与女婿耳。』班问：『女郎何在？』曰：『女为河伯妇。』班曰：『辄当奉书，不知缘何得达？』答曰：『今适河中流，便扣舟呼青衣，当自有取书者。』班乃辞出。昔驺复令闭目，有顷，忽如故道。遂西行，如神言而呼青衣。须臾，果有一女仆出，取书而没。少顷，复出。云：『河伯欲暂见君。』婢亦请瞑目。遂拜谒河伯。河伯乃大设酒食，词旨殷勤。临去，谓班曰：『感君远为致书，无物相奉。』于是命左右：『取吾青丝履来！』以贻[4]班。班出，瞑然，忽得还舟。

遂于长安经年而还。至泰山侧，不敢潜过，遂扣树自称姓名，从长安还，欲启消息。须臾，昔驺出，引班如向法而进。因致书焉。府君请曰：『当别再报。』班语讫，如厕，忽见其父着械徒作[5]，此辈数百人。班进拜流涕问：『大人何因及此？』父云：『吾死不幸，见遣三年，今已二年矣，困苦不可处。知汝今为明府所识，可为吾陈之，乞免此役，便欲得社公[6]耳。』班乃依教，叩头陈乞。府君曰：『生死异路，不可相近，身无所惜。』班苦请，方许之。于是辞出，还家。

岁余，儿子死亡略尽。班惶惧，复诣泰山，扣树求见。昔驺遂迎之而见。班乃自说：『昔辞旷拙，及还家，儿死亡至尽。今恐祸故未已，辄来启白，幸蒙哀救。』府君拊掌大笑曰：『昔语君「死生异路，不可相近」故也。』即敕外召班父。须臾，至庭中，问之：『昔求还里社，当为门户作福，而孙息死亡至尽，何也？』答云：『久别乡里，自欣得还，又遇酒食充足，实念诸孙，召之。』于是代之。父涕泣而出。班遂还。后有儿皆无恙。

＝注释＝①绛衣驺：穿着红色衣服的骑马随从。②逡巡：徘徊、迟疑不进。③暂暝：暂时闭目。④贻：赠送。⑤着械徒作：戴着刑具服苦役。⑥社公：土地公。

<解说> 不像现在手机可以全球通，古人交通不便，通信不发达，所以传递消息比较困难，有的靠动物，比如鸿雁传书、青鸟传书、飞鸽传书、黄耳传书等。但是动物毕竟不可靠，有重要消息还是要靠人。汉代时候已经形成了比较成熟的邮递系统，长途，有靠以骑马方式传递的驿；短途，有靠以步行方式传递的邮。

但是最可靠的方式，还是靠熟人来送信，《古诗十九首》中有一首诗讲道："客从远方来，遗我一书札。上言长相思，下言久离别。置书怀袖中，三岁字不灭。"就是通过熟人捎信给家里人，家里人看到信时激动心情可想而知。

泰山人胡母班就充当了一次信使，但托他送信之人不是普通人，而是泰山府君。这一天，胡母班在泰山边遇到了一个穿深红色衣服的骑士，跑过来对他说，泰山府君要见你。胡母班心想，你跟我开玩笑是吧，泰山府君是啥？见我干啥？迟疑老半天，生怕对方把自己骗到没人地方洗劫一番。

不一会儿，又一个骑士出来，说泰山府君要见你。胡母班一看，双拳不敌四手，跟人走吧。走了几十步，两人让他闭上眼睛，等到睁开眼，豁然一座宫殿在眼前，辉煌气派，威仪庄严。胡母班一看果然，真是泰山府君所在。既来之，则安之，进去拜见吧。

泰山府君很客气，丝毫没有神仙架子，摆了上好酒席招待他。说我见你没别的意思，是有一事相求，想让你给我女婿捎封信。胡母班长舒一口气，吓死我了，还以为让我当女婿，幸好幸好。于是问道，您女儿在哪啊？

泰山府君说，我女儿嫁给了河伯。胡母班心想还挺门当户对的。但是自己不知如何见到河伯。泰山府君说，你今天乘船到河中间，敲着船喊"青衣"，自然有人来取信。

神仙的吩咐自然不敢违抗，事不宜迟，胡母班立刻回去照办。到了河上，他依言敲着船喊"青衣"，一会儿从水里钻出个女仆来，拿了信就钻回水里了。过了一会儿又出来说，河伯想见您一面。胡母班心想，嗬！今天是咋回事？各路神仙都想见我，我是香饽饽啊。

河伯见到胡母班也是盛情款待，临走还送了自己穿的青丝鞋，估计这鞋能够入水不湿，也算一件神器。胡母班这一天十分充实，一口气见了两路神仙，还收获了一双神鞋。

胡母班到长安工作，一年后回老家，路过泰山时，不敢悄悄过去。为啥？因为当年送信以后没有回去禀报，心里忐忑不安。胡母班心想，与其像上次一样被人带走，还不如自报家门一下。于是敲着树干，自报姓名，说，我从长安回来啦，想要通报消息。不一会儿，上次那个红衣骑士出现了，领着他到泰山府君处，胡母班详细描述了送信的过程。泰山府君说任务完成得很好，要奖励你点什么才行。

胡母班忽来尿意，请示要上厕所。刚从厕所出来，就看到几百个人，身上带着枷锁脚镣，他十分好奇，站着看了一会儿。这一看不要紧，忽然看见自己死去多年的老父亲赫然在其中。胡母班赶紧跑过去，“扑通”一声跪地磕头，流着眼泪说，老爸你咋在这呢？老父亲说，我死后被罚有罪，要在此服劳役三年，现在已经过了两年了。你是不知道这里啊，吃不好睡不好，还天天挨揍，我看你跟泰山府君关系不错啊，能不能给我说个情，免了我的劳役之苦，随便给我安排个土地神的工作！

胡母班听完，扭头就去找泰山府君，跪地上使劲磕头，求府君放了自己父亲。泰山府君表示为难，说：“不是我不想放人，只是你知道人鬼殊途，不能相互接近，一旦接近，后果不堪设想。”胡母班这时候啥也听不进去，一心只想救父亲，叩头不止。府君摇摇头，只得答应他，毕竟是自己答应了要给人家回报的。

可能有人会问，为何泰山府君貌似地府的阎王一样，有如此权力？因为泰山府君其实在道教中负责掌管山神和阴间。相传泰山治鬼，汉代纬书《孝经援神契》曰：“太山，天帝孙，主召人魂。”又云：“东方万物始，故主人生命之长短”。汉乐府中有一首《怨诗行》，里面有几句这样说：“齐度游四方，各系太山录。人间乐未央，忽然归东岳。”是说人死后都要到泰山府君那里去报到，死后也会魂归泰山。泰山余脉蒿里也是人的魂归之处，汉乐府著名的挽歌《蒿里》唱道：“蒿里谁家地？聚敛魂魄无贤愚。鬼伯一何相催促？人命不得少踟蹰。”这里的“鬼伯”，其职责相当于黑白无常、牛头马面，驱赶人进入地府。

回过头来再说胡母班。在胡母班解决了父亲的问题后，家里却出现了变故。胡母班的儿子接二连三地死掉，这让他惶恐万分，生怕自己从此绝了后。隐约间他觉得此事与泰山府君相关。于是主动去找泰山府君请罪，说我之前实在是很傻很天真，想不到如今我儿子连续死了好几个，我担心这样下去我会绝后，所以希望您可怜可怜我，给我指条明道。

泰山府君笑着说，你看吧，当初我就说，人鬼殊途，不能相接。你不听，现在知道后果严重了吧。说完招来胡母班的父亲，胡母班一看，父亲果然当了一年土地神。看样子生活是相当滋润，人也精神了，眼也光明了，腿脚也灵活了，身体也轻盈了。

泰山府君质问道，当年派你回里社，你应该造福子孙啊，为何你的孙子像演连续剧一样排着队赶死？老父亲回道：我久别家乡，忽然回去，祭祀的酒肉供应太丰盛了，我想自己一个人享受怪寂寞的，就把孙子招来陪我了。

胡母班心想，老爸你也太没谱了吧，光想着享受天伦之乐？也不考虑考虑谁给我养老。泰山府君最后决定，让胡母班的父亲哪儿来回哪儿去，另外派了人去替代他的职位。老父亲刚享了一年福，听闻此言，老泪纵横。老爸继续回去受罪自然于心不忍，但胡母班总算把根留住了，也算对得起父亲。

胡母班在史书中有记载。年轻时的胡母班与度尚、张邈、王考、刘儒、秦周、蕃响、王章等人共名为“八厨”。所谓厨者，言能以财救人也，相当于及时雨宋江的角色，说明他家里还算殷实。可惜生在乱世，虽然官至执金吾，仍不免一死。

在关东军联合讨董卓的时候，胡母班受董卓委派，去劝说关东联军退兵，袁绍手下的王匡是胡母班的大舅哥，所以他想通过这层关系达到游说的目的，就跟王匡说：“从古至今，没有诸侯举兵向京师的先例。”结果，大舅哥王匡大义灭亲，拿他祭了军鼓。

而胡母班在正史中的记载，则不如《搜神记》里这则充满奇幻色彩的故事完整丰富。

41. 宋时，弘农[1]冯夷，华阴[2]潼乡堤首人也。以八月上庚日[3]渡河，溺死。天帝署为河伯。

又《五行书》曰：『河伯以庚辰日死，不可治船远行，溺没不返。』

注释 ①弘农：郡名，在今河南省灵宝市东北。②华阴：今陕西省华阴市。③上庚日：农历每月上旬庚日这一天。

<解说> 《尚书中候》说河伯是“面长，人首鱼身”。有点像美人鱼的形象，可是“面长”暴露了他外表其实并不美，不仅如此，心灵也不见得有多美。

不知为何，河伯的形象总是不太好，在《庄子·秋水》篇中，河伯是一个盲目的自大狂，自以为“天下之美尽在己”，但是看到东海的汪洋辽阔，也不禁“望洋向若而叹”。河伯还跟后羿有过点节，《淮南子·氾论篇》高诱注云：“河伯溺杀人，羿射其左目。”后羿是为人类打败诸多小怪兽的英雄，什么猰貐、凿齿、九婴、大风、封豨、修蛇，统统不在话下，别说你个河伯了，分分钟要你一只眼珠子。

不仅如此，河伯还是个贪财鬼，《博物志》记载：“澹台子羽渡河，赍千金之璧于河。河伯欲之，至阳侯波起，两鲛夹船。子羽左掺璧，右操剑，击鲛皆死。既渡，三投璧于河，河伯跃而归之，子羽毁而去。”说孔子的弟子澹台子羽过黄河时，带着千金之璧，河伯就起了贪心，想要得到玉璧。于是就派了两条大蛟龙攻击澹台子羽，没想到人家武功高强，反而灭了两条龙。过去之后，澹台子羽心想你不是想要玉璧吗？给你！想不到这河伯还挺小心眼，人家扔了三次，他给退回了三次，貌似不是自己抢来的，心里就不舒服。

在屈原的《九歌·河伯》中，河伯更被塑造成了“与女游”“送美人”的浪荡风流之神，河伯这好色的形象也影响了西门豹故事中“河伯娶妇”的传说。

河伯之所以有如此多的负面故事，大概与当时黄河水经常泛滥有关，水患历来都是困扰黄河流域百姓的一大难题，河伯的形象，正是人们心目中黄河顽劣个性的形象化。

42. 沛国戴文谋，隐居阳城山[1]中。曾于客堂食际，忽闻有神呼曰：『我天帝使者，欲下凭[2]君，可乎？』文闻甚惊。又曰：『君疑我也。』文乃跪曰：『居贫，恐不足降下耳。』既而洒扫设位，朝夕进食，甚谨。后于室内窃言之。妇曰：『此恐是妖魅凭依耳。』文曰：『我亦疑之。』及祠飨[3]之时，神乃言曰：『吾相从，方欲相利，不意有疑心异议。』文辞谢之际，忽堂上如数十人呼声，出视之，见一大鸟五色，白鸠数十随之，东北入云而去，遂不见。

〓注释〓 ①阳城山：又称马岭山、车岭山，在今河南巩义东南、登封东北。②凭：依靠，指神灵附体。③祠飨：祭祀时贡献祭品。

<解说> 乱世之中，不仅人与人之间不能互信，鬼神更不可信。

沛国戴文谋隐居在阳城山中，虽然清贫，但日子过得优哉游哉，倒也自得其乐。不想一天正在吃饭的时候，忽然听到神灵说话，说，我是上帝派来的使者，现在想要依附于你，你看行不？戴文谋听后大吃一惊，心想我隐居就是为了不让人找到我，没想到人没找到我，神倒是找来了。不由得对这神灵心生怀疑。

正迟疑之际，神灵又说话了，看来你是不相信我啊。戴文谋赶紧下跪，说不是我不信您，是因为我家很穷，没什么好东西供奉您，怕您怪罪。但不管是神是鬼，总不能得罪，所以他还是设立牌位，每日里进贡上香。戴文谋虽然表面十分恭敬，但内心还是有所不安。

这天晚上，戴文谋在屋里悄悄地把这件事告诉了妻子，妻子说恐怕是妖怪来依附人吧，听说妖怪尚未修炼成形时，是需要人来供奉饲养的，将来报答就别想了，不吃了你就不错啦。戴文谋说是啊，我也十分怀疑这个所谓的神。

第二天戴文谋祭祀的时候，只听神灵说，我依附于你，正准备要让你受益，没想到你却怀疑我，那就告辞了。戴文谋听闻此言，跪下就要磕头，忽听得堂屋上好像有几十号人的喊叫声，赶紧出来看。原来一只五彩的大鸟，身后跟着几十只白鸠，呼啦呼啦地往东北方向飞去，直钻入云霄，不见踪迹。

看来平时所说“请神容易送神难”果然不错，所谓送神难，不一定是送不走神，而是如何能在不得罪神的情况下，让人家乐呵呵地走，能做到这点的才是聪明人。

43. 汉宣帝时，南阳阴子方者，性至孝。积恩好施，喜祀灶。腊日①，晨炊，而灶神形见。子方再拜受庆。家有黄羊②，因以祀之。自是已后，暴至巨富，田七百余顷，舆马仆隶，比于邦君。子方尝言：『我子孙必将强大。』至识③三世，而遂繁昌。家凡四侯，牧守数十。故后子孙尝以腊日祀灶，而荐黄羊焉。

═注释═ ①腊日：农历十二月初八，古人于此日进行腊祭。②黄羊：即黄狗，《古今注》：『狗一名黄羊。』③识：阴识，汉光武帝刘秀阴皇后兄。

<解说>　祭祀灶神在中国有悠久的历史，至少到秦汉时期，灶神已经与门神、井神、厕神、中溜神并列为五祀。其中，中溜神为户内土地神，相当于宅神。《论衡·祭意》云：“门、户人所出入，井、灶人所饮食，中霤人所托处，五者功钧，故俱祀之。”五位神仙是与人们日常生活密切相关的神灵，其中尤以灶神最受重视。灶神本负责掌管日常饮食，供奉于灶台之上，故称灶神。后来又演化成负责考察一家人善恶的天官，所以民间在腊月二十三谢灶神这一天，喜欢用一些甜而黏的食物作为贡品，其目的是为了粘住灶神的嘴，让他无法向天庭说坏话。

相传在汉宣帝时期，有一个叫阴子方的南阳人，非常孝顺，平日里乐善好施，在街坊邻居间口碑也极好。他平日里对灶神格外敬重，于是这一年腊日早上做饭的时候，灶神显灵了。阴子方一看灶台上站了一个穿官服的人，一时没反应过来，手里的汤洒了一地。灶神说因为你平时表现突出，我特意显灵给你送来福泽。这可把阴子方乐坏了，赶紧把家里大黄狗给杀了祭祀，这已经是家里仅有的可以吃的家畜了。

从此以后，阴子方家里日子渐渐好起来，田地也多至七百多顷，车马仆人甚至可以跟地方官媲美。阴子方平日常说，以后我的子孙肯定发达。果然，过了三世，到了阴识这一代，已经非常繁盛了。那么阴识是谁？此人不得了，大家对他可能不熟悉，但是他的妹夫厉害了，居然是光武帝刘秀。没错，阴识正是光烈皇后阴丽华同父异母的兄长。这可是东汉开国元勋，官至执金吾，封为鹿原侯。

除了阴识，后来阴家还有四人封侯，做到州牧郡守的就有几十位，可见当年阴子方祭祀灶神的效果相当明显。此后阴家多在腊日祭祀灶神的时候，供奉黄狗。以黄狗祀灶神，也逐渐演化成民间习俗。

44. 刘赤父者，梦蒋侯召为主簿。期日①促，乃往庙陈请：『母老，子弱，情事过切②。乞蒙放恕。会稽魏过，多材艺，善事神，请举过自代。』因叩头流血。庙祝③曰：『特愿相屈④，魏过何人，而有斯举？』赤父固请，终不许，寻而赤父死焉。

‖注释‖ ①期日：约定之日。②情事过切：事情太过紧急。③庙祝：庙中掌管香火之人。④屈：屈尊就职。

<解说> 自孙权设立蒋侯庙后，“蒋山神驻蒋山办事处”算正式成立了。不过草台班子缺乏人手，干点活儿不方便，蒋侯就想招聘点儿员工。问题是到他那里打工的人不能是活人，给神仙干活至少也得是个小鬼，级别高一点算是个小仙。所以张贴广告招聘这种方法肯定不行，怎么办？蒋侯打算来粗暴的，抓壮丁。

蒋侯相中了一个叫刘赤父的人，晚上给他托梦，说要找他当主簿，平时干点收个保护费、记个账之类的零活。蒋侯跟他说好了日期，到时候直接来上班。

约定日期很快就到了，刘赤父极不情愿地到蒋侯庙去请辞，说我家里上有老下有小，您用人用得这么急，能不能等我把老的送了终，小的考上大学娶了媳妇生了娃以后再来上班？再不然，我给您推荐个人，会稽人魏过有才华，伺候神灵啥的很有一套，要不您看，让他来干这个工作，咋样？

蒋侯直接拒绝，不行，这事我就相中你了，谁来都不好使。话说回来，这魏过是你啥人啊，你这么推荐他？（**刘赤父心想，是我仇人，你说这话好像谁愿意干你这活似的。**）刘赤父是苦苦哀求，蒋侯却坚决不接受代替品。刘赤父便沮丧地回家安排后事了。

到了约定日期，刘赤父留下妻儿老小，无奈地到蒋侯那里去报到了。这种差事，有的人巴不得去，有的人死活不愿意去。愿意去的，都是对人生绝望的人，不愿意去的，都是家庭幸福之人。

中卷

45. 咸宁中，太常卿①韩伯子某，会稽内史②王蕴子某，光禄大夫③刘耽子某，同游蒋山庙。庙有数妇人像，甚端正。某等醉，各指像以戏，自相配匹。即以其夕，三人同梦蒋侯遣传教相闻，曰：『家子女并丑陋，而猥垂荣顾④。辄刻⑤某日，悉相奉迎。』某等以其梦指适⑥异常，试往相问，而果各得此梦，符协如一。于是大惧，备三牲⑦，诣庙谢罪乞哀。又俱梦蒋侯亲来降已，曰：『君等既已顾之，实贪会对⑧。克期垂及，岂容方更中悔？』经少时并亡。

＝注释＝ ①太常卿：官名，九卿之一，掌管宗庙祭祀。②内史：官名，掌管民政。③光禄大夫：官名，掌管顾问应对。④猥垂荣顾：承蒙看得上眷顾。⑤刻：限定。⑥指适：指归、意向。⑦三牲：祭祀时所用牛、羊、猪。⑧实贪会对：贪恋立刻见面。

<解说> 蒋侯在没成仙前就有点儿吊儿郎当的无赖劲儿，成仙以后，无赖本质更加明显。不仅恐吓大家给自己建祠堂，强迫刘赤父给自己打工，居然还强迫人家做自己的女婿。关键是你女儿长得像点样也行啊，几个女儿长得丑出了天际，用“丑”字来形容，都算是对她们的夸奖。蒋侯一直担心三个女儿嫁人的问题，三个剩女在家天天啃老，也不是个办法。好在有几个傻子给他解决了这个老大难的问题。

东晋咸安、宁康年间，有三个官二代结伴游玩，一个是太常卿韩伯的儿子，一个是会稽内史王蕴的儿子，一个是光禄大夫刘耽的儿子，姑且叫他们韩少、王少、刘少。三个孩子不正经搞学习，没事就到处游山玩水。这一日逃课来到蒋山庙玩耍。进到庙里，三人发现有几尊妇女的神像，相貌塑造得十分标致，可以说是标准美人。三人喝了点酒，颇有醉意，就拿神像开起了玩笑。韩少说，这个姑娘漂亮，今儿陪大爷听曲去。王少说，那我要这个啦，这个也标致。刘少说，不行不行，你俩挑那不成，还是我这个好。三人你一言我一语，嘻嘻哈哈，完全不顾庙宇之内禁止喧哗的规定。

当天晚上，三人同住一个客栈。第二天早上，韩少说，啧，奇怪啊，昨晚我做了一个怪梦，梦到蒋侯派人来跟我说媒，说他家姑娘长得巨丑无比，承蒙咱们几个看得上，说是要许配给咱们，还说要在某天来接咱们走。韩少说完抬头看二人，只见二人目瞪口呆地盯着他，眼神中充满惊恐。一问，原来大家做了同一个梦。

三人一想，完了完了，肯定是昨天在庙里惹祸了。这要是到了蒋侯那里，跟家里人黄泉永隔不说，最主要是天天面对那几个丑姑娘，想想死的心都有了。三人赶紧准备牛羊猪三牲，到蒋山庙去谢罪道歉，希望蒋侯放一马。

到了晚上，蒋侯这回亲自出马了，说感谢你们准备的三牲啊，岳父表示很满意，既然你们已经答应了，而且还准备了厚礼给我，这表示你们也见面心切啊。我蒋侯是说到做到，既然看中你们仨了，就不换啦，赶紧收拾东西，跟我走吧。

三人醒来又是一顿懊恼，本来给人家准备三牲是为了辞退婚事，现在搞成了聘礼了，这下彻底无奈了。三人沮丧地回家，也不敢跟家里人说，没过多久，三人接连暴病而亡。到了地下继续做好兄弟，只不过这回三人成了连襟，更显亲密了。

46. 陈郡谢玉为琅邪内史，在京城。所在虎暴，杀人甚众。有一人，以小船载年少妇，以大刀插着船，挟暮①来至逻所②。将出语云：『此间顷来③甚多草秽④，君载细小，作此轻行，大为不易。可止逻宿也。』相问讯既毕，逻将适还去。其妇上岸，便为虎将去。其夫拔刀大唤，欲逐之。先奉事蒋侯，乃唤求助。如此当行十里，忽如有一黑衣为之导，其人随之，当复二十里，见大树。既至一穴，虎子闻行声，谓其母至，皆走出，其人即其所杀之。便拔刀隐树侧，住良久，虎方至，便下妇着地，倒牵入穴。其人以刀当腰斫断之。虎既死，其妇故活。向晓⑤，能语。问之，云：『虎初取，便负着背上，临至而后下之。四体无他，止为草木伤耳。』扶归还船。明夜，梦一人语之曰：『蒋侯使助汝，知否？』至家，杀猪祠焉。

注释 ①挟暮：傍晚。②逻所：巡逻的哨所。③顷来：近来。④草秽：草中污秽之物，指代虎患。⑤向晓：接近天明。

<解说> 别看蒋侯有好色、无赖、不拘小节等一堆毛病，关键时刻还是能够尽到一点神仙职责的。这一则讲了蒋侯助人杀虎的故事，但是开头引出来陈郡谢玉，不知何谓，或许这个故事是琅琊内史谢玉转述给干宝。这个谢玉是陈郡谢氏，属东晋南朝著姓。为了增加故事的可信性，特别安排了一个可信的人物。

谢玉在任琅琊内史时，住在京城，该地区闹老虎，已经咬死咬伤很多人。官府也采取了措施，不允许人单独行动，夜晚有人来回巡逻。但是有个冒失鬼，划着小船载着自己的妻子，插一把大刀在船上，于傍晚时分来到巡逻的哨所。巡逻的将领一看这不要命的，大晚上明目张胆在外面晃荡，不阻拦估计明天还要替他收尸。于是走上前劝他待在哨所，不要冒险夜行。

这人没有听从哨兵的劝阻，一意孤行，果然，哨兵刚走，妻子就被老虎叼走了。这男人操起大刀，呼喊着追赶过去。路远夜黑，上哪儿去追啊？这人平日里喜欢供奉蒋侯，听说蒋侯有求必应，危急时刻，临时抱佛脚，内心中强烈希望蒋侯能帮帮忙。

果然，追了十几里，忽然前面出现一个黑衣人，引领他又跑了二十里地。他来到一棵大树下，树后有一洞穴，里面传来老虎崽的叫声，虎崽听到外面有声音，以为虎妈回来，纷纷往外跑。

此人心中气恼，在洞口一刀一个，解决了虎崽。转而埋伏在树后，等了许久，只见老虎叼着妻子，倒退着往洞穴里拉。此人从树后冲出，拦腰斩死老虎，救下妻子。但是妻子因为惊吓过度，已经神志不清，直到天亮，才开口说话。妻子说老虎抓到她后，就把她放到背上，到了此地。自己身体没有大碍，只是树枝划破了点儿皮而已。第二天晚上，此人梦到一黑衣人，黑衣人说是蒋侯派他来帮忙的。这人回家以后，杀了一头猪来祭祀蒋侯。

看到这里，想必大家已经猜到，《水浒传》中武松打虎，以及李逵杀虎的情节，正是来源于此则故事。虽然我们不能确定施耐庵是否一定借鉴了《搜神记》，但两者的相似度极高，读者很自然会联想到《水浒传》的情节。只不过《水浒传》的情节更加紧凑，描述更加细致。从这里也可看出《搜神记》对后世小说创作的影响。

47. 散骑侍郎[1]王佑，疾困，与母辞诀。既而闻有通宾者，曰：『某郡某里某人，尝为别驾。』佑亦雅闻其姓字。有顷，奄然来至，曰：『与卿士类，有自然之分，又州里，情便款然。今年国家有大事，出三将军，分布征发。吾等十余人，为赵公明府参佐。至此仓卒，见卿有高门大屋，故来投。与卿相得，大不可言。』佑知其鬼神，曰：『不幸疾笃，死在旦夕。遭卿，以性命相托。』答曰：『人生有死，此必然之事。死者不系生时贵贱。吾今见领兵三千，须卿得度簿相付。如此地难得，不宜辞之。』佑曰：『老母年高，兄弟无有，一旦死亡，前无供养。』遂欷歔[2]不能自胜。其人怆然曰：『卿位为常伯[3]，而家无余财，向闻与尊夫人辞诀，言辞哀苦，然则卿国士也，如何可令死。吾当相为。』因起去：『明日更来。』其明日又来。佑曰：『卿许活吾，当卒恩否？』答曰：『大老子[4]业已许卿，当复相欺耶！』见其从者数百人，皆长二尺许，乌衣军服，赤油为志。佑家击鼓祷祀，诸鬼闻鼓声，皆应节起舞，振袖，飒飒有声。佑将为设酒食。辞曰：『不须。』因复起去，谓佑曰：『病在人体中，如火，当以水解之。』因取一杯水，发被灌之。又曰：『为卿留赤笔十余枝，在荐[5]下，可与人，使簪之。出入辟恶灾，举事皆无恙。』因道曰：『王甲、李乙，吾皆与之。』遂执佑手与辞。时佑得安眠，夜中忽觉，乃呼左右，令开被：『神以水灌我，将大沾濡[6]。』开被而信有水，在上被之下，下被之上，不浸，如露之在荷。量之，得三升七合⑦。于是疾三分愈二，数日大除。凡其所道当取者，皆死亡。唯王文英半年后乃亡。所道与赤笔人，皆经疾病及兵乱，皆亦无恙。初，有妖书云：『上帝以三将军赵公明、钟士季各督数鬼下取人。』莫知所在。佑病差，见此书，与所道赵公明合焉。

═注释═ ①散骑侍郎：官名，常伴皇帝身边以备顾问。②欷歔（xī xū）：感慨悲泣。③常伯：皇帝近臣，如侍中、散骑常侍之类的官。④大老子：魏晋时期人的自傲之称，相当于『老子』。⑤荐：垫子，褥子。⑥沾濡：浸湿。⑦合（gě）：液体计量单位，一升的十分之一，约一百毫升。

<解说> 散骑侍郎王佑病了很久，眼看快不行了，便打算跟母亲诀别。这天听到外面有人通报，说某郡某里有位叫某某的人，曾经做过别驾。王佑一听，对此人有印象，两人是同乡。

不大一会儿，客人忽然来临，说我跟你都是读书人，自然有缘分，加上咱俩是同乡，感情上很融洽，所以跟你说一件大事。今年国家将要死很多人，上头派了三个将军，到处征发人。我们一行十几人，都是赵公明的参佐，匆忙间来到此地，看到你家高门大屋，混得不错，赶来投奔，说来咱俩真是有缘啊，简直太好啦。

王佑明显看出来他不是人，而是鬼神，并且此来的目的也很明确，就是来收编他。于是他就想拉拉关系，走走后门。王佑说，不幸啊，我身染重病，将不久于人世，现在好在遇到您，请您念在咱俩这么投缘的份上，救我一救。参佐表情比较为难，说人的生死是必然之事，不管活着时是贵是贱，终究不免一死。我现在领兵三千，需要您的簿簿来佐助。这种机会不是人人都能有的，你不要推辞啦。王佑说，我老母亲年纪大了，我又没有兄弟，如果我死了，将来母亲没有人养，那等于母亲也死了。说完不禁流下眼泪。

看到此情此景，参佐也动摇了，说，兄弟你虽然官为常伯，家里却没有什么积蓄，可见为官清廉。之前也听到你跟老夫人诀别之言，言辞哀苦，说明你是个孝子。像兄弟你这样的国士，怎么能让你死呢，我定要给你想办法！明天我再来。说完起来就走。

第二天，参佐又来相见，王佑见到他说，您答应要让我活命，您可一定要做到啊，不会是骗我吧？参佐拍着胸脯说，老子我是响当当男子汉，既然答应你，哪有欺骗你的理由？只见他身后跟着数百人，都只有二尺多高，身穿黑色军服，以红油为标志。王佑家里击鼓祷告，这些小鬼听到鼓声，跟着节奏跳起了街舞，步调一致，整齐划一，甩动的衣服飒飒作响，场面十分壮观。王佑忍不住要赞美他们，一边赶紧给参佐准备酒肉，参佐说不需要，即刻就走了。

临走时说，病在你的体内，像火一样烧干你，需要水来解救危机。于是取来一杯水，掀起被子，直接倒进被窝里。倒完水，参佐说，我再给你十几只红笔，你垫在席子下面，也可以送给你的亲朋好友。只要插在头上，出入就能避免灾祸，能保其平安无事。当年我们一起玩得比较好的朋友王甲、李乙，我都已经给过他们了。说完，参佐拉了拉王佑的手，挥泪跟他告别。

当时王佑正睡觉，半夜时分忽然惊醒，叫身边人打开被子来看，说是神灵用水灌我被子，被子肯定湿透了。仆人心想老爷你怕是尿床了吧，莫不是不好意思说？于是掀起被子来看，因为平时王佑盖两床被子，水就停留在两床被子之间，就像荷叶上的露水一样，浮在上面，并没有浸透被子。大家一看，觉得太神奇了，莫非是水银？小心翼翼把水取下来，一量，刚好三升七合。此时王佑忽觉身心畅快，病好了三分之二，几天后居然痊愈了。

在那一年全国死了不少人，凡是参佐要带走的人，基本都到阴间报到了。只有某些与参佐关系较好，且为人正派的人，接受了参佐的红笔，才幸免于兵乱和疾病。当时流传一本怪书，上面写道：上帝派遣三维将军赵公明、钟士季，率领众鬼下凡捉人。无人知晓他们的去处。王佑病好了以后，偶然看到这本书，与参佐所讲恰好相合。

这本怪书不知何人所作，其中提到的赵公明，就是后来的财神爷原型。

在魏晋时期，赵公明只是负责“督鬼取人”的判官，还一度演变为鬼帅为非作歹，明代《列仙全传》云：“赵公明为八部鬼帅，周行人间，暴杀万民，太上老君命张天师治之。”元明时期，赵公明形象开始发生变化，元明时《三教源流搜神大全》云：“赵公明，终南山人，头戴铁冠，手执铁鞭，面如黑炭，胡须四张。跨黑虎，授正一玄坛元帅。能驱雷役电，呼风唤雨，除瘟剪疟，祛病禳灾。如遇讼冤伸抑，能解释公平，买卖求财，宜利合和，无不如意。”此时的他被道教人士赋予了诸多能力，其中包括“买卖求财”，已经具备了财神的条件。在《封神演义》中则基本确定为专门负责“迎祥纳福”的财神，手下统帅招宝天尊、纳珍天尊、招财使者和利市仙官。从赵公明神格的变化可以看出民间系统对于神仙人物的不断改造过程。

至于钟士季，就是魏晋之际的钟会，此人乃著名书法家钟繇之子，在魏晋政治中扮演了重要的角色，曾为司马氏政权杀害了诸多名士，比如夏侯玄、嵇康等人的死，与他有直接关系。至于东晋时期民间为何将钟会塑造成鬼帅？大概因为钟会其人能力较强，当时人评价他是：“其人管朝政，吴、蜀之忧也。”但是另一方面，有人评价他：“见利忘义，好为事端。”而且他在收集证据、网罗罪名方面的本事相当出众。大概民间提到钟会，负面评价要高于正面评价，所以将其塑造成专司人命的鬼帅，也是合乎情理的。

48. 南顿①张助于田中种禾，见李核，欲持去，顾见空桑，中有土，因植种，以余浆溉灌。后人见桑中反复生李，转相告语。有病目痛者，息阴下，言：『李君令我目愈，谢以一豚。』目痛小疾，亦行自愈。众犬吠声②，盲者得视，远近翕赫③，其下车骑常数千百，酒肉滂沱④。间一岁余，张助远出来还，见之，惊云：『此有何神，乃我所种耳。』因就斫之。

＝注释＝ ①南顿：古县名，今河南省南项西。②众犬吠声：『一犬吠声，百犬吠声』的略称，喻随声附和，人云亦云。③翕（ㄒㄧ）赫：显赫。④滂沱：丰盛的样子。

<解说> 这则故事在众多神异灵验故事中显得比较另类，《搜神记》明确讲到其目的是为了“发明神道之不诬”，但是这个故事有明显的朴素唯物主义的成分在里面，看上去有点违背《搜神记》的主旨。

南顿人张助有一天在田间种地，见到一个李子核，刚要扔掉，回头看见有一棵中间空了心的桑树，当中有土。于是他就突发奇想，把李子核种到桑树中，还把自己喝剩的水倒进去浇灌。这大概是最早有记载的嫁接技术。

几年以后，有人发现这棵桑树中居然长了李子树，觉得这一定是一颗神树，就相互转告，大家一传十、十传百，渐渐把这棵树描绘得越来越神奇。说是有什么愿望，向神树说明，神树都能给你实现。

有一个患了眼病的人，在桑树下休息，说李君若是能治好我的眼病，我拿一头小猪来祭祀你。本来这个人的眼病就不严重，没过几天自己就痊愈了。这下不得了，又是三人成虎，传来传去，居然说瞎子都能让这棵树治好。这回来这棵树下许愿的人有成百上千，树下酒肉堆得满满的。

一年多以后，张助回家，看到这个场面吓了一跳。一打听，才知道是自己种的李子核惹下这许多故事。张助回去拿把斧子就把李子树砍了。

这个故事其实从侧面反映了当时淫祀的普遍，百姓对于鬼神，是宁信其有，不信其无，中国百姓都是多神并奉。神拜得多了总没有坏处，总会有一个显灵也说不定。同时，这个故事也说明大多数神异现象，其实是经过人们不断口耳相传，添油加醋，慢慢形成的。

49. 王莽居摄①，刘京上言：『齐郡临淄县亭长②辛当，数梦人谓曰：「吾，天使也。摄皇帝当为真。即③不信我，此亭中当有新井出。」亭长起视，亭中果有新井，入地百尺。』

＝注释＝ ①居摄：皇帝年幼，由大臣代理朝政。②亭长：掌管邮亭的小官吏。③即：假如。

<解说> 西汉末年，王莽为了当皇帝想尽了一切办法，最有效的方式是制造了一堆谶纬符命，来宣誓自己是天命所归，给自己的篡权行为寻找正当性。一些大臣也投其所好，没事就编一些神异事件，比如在一块石头上写着“宣告安汉公王莽为皇帝”。这么明显的马屁，估计连被拍的人也会觉得不好意思。

再比如有一个叫哀章的人，编造了一部假天书，写了王莽是上天安排的天子，并且上天还排了十一个人来辅佐他，其中就有哀章。哀章还刻意编了两个霸气的名字——“王兴”“王盛”，意思是“姓王的要兴盛”。可是遍寻官署没有叫这两个名字的人，于是就在大街上找到一个卖饼的王兴，一个守门的王盛，封了将军，这俩人估计穿上官服时候还在发懵的状态。可见符命之类的可笑。

但是当时还是有很多人向王莽进言，说是某处的公鸡下蛋啦，某处的马长了犄角啦，某处的猪生了一百个猪崽子啦，等等，总之五花八门千奇百怪的事层出不穷。这些进言的人恐怕是想，就算得不到高官，至少向王莽表明立场，博得王莽欢心也是好的。

广饶侯刘京也想掺一腿，他给王莽上书说：齐郡临淄县的亭长辛当，最近经常梦见有人对他说，我是天使，你们的摄皇帝，就要变成真皇帝了，如果不信我，你就看看亭中，应该有一口新井。辛当起来一看，果然有一口新井，入地有百尺那么深。

干宝之所以把这个故事放到这里，其实目的跟前面张助种李的故事一样，是想告诉大家，某些神异事件其实就是人为的，大家要学会明辨真伪。因为王莽造作谶纬符命的虚假性，已经是众所周知的既定事实。因此，刘京的上书也好，亭长辛当的梦兆也好，不言自明是虚假的。

梦这东西你怎么说怎么是，谁也不知你是不是真的梦到了天使，况且一口井，也很容易人为制造。所以极有可能是辛当为讨好王莽委托刘京，二人共同演的一出戏。而观众王莽明知其假，看得也乐乐呵呵。

50. 妖怪者，盖精气之依物者也。气乱于中，物变于外。形神气质，表里之用也。本于五行，通于五事，虽消息[①]升降，化动万端，其于休咎[②]之征，皆可得域而论矣。

═注释═ ①消息：增减，盛衰。②休咎：吉凶祸福。

<解说> 异于常态之物是为妖，即所谓“在德为祥，弃常为妖”（孔臧《鸮赋》）。因此妖怪我们可以理解成怪异、奇异、不寻常的事物。妖有很多类型，不一定非要反映在实物上。《论衡·订鬼篇》云：“天地之间，妖怪非一，言有妖，声有妖，文有妖。”古人对于妖怪的认知，多与祥瑞联系在一起。祥瑞和妖怪同属于异常事物，所以有人也说：“内妖曰眚，外妖曰祥。”（《汉书》颜师古注引李奇语）眚读作 shěng，意为灾异，故古人常称灾异为“眚灾”。

祥瑞属于吉兆，妖怪属于凶兆，《韩诗外传》云：“妖者，祸之先；祥者，福之先。见妖而为善，则祸不至，见祥而为不善，则福不臻。”因此，古人常将祥瑞妖怪与国家兴亡联系在一起，《礼记·中庸》：“国家将兴，必有祯祥。国家将亡，必有妖孽。”又如《论衡·订鬼篇》：“天地之道，人将亡，凶亦出；国将亡，妖亦见。犹人且吉，吉祥至；国且昌，昌瑞到矣。”

本卷之中，讲了许多灾异凶兆，往往预示着国家之将乱，从夏代起，讫于三国，其中汉末桓、灵年间尤多，这些灾异多出于正史或野史记载，反映了当时人对于灾异现象的理解和认知。

本篇作为总论，干宝阐述了自己对于妖怪的见解：

所谓妖怪，乃是精气依附于物体而形成。气在物体内部的运行如果失去秩序，就会在外部表现出变化来。事物外在的形神和内在的气质，属于表里的关系。气质本于金、木、水、火、土五行，与外在的貌、言、视、听、思五事相呼应。精气的升降，变化万端，在吉凶祸福方面的征兆，都可以在一定范围内找到依据加以论证。

干宝这个理论的基础是精气说，辅之以五行观念，试图给变化的现象找到合理的理论依据。但也只是概括而言，没有深入展开深入探讨。按照中医理论来讲，许多人身体外观上的变化，也是气血运行不畅所致，这与干宝所言有一定相通之处，下篇正是将天地的异常变化与人体的病变相对应而言。

51. 夏桀之时厉山①亡，秦始皇之时三山②亡，周显王三十二年宋大丘③社亡，汉昭帝之末，陈留昌邑社亡。京房《易传》曰：『山默然自移，天下兵乱，社稷亡也。』故会稽山阴琅邪中有怪山，世传本琅邪东武海中山也。时天夜，风雨晦冥，旦而见武山在焉。百姓怪之，因名曰怪山。时东武县山，亦一夕自亡去，识其形者，乃知其移来。今怪山下见有东武里，盖记山所自来，以为名也。又交州山移至青州朐县④。凡山徙，皆不极之异也。此二事未详其世。《尚书·金縢》曰：『山徙者，人君不用道士，贤者不兴；或禄去公室，赏罚不由君，私门成群。不救，当为易世变号。』说曰：『善言天者，必质于人；善言人者，必本于天。故天有四时，日月相推，寒暑迭代。其转运也，和而为雨，怒而为风，散而为露，乱而为雾，凝而为霜雪，张而为霓虹。此天之常数也。人有四肢五脏，一觉一寐，呼吸吐纳，精气往来，流而为荣卫⑤，彰而为气色，发而为声音。此亦人之常数也。若四时失运，寒暑乖违，则五纬⑥盈缩，星辰错行，日月薄蚀，彗孛流飞，此天地之危诊也。寒暑不时，此天地之蒸否也。石立土踊，此天地之瘤赘也。山崩地陷，此天地之痈疽也。冲风，暴雨，此天地之奔气也。雨泽不降，川渎涸竭，此天地之焦枯也。』

== 注释 == ①厉山：今湖北随州北。②三山：古仙山，蓬莱、方丈、瀛洲。③大丘：今河南永城西北。④朐（qú）县：古县名，在今江苏连云港西南。⑤荣卫：中医用语，即气血。荣指血液循环，卫指气息流动。⑥五纬：金、木、水、火、土五星。

<解说>《孙子兵法》中说道："故其疾如风，其徐如林，侵掠如火，不动如山，难知如阴，动如雷震。"其中讲，指挥作战者，要有大山一样岿然不动的镇定。自古以来对于山的认知，就是坚定稳固牢靠，假如大山移动起来，或者忽然不见，多少会超出一般人的常识，或许会颠覆一个人的三观。

世上有很多无法用科学来解释的神秘事件，如麦田怪圈、巨石阵、复活节岛石像，等等。现在有的人把原因归结给外星人，好像外星人要对这些神秘事件负有全责。而在对外星人没有概念的古代，又是如何解释这些现象的？本则讲述了几件大山移动的典故和神秘事件的记录，并且解释了山无故迁徙的缘由。

夏桀时期，湖北随州北部的厉山，忽然消失不见。

秦始皇时期，蓬莱、方丈、瀛洲三山消失不见。

周显王三十二年，宋国大丘社消失不见。

这几件是历史中记载的山的消失事件，此外还有两件山移动的神秘事件：

会稽山阴的琅琊山，这个山大家并不陌生，当年东晋著名书法家王羲之等一群人，就是在这个山中的兰亭，喝着小酒写着诗歌的。

琅琊山中有一座怪山，相传是琅琊郡（今山东青岛一带）东武县海中之山，当时天黑不见五指，忽然刮起一阵怪风怪雨。等到天亮，大家就发现武山在这个地方了，百姓觉得奇怪，故称之为"怪山"。而远在琅琊郡东武县海中的一座山，也在当天消失不见，所以大家才知道怪山出自哪里。怪山脚下有个东武里，大概是为了记录这座山的来历而命名的。

其实，这种命名方式，是晋朝南渡以后，设置地名的一个普遍现象。因为西晋灭亡时，很多中原士大夫和百姓迁徙到了南方，但是由于怀念自己的家乡，就在南方设置了跟自己家乡名字一样的郡县，叫作"侨置郡县"。东武里，大概也是琅琊郡东武县百姓乔迁过来后，所设立的新的地名。

另外，还有一件大山移动事件，说是交州（今广东、广西一带）的一座山，移动到了青州（今山东、江苏一带）的朐县。

干宝说，不清楚这两件神秘事件发生的具体时代，但是山的移动是一件具有重大意义的事件，他引用了几个关于山移动的具体解释。据京房《易传》言："山无故默然移动，预示着天下将要有兵乱，国家社稷将亡。"《尚书·金縢》说："山的移动，说明人君不重用有道之人，贤人士大夫不得志，或爵禄不出于公门，或赏罚不出于国君，权贵私门结党勾结。如果不加以拯救，国家将面临改朝换代的危险。"

对此，干宝也有一些自己的看法，这个看法或许是他本人的，或许是他从别人之口听到，转述而来的：

所谓善于言说天道者，必然以人为主体，善于言说人道者，必然以天为本源。所以天有四季，日月轮转，寒暑更迭。天道和顺成雨、怒而成风、散而结露、乱而为雾，凝结而为霜雪，舒展则为霓虹。这是天道运行之常态。

人有五脏，一睡一醒，呼吸吐纳，精气往来，流动形成荣卫之气，表现在外为气色，抒发在外为声音，这也是人体运行的常态。

假如四时失调，寒暑混乱，那么五星的盈缩，星辰的运行也将错乱，会出现日食月食，彗星悖逆流星漫天，这是天地将要生病的表现。寒暑不规律，这就像天地气息闭塞。石头立起，土地隆起，这就像天地长出了瘤子。山崩地陷，这就像天地生了痈疽。狂风暴雨，就像天地精气外泄。雨泽不降，川渎涸竭，这就像天地将要焦枯。

这里干宝把天地比作人的身体，天地的各种异常现象，就像人身体发生的变化，这些变化是病变的一种提示。干宝的理论依据是自汉代以来形成的天人相符观，是董仲舒所建立的一套系统，也结合了医学理论，同时也受到了汉代谶纬思想的一些影响。

52. 汉成帝[1]建始四年九月，长安城南，有鼠衔黄蒿柏叶，上民冢柏及榆树上为巢。桐柏[2]为多。巢中无子，皆有干鼠矢数升。时议臣以为恐有水灾。鼠盗窃小虫，夜出昼匿。今正昼去穴而登木，象贱人将居贵显之占。桐柏，卫思后[3]园所在也。其后赵后[4]自微贱登至尊，与卫后同类。赵后终无子而为害。明年，有鸢[5]焚巢杀子之象云。京房《易传》曰：『臣私禄罔干[6]，厥妖鼠巢。』

═注释═ ①汉成帝：刘骜，在位二十七年。②桐柏：地名，在长安城南。③卫思后：汉武帝皇后卫子夫，因巫蛊之祸被废，自杀。④赵后：赵飞燕，汉成帝时以歌女身份入宫，得以宠幸，平帝时废为庶人，自杀而死。⑤鸢（yuān）：猛禽，又称鸷鸟，俗称鹞鹰、老鹰。⑥私禄罔干：贪污公家俸禄为私有。

<解说> 汉成帝建始四年九月，长安城南有老鼠衔着黄色的禾秆、柏叶，爬上了墓地上的柏树和榆树上筑巢，以桐柏一带居多，巢中没有小老鼠，而有干老鼠屎数升。当时议论的大臣认为恐怕将要有水灾发生。老鼠是专门偷盗的小动物，昼伏夜出，现在却是白天离开洞穴爬到树上，这是卑贱的人将要登上尊位的预兆。

桐柏是卫皇后花园所在之地，此后就有赵皇后从卑贱之位登上尊贵之位的情况发生，与卫皇后属同类，赵皇后最后因为没有孩子而被杀害。第二年，有老鹰烧了鸟巢杀死小鹰的征兆。京房《易传》说："假如臣子视俸禄为私有，目无公家，那么就会有老鼠在树上筑巢的征兆。"

赵飞燕在历史上是与杨贵妃齐名的美人，有"环肥燕瘦"之说。早年赵飞燕家境贫寒，与兄妹四人进入京城阳阿公主家中为宫女。一次汉成帝微服到阳阿公主家，被赵飞燕曼妙的舞姿所吸引，其后得到宠幸，赵飞燕和妹妹赵合德"俱为婕妤，贵倾后宫"，赵氏父子兄弟也因为姐妹而官至显贵。

卫皇后是汉武帝第二任皇后，名卫子夫，原为平阳公主家歌女，卫子夫与赵飞燕有类似的经历。同样也是武帝到平阳公主家做客，看上了卫子夫，日渐宠幸，最后封为皇后。卫子夫的弟弟们也跟着平步青云，著名的抵抗匈奴的将领卫青，即是其弟。

值得一提的是，卫子夫所生皇子就是太子刘据，就是在巫蛊之祸中蒙冤而死的太子。当然，卫子夫在巫蛊之祸中，也没有幸免于难。

53. 汉桓帝[①]即位，有大蛇见德阳殿[②]上。洛阳市令[③]淳于翼曰：『蛇有鳞，甲兵之象也。见于省中，将有椒房[④]大臣受甲兵之象也。』乃弃官遁去。到延熹二年，诛大将军梁冀，捕治家属，扬兵京师也。

═ 注释 ═ ①汉桓帝：刘志，在位二十一年。②德阳殿：东汉皇宫内殿名。③市令：管理市场的官员。④椒房：皇后住所，后世多指代后妃。

＜解说＞ 汉桓帝即位的时候，有大蛇出现在德阳殿上。洛阳令淳于翼说："蛇是有鳞的动物，这是铠甲兵器的象征。如果出现在禁中，说明椒房大臣将有人受到兵甲之祸。"于是弃官逃遁而去。到了延熹二年，皇帝诛杀大将军梁冀，到处收捕惩治家属，京师果然大动兵戈。

汉桓帝是东汉第十位皇帝，名刘志。其在位期间，外戚宦官轮流把持朝政，致使东汉末年政治出现危机，其中梁冀就是当时著名的外戚之一。

梁冀是汉顺帝梁皇后之兄，顺帝死后，年仅一岁的刘炳即位，是为冲帝，朝政把持在梁氏手中。冲帝第二年就死了，梁冀又扶持了只有八岁的刘缵为帝，是为质帝。质帝虽然年幼，但对于梁冀专权不满，曾当众称梁冀为"跋扈将军"，后竟被梁冀毒死。随后梁冀便扶持了桓帝即位，桓帝也不满梁冀的跋扈，就任用宦官单超等人诛杀了梁冀，此后朝政又把持在宦官手中。

此后东汉政权始终处于宦官、外戚交替专权的状态，虽然有清流士大夫的反抗，但终究难以阻挡帝国内部的崩塌。

54. 汉桓帝建和三年秋七月，北地①廉②雨肉，似羊肋，或大如手。是时梁太后③摄政，梁冀专权，擅杀，诛太尉李固、杜乔，天下冤之。其后，梁氏诛灭。

‖注释‖ ①北地：郡名，今宁夏吴忠西南。②廉：北地属县，今宁夏固原东北。③梁太后：汉顺帝皇后，梁冀之妹。

<解说> 汉桓帝建和三年秋七月，北地郡廉县某天忽然下起了肉雨，有的肉像是羊肋，有的像手掌那么大。当时正是梁太后摄政，梁冀专权时期，擅自诛杀太尉李固、杜乔等人，天下人为之喊冤。其后，梁氏被诛灭。

李固在冲帝时，被任命为太尉（**太尉属三公之一**），与太傅赵峻、大将军梁冀参录尚书事。李固为梁皇后提出的建议基本都被采纳，这就引起了梁冀的不满。在质帝被梁冀以毒饼毒害时，李固进宫质问梁冀，因为此时梁冀正在质帝身边，李固明显看出质帝是被毒害而死，梁冀对他的怨恨更深了。质帝死后，在立谁为继承人上，两人意见不同，最后梁冀立刘志为帝，是为桓帝，桓帝登基后自然对李固也有极大不满。最后梁冀以李固勾结乱党为罪将其下狱，李固冤死狱中。

杜乔，在桓帝时期也任太尉，与李固同样不满梁冀专权，也因被梁冀诬陷与叛贼勾结，冤死狱中。李固、杜乔可以说是当时清流的代表，士大夫多受李固、杜乔精神的感召而奋起反抗外戚宦官，希望挽狂澜于既倒，扶大厦之将倾，但是两次党锢之祸宣告了士大夫的失败。

55. 汉桓帝元嘉中，京都妇女作愁眉、啼妆、堕马髻、折腰步、龋齿笑。愁眉者，细而曲折。啼七者，薄拭目下若啼处。堕马髻者，作一边。折腰步者，足不任①下体。龋齿笑者，若齿痛，乐不欣欣。始自大将军梁冀妻孙寿所为，京都翕然②，诸夏③效之。天戒若曰：『兵马将往收捕，妇女忧愁，踧眉④啼哭；吏卒掣顿，折其腰脊，令髻邪倾；虽强语笑，无复气味也。』到延熹二年，冀举宗合诛。

═ 注释 ═ ①不任：支持不住。②翕（xī）然：一致，此谓风行。③诸夏：全国人民。④踧（cù）眉：皱眉。

< 解说 > 我们常说女子要有旺夫相，旺夫相的特征是眉清目秀，面颊有肉，发薄不厚，天庭饱满地阁方圆，总之就要看上去就很富态。试想一个面颊凹陷，颧骨隆起的女子，蓬头垢面，看着就像吃不饱饭一样，怎么看也不可能是旺夫相。

梁冀的妻子孙寿可能长相不错，但是她偏要引领时尚，故作另类，化妆也不好好化，将眉毛化成极细的样子，弯弯曲曲的，美其名曰“愁眉”。当然为了配合愁眉，就应该有苦脸。孙寿在眼睛下面薄施茶粉，美其名曰“啼妆”。有了愁眉苦脸，发型也要配合一下，于是就松散绾着头发，发髻偏向一边，是为“堕马髻”。走起路来要感觉病恹恹的，一步三折腰，这叫“折腰步”。笑起来还要一只手捂着嘴，皱起眉头，好像糖吃多，得了龋齿，这叫“龋齿笑”。

所谓时尚，并不是穿起来真的好看，而是名人效应，名人奇装异服，就是引领时尚，老百姓就跟风学，也不管这符不符合审美规律。孙寿的一系列做妖行为，居然影响了整个京城的妇女，于是走在大街上，到处能看到愁眉苦脸，病恹恹的女子，那情形看着就异常诡异，何来美感？

干宝认为上天已经告诫过：“如果兵马将要收捕人，妇女忧愁，皱眉啼哭，官兵强拉硬拽的，导致她们折弯腰背，发髻歪到一边，虽然勉强露出笑容，也是缺乏滋味的。”所以到了延熹二年，梁冀全族被诛。

古人强调女子要有妇德、妇言、妇容、妇功。“盥浣尘秽，服饰鲜洁，沐浴以时，身不垢辱，是谓妇容。”是说女子要干干净净，衣服身体都要保持不染污垢，穿着未必华贵，但一定要端庄得体。打扮过于妖艳都会受到批评，更不用说像孙寿这种诡异另类的打扮了。

56. 汉灵帝数游戏于西园中，令后宫采女①为客舍主人，身为估服②，行至舍间，采女下酒食，因共饮食，以为戏乐。是天子将欲失位，降在皂隶③之谣也。其后天下大乱。古志有曰：『赤厄④三七。』三七者经二百一十载，当有外戚之篡，丹眉之妖。篡盗短祚，极于三六，当有飞龙之秀，兴复祖宗。又历三七，当复有黄首之妖，天下大乱矣。自高祖建业，至于平帝之末，二百一十年，而王莽篡，盖因母后之亲。十八年而山东贼樊子都等起，实丹其眉，故天下号曰『赤眉』。于是光武以兴祚，其名曰秀。至于灵帝中平元年而张角起，置三十六方，徒众数十万，皆是黄巾，故天下号曰『黄巾贼』。至今道服，由此而兴。初起于邺⑤，会于真定⑥，诳惑百姓曰：『苍天已死，黄天立。岁名甲子年，天下大吉。』起于邺者，天下始业也，会于真定也。小民相向跪拜趋信，荆、扬尤甚。乃弃财产，流沈道路，死者无数。角等初以二月起兵，其冬十二月悉破。自光武中兴至黄巾之起，未盈二百一十年，而天下大乱，汉祚废绝，实应三七之运。

═注释═ ①采女：选拔宫女。②估服：商贩的衣服。③皂隶：服贱役者，此指沦为下贱之人。④赤厄：汉属火德，故称赤厄。⑤邺：古县名，在今河北临漳西南。⑥真定：汉代郡国名，今河北正定南。

<解说> 历代帝王都希望自己的王朝国祚永昌，始皇帝嬴政以为自己的秦帝国可以千世万世，竟不知只经历了两世，汉朝是中国历史上国祚最久的王朝，刨除王莽篡汉，前后历经四百零七年，其次是宋朝三百一十九年，唐朝也不过二百八十九年。所以没有永远存在的王朝，只有不断前进的历史车轮。

汉代元、成之际，有道士预言："谶者云'赤厄三七。'三七二百一十年，有外戚之篡。祚极三六，当有龙飞之秀，兴复祖宗。"所谓赤厄，指汉朝的厄运，因为汉朝五德为火，色尚赤，故称赤厄。西汉从建立到汉平帝驾崩，刚好二百一十年，这正是三七二十一之数。外戚篡权指的是王莽，王莽建立的新朝只存在了十六年，所以说"祚极三六"当是从刘秀建立东汉开始算，西汉与东汉之间刚好十八年，"龙飞之秀，兴复祖宗"是说光武帝刘秀复兴汉朝。

王莽建立的新朝也不安生，王莽天凤四年（17），新市人王匡、王凤兄弟聚集数百饥民起义，占领绿林山（今湖北京山市大洪山），劫富济贫，数月之间，竟然发展至数万人。与此同时，天凤五年（18），琅琊（山东诸城东南）人樊崇率领一百多人在（山东莒县）起义，他们以泰山为根据地，转战于黄河南北，得到青、徐一带饥民的响应，在一年时间内便发展到万余人。樊崇的起义军多将眉毛涂红，故称"赤眉军"。

在绿林赤眉起义的同时，许多反抗王莽的刘氏宗亲与豪强集团也参与进来，其中以南阳刘演、刘秀兄弟为代表。最后让刘秀坐收渔翁之利，当上了皇帝，是为光武帝，建立了东汉政权。

从公元25年刘秀在洛阳建立东汉，到公元184年黄巾军起义，前后不到一百六十年，至公元220年曹丕代汉，献帝退位，东汉享国一百九十五年，还不足二百年。

黄巾军起义是东汉发生的一件大事，直接导致东汉政权的倾覆。如果说宦官外戚交替专权，是东汉政权从内部崩塌的开始，那么黄巾军起义则是压死骆驼的最后一根稻草。

连年对西羌的战争，繁重的赋税徭役，多年的自然灾害，让当时的百姓苦不堪言。汉乐府《东门行》道出了百姓的生活状态和内心感受："盎中无斗米储，还视架上无悬衣。拔剑东门去，舍中儿母牵衣啼。"只待星星之火，便可燃起燎原之势。巨鹿人张角点起了这把燎原之火。

张角早年创立太平道，在民间建立了牢固的信仰基础，信众多达数十万，干宝这里说"小民相向跪拜趋信，荆、扬尤甚"。时机成熟，便于中平元年起义，喊出了"苍天已死，黄天当立，岁在甲子，天下大吉"。所谓苍天指代汉朝，东汉正朔为火德，黄色为土，意为黄天将取代火德的汉。且这一年是甲子年，是一个重新开始的新纪元。

黄巾起义刚开始发展势头很猛，杀了很多贪官污吏，打击豪强富贾，很多百姓依附。然而像众多农民起义一样，因缺乏明确的打击目标，没有组织性、纪律性，没有严密的部署和安排，加上张角病死，很快就被官府和豪强集团打压下去，起义在十个月以后，便以失败告终。

但是在这个过程中，众多地方豪强打着平叛的旗号，各自充实自己的军事武装，形成了大量的割据集团，东汉王朝实际已经名存实亡，历史进入了三国时代。

57. 汉时，京师宾婚嘉会，皆作魁櫑①，酒酣之后，续以挽歌。魁櫑，丧家之乐；挽歌，执绋②相偶和之者。天戒若曰：『国家当急殄悴③，诸贵乐皆死亡也。』自灵帝崩后，京师坏灭，户有兼尸虫而相食者，『魁櫑』『挽歌』，斯之效乎？

‖注释‖ ①魁櫑（lěi）：即傀儡，本为丧家乐中表演所用，后演变为木偶戏。②绋（fú）：下葬时牵引棺柩入地穴的绳子。③殄悴（tiǎn cuì）：困苦、困顿。

<解说> 东汉后期，社会上普遍弥漫一种衰败、哀怨的气息，刘勰《文心雕龙时序》中说：“观其时文，雅好慷慨，良由世积乱离，风衰俗怨，并志深而笔长，故梗概而多气也。”从《古诗十九首》中就能看出在中下层知识分子中，有一种幻灭感，其中透露着对人生的失望，对前途的迷茫，对整个时代的绝望。

而当时民间普遍喜欢听挽歌，比如《薤露》《蒿里》《梁父吟行》，甚至在宴会上也拿来演奏，可以说欣赏充满哀感、哀情的曲调，成为时代风尚。这时期的诗歌也透露着对生命无常的慨叹，比如“出郭门直视，但见丘与坟”“生年不满百，常怀千岁忧”“人生寄一世，奄忽若飚尘”“人生忽如寄，寿无金石固”，等等。

古人常有乐极哀来的感慨，汉武帝也曾说“欢乐极兮哀情多”，真正是所谓“乐极生悲”了。《礼记·乐记》云：“治世之音安以乐，其政和；乱世之音怨以怒，其政乖；亡国之音哀以思，其民困：声音之道，与政通矣。”儒家认为音乐与政治有密切关系，汉末的音乐风格是典型的“哀以思”，所谓“亡国之音”是也。

58. 献帝建安七年，越巂①有男子化为女子。时周群②上言：『哀帝时亦有此变，将有易代之事。』至二十五年，献帝封山阳公。

= 注释 = ①越巂（xī）：郡名，今四川西昌东南。②周群：蜀地人，长于占候天文历算之术，刘备入川后，任儒林校尉。

＜解说＞ 汉献帝是个可悲的角色，历史上再没有比汉献帝更令人哀叹扼腕的皇帝了。

刘协是汉灵帝刘宏的次子，与少帝刘辩是同父异母兄弟。九岁被董卓拥立为帝，189 至 220 年间在位，在这三十一年中，他先后受制于董卓、李傕、郭汜、曹操、曹丕。虽然贵为皇帝，但从来没有感受过皇帝应该有的威严和尊贵。

他不想看到大汉四百年基业毁于自己之手，虽然他明知靠自己的力量已无法改变汉室的衰微，即使这样，他也不惜冒险一试。

汉献帝用自己的鲜血将诛杀曹操的诏令写于衣带之上，秘密传递给董承，董承又联合了众多反对曹操者，当然也包括刘备在内。然而最后仍以失败告终，承接衣带诏者，死的死，逃的逃。连献帝的伏皇后也被杀害，伏皇后临死前光着脚哭着问献帝："不能想想办法救救我吗？"献帝仰天长叹一声，说道："朕都不知道自己的性命何时结束啊！"回过头去对身边的郗虑说："郗公，您来说说，天下有这样的道理吗？"

献帝到底没能保护自己的皇后，连两个皇子也被鸩杀了。献帝最后的勇敢和坚定在建安五年消耗殆尽。

建安二十五年，曹操去世，这个时刻把"若天命在吾，吾为周文王矣"挂在嘴边的枭雄，让献帝惶惶不可终日。他知道，自己的时刻到了，汉朝气数将近。曹丕已经迫不及待地要登上觊觎已久的皇位。

当曹丕大度地问献帝，你想要什么时，献帝只说我想要当一个悬壶济世的郎中。他知道自己无法拯救大汉王朝，但仍希望能够以自己的力量，拯救一些普通人的生命，这让他觉得自己没有白活一世。

曹丕对他还算客气，将他奉为山阳公，"邑一万户，位在诸侯王上，奏事不称臣，受诏不拜，以天子车服郊祀天地，宗庙、祖腊皆如汉制，都山阳之浊鹿城"。算是为汉朝最后一位皇帝保留了一丝尊严。

59. 建安初，荆州童谣曰：『八九年间始欲衰，至十三年无孑遗。』言自中兴以来[1]，荆州独全；及刘表为牧[2]，民有丰乐；至建安九年，当始衰。始衰者，谓刘表妻死，诸将并零落[3]也。十三年无孑遗者，表又当死，因以丧败也。是时华容[4]有女子，忽啼呼曰：『将有大丧。』言语过差，县以为妖言，系狱。月余，忽于狱中哭曰：『刘荆州今日死。』华容去州数百里，即遣马里[5]验视，而刘表果死。县乃出之。续又歌吟曰：『不意李立为贵人。』后无几，曹公平荆州，以涿郡李立字建贤，为荆州刺史。

注释 ①中兴以来：指东汉建立以来。②牧：州郡长官。③零落：衰败、消亡。④华容：县名，今湖北潜江西南。⑤马里：即马吏，骑兵头目。

<解说> 荆州被称为“天下之腹”，是历来兵家必争之地，一直以来，魏蜀吴三家对此地都是垂涎三尺，虎视眈眈，以至于后来有“刘备借荆州——有借无还”的俗语。在中原各地军阀混战，导致“白骨露于野，千里无鸡鸣”时，荆州百姓保持了十几年的安宁生活，这得益于荆州牧刘表。

刘表出身名贵，长得气度不凡，早年因为在党锢之祸中参加过太学生运动，知名于世，被称为八俊之一。初平元年刘表任荆州牧，在荆州，刘表得到当地蒯良、蒯越、蔡瑁等人的支持，不久就肃平内乱，打败孙坚，并利用各种关系努力牵制袁术、曹操，巩固了荆州的稳定局势。

刘表在荆州又开经立学，广纳人才，包括诸葛亮、王粲等人都曾到荆州避难。一时之间，荆州似乎成了乱世中的天堂。王粲在《荆州文学记官志》中说：“五载之间，道化大行。耆德故老綦毋闿等，负书荷器，自远而至者，三百有余人。”混乱的时代，学者们在荆州寻得一方乐土，魏晋玄学的萌芽，也在此地诞生。

刘表其人心性多疑，无志于四方，郭嘉说刘表仅是“坐谈客耳”，似乎很贴切。在当时割据的局面下，始终保持中立态度，这固然可以暂时稳定荆州，但并非长久之计。加上晚年刘表在处理继承人问题上留下诸多遗患，使得荆州的稳定在建安十三年终结于曹操之手。

故事中的华容女子，似乎是个可以预见未来的女巫，先后预告了刘表的死期，以及此后接任者的名字。古今中外对这类女巫的态度都很复杂，一方面觉得灵验，一方面产生恐惧心理。于是女巫不是被烧死，就是被淹死。这个女巫下场还算不错，至少得到县长的认可，免了牢狱之灾。

60. 建安二十五年正月，魏武[1]在洛阳起建始殿，伐濯龙[2]树而血出。又掘徙[3]梨，根伤而血出。魏武恶之，遂寝疾[4]，是月崩。是岁，为魏文黄初元年。

‖注释‖ ①魏武：曹丕称帝后尊其父曹操为魏武帝。②濯龙：洛阳宫苑名。③掘徙：挖掘移植。④寝疾：卧病不起。

<解说> 建安二十五年正月，魏武帝曹操在洛阳修筑建始殿，在砍伐濯龙苑的树时，树干流出了血。在挖掘梨树时，弄坏了梨树的根，也流出了血。曹操知道后心里很不舒服，于是病情转严重，当月就死了，这一年，是魏文帝黄初元年。

曹操在建安五年忽然觉得头痛，此后就经常犯病，直到他建安二十五年去世，被头痛病折磨了整整二十年。刚开始还是偏头疼，到后来竟演变成脑瘤症状，发起病来痛苦万分，乃至出现幻觉，寝食难安。

后来华歆给曹操推荐了当时的名医华佗。作为外科手术开创者，华佗说，您的病不难治，只要用刀子打开头颅，去掉病根即可。曹操是个连睡觉都担心有人害自己的人，怎么可能让人给自己开瓢？他怕是活腻了。

曹操曾跟身边人说，我睡觉爱梦游，起来就杀人，你们在我睡觉时要离我远点。有一次曹操假装睡觉，一个曹操平时比较喜欢的小厮，看曹操被子没盖好，过来给他盖一下被子。没想到曹操忽然蹦起来，操起身边的刀，噗！一刀捅死了小厮。身边的人都吓坏了，此后，曹操睡觉再也没人敢给他盖被子，冻死活该，谁也不敢冒这个险。曹操疑心病之重可见一斑。

杀了华佗，世间少了一个神医，这个枭雄也继续承受了多年的头痛，算是报应。

61. 魏齐王[1]嘉平初，白马河[2]出妖马，夜过官牧[3]边鸣呼，众马皆应。明日，见其迹，大如斛[4]，行数里，还入河。

＝注释＝ ①魏齐王：曹睿养子曹芳，曹睿死后即位为帝，后被司马师所废。②白马河：今河北饶阳县南。③官牧：官家牧场。④斛（hú）：量器，一斛为十斗。

＜解说＞ 魏齐王嘉平初年，白马河出现妖马，晚上在经过官府牧场时嘶鸣起来了，牧场的马都跟着叫起来了。第二天，大家看到了妖马的蹄子印，有斛那么大，跟着脚印走了数里地，在河边消失不见。

曹彪是曹操的儿子，被封为寿春侯，曹丕即位后，他又被封为汝阳公，晋爵吴王。魏明帝时期他被封为白马王，后改为楚王。曹彪和众皇子一样，在曹丕登基后，受到了严密监控和打压。与他同样遭遇的哥哥曹植，曾经给他写过一首非常著名的诗《赠白马王彪》，其中说“丈夫志四海，万里犹比邻”，表达骨肉相离之苦。

曹丕死后，曹睿一样对自己的叔叔们施行冷暴力，不管、不问、不亲近。等到曹睿去世，七岁的齐王曹芳被司马懿和曹爽所控制。嘉平元年（249），兖州刺史令狐愚和太尉王凌谋划迎立曹彪，在许昌建都。令狐愚说：“天下事未可知，愿王自爱。”意思是您的机会来了，想不想当皇帝就看您了。曹彪只是说了一句：“知厚意。”意思是：我明白，您看着办。但事情不知为何走漏了风声，令狐愚、王凌被诛三族，曹彪被贬为平民，愤然自杀。

这则故事里所谓白马河的妖马，即指白马王曹彪。

62. 魏景初元年，有燕生巨鷇[1]于卫国李盖家，形若鹰，吻似燕。高堂隆曰：『此魏室之大异，宜防鹰扬[2]之臣，于萧墙[3]之内。』其后宣帝[4]起，诛曹爽，遂有魏室。

＝注释＝ ①鷇（kòu）：需母鸟哺育的幼鸟。②鹰扬：比喻权臣。③萧墙：宫室内作为屏障的矮墙。④宣帝：司马懿，其孙司马炎称帝后，追尊其为宣帝。

<解说> 魏明帝景初元年，卫国李盖家的燕子孵出了一只大鸟，形状像一只鹰，嘴却像燕子。高堂隆说："这是魏室大变动的预兆啊，应该提防萧墙之内将会有鹰一样的大臣露出爪子。"果然后来司马懿起来造反，杀了曹爽，篡夺了魏政权。

据说大奸大恶者要么蜂目豺声，要么狼顾之相。当年曹操就听说司马懿有狼顾之相。曹操开始还不信，一次司马懿走在前面，他从后面喊其名字。只见司马懿上身不动，只把头扭了过来。果然。

曹操又梦到过三匹马在一个马槽中共食，醒了之后觉得格外不爽，就提醒曹丕："司马懿非人臣也，必预汝家事。"意思是司马懿这人，早晚要干预咱曹家的事，你要提防他。

曹丕没有把曹操的话放在心上，死的时候，把曹睿托付给司马懿和曹真。魏明帝曹睿也没有认清司马懿的真面目，临死时，把曹芳托付给司马懿和曹爽。何以司马懿能够博得曹丕、曹睿如此信任，令两人全然不顾曹操当年的担忧而放心托孤于他？当然司马懿丰功伟绩自不待言，最主要的其实是司马懿丝毫没有表现出任何野心，一丁点儿都没有。

正所谓人生如戏，全靠演技。曹芳登基后，曹爽极力排挤司马懿，司马懿借坡下驴，假装生病，让曹爽以为他真的不行了，对他放松了警惕。正始十年正月，趁曹爽与天子祭祀高平陵时，司马懿和两个儿子司马师、司马昭发动政变。一举拿下曹爽集团，将政权牢牢把持在自己手中。

据说高平陵政变发生当天，有三千死士不知从何处于一夜之间冒出来，充当先锋。所以可以想象，司马家这个行动，其实暗地里已经谋划了许久。

司马懿、司马师、司马昭这三匹"马"，果然吃掉了曹氏，连骨头都不吐。曹操还真是梦兆人生。

63. 蜀景耀五年，宫中大树无故自折。谯周深忧之，无所与言，乃书柱曰：『众而大，期之会[1]。具而授，若何复？』言曹者，众也；魏者，大也。众而大，天下其当会也。具而授，如何复有立者乎。蜀既亡，咸以周言为验。

＝注释＝ ①期之会：一年以后会合，指曹操兼并蜀国。

<解说> 蜀后主刘禅景耀五年，皇宫里的大树无缘无故自己折断。谯周深感忧虑，但是事情很隐晦，不知向谁说起好，于是自己在柱子上写下几个大字："众而大，期之会。具而授，若何复？"意思是：曹者，大也。众多而强大，天下应该会被其统一。全部授予他人，怎么可能还会有自立为王者呢。蜀国后来的灭亡，大家都以为应验了谯周的预言。

刘备死后将国家和自己的傻儿子刘禅托付给了诸葛亮，诸葛亮在世时尚能左右局势。但诸葛亮一死，姜维开始穷兵黩武，不讲究战略战术，一味征讨，连年的战争极大地消耗了本来就弱小的蜀国国力。作为太子刘禅的老师，谯周对此深怀忧虑，加上平时劝谏刘禅不听，谯周对蜀国已不抱有希望。

谯周写了一篇《仇国伦》，表达了对姜维武力征讨的反对，在文章中他说："处大国无患者，恒多慢；处小国有忧者，恒思善。"意思是作为大国，实力强大，自然可以靠武力来欺负小国。作为实力薄弱的小国，就应该先想办法保全自己，找机会壮大自己，而不是一味穷兵黩武。这个基调本来是没问题的，但谯周的态度很悲观，他的立场很明确，就是投降。

按理说，这种投降主义论调应该受到朝廷一致批判，但是这篇文章出来之后，居然得到大多数人的支持，谯周因此被封为光禄大夫。这说明当时投降主义已经在蜀国有很深的群众基础，后来刘禅的投降，也是听了谯周的劝说。而因为谯周劝说刘禅投降有功，司马昭要颁发给他一个"保全国家（**光荣投降**）奖"，封他为阳城亭侯，还邀请他去洛阳做官。

谯周最终因病没有去洛阳，可能也是不想再看到乐不思蜀的刘禅那扶不起的样子。

64. 初，汉元、成之世，先识之士有言曰：『魏年有和，当有开石于西三千余里，系五马，文曰：「大讨曹。」』及魏之初兴也，张掖之柳谷有开石焉。始见于建安①，形成于黄初②，文备于太和③。周围七寻④，中高一仞⑤，苍质素章，龙马、麟鹿⑥、凤凰、仙人之象，粲然咸著。此一事者，魏、晋代兴之符也。至晋泰始三年，张掖太守焦胜上言：『以留郡本国图，校今石文，文字多少不同，谨具图上。』案其文有五马象：其一，有人平上帻⑦，执戟而乘之。其一，有若马形而不成。其字有『金』，有『中』，有『大司马』，有『王』，有『大吉』，有『正』，有『开寿』。其一，成行，曰：『金当取之。』

‖注释‖ ① 建安：196—220，汉献帝刘协年号。② 黄初：220—226，魏文帝曹丕年号。③ 太和：227—232，魏明帝曹叡年号。④ 寻：长度单位，八尺为一寻。⑤ 仞：长度单位，七尺为一仞。⑥ 麟鹿：麒麟。⑦ 帻（zé）：包裹发髻的头巾。

<解说> 每个朝代建立，都会或多或少出现符命来预示昭告。

汉代元、成年间，有一个人做了个预言，他说：魏年号中有“和”字，出现这个年号时，将有一块石头在西方三千多里的地方裂开，上面形成五匹马的花纹，文字写着“大讨曹”。

注意，这是一个预言，不知记载在何处，不知何人相传。

到了曹魏建立之初，预言开始显现。从洛阳往西三千多里的地方，张掖郡的柳谷真的有一块石头裂开了。石头上的花纹，好像是刻意花时间开凿的。在建安年间开裂，魏文帝黄初年间开始形成纹路，彻底形成于魏明帝太和年间，正好应了“和”字一说。

这块石头有七寻大，一寻相当于八尺，七寻大约有十八米左右。高约一仞，即一米六左右。青色的质地，白色的花纹，上面赫然刻画着龙、马、麟、鹿、凤凰、仙人的形象，信息比较丰富。

有人说，这是魏晋易代的符命。

据《汉晋春秋》记载，当时魏明帝觉得这个“大讨曹”的“讨”字真的讨厌，就找人凿去那个点，改成“计”字，意思是大利于曹氏。还用白石将花纹盖上，可是不久整块石头被白石填满。到了晋初，上面的文字图案愈加明显，“马象皆焕彻如玉焉”。这说明天意是人所难改的。

到了晋武帝泰始三年，张掖郡太守焦胜上书说：当年本郡有一幅《张掖郡玄石图》，跟这块石头相比较，文字略有不同，现绘图呈上。

只见上面有五匹马的图像，其中有一个人戴着平头巾，手中执戟骑在马上。还有一个像马的样子但不成形。图上面有个“金”“中”“大司马”“王”“吉”“正”“开寿”等字样，其中有一行可以读出来，写着“金当取之”。

据《晋书·元帝纪》：“初，《玄石图》有‘牛继马后’，故宣帝深忌牛氏，遂为二榼，共一口，以贮酒焉，帝先饮佳者，而以毒酒鸩其将牛金。而恭王妃夏侯氏竟通小吏牛氏而生元帝，亦有符云。”

《张掖郡玄石图》不知何时所出，其中的两句话“牛继马后”“金当取之”让司马懿感觉极不舒服，于是特别忌讳姓牛的。刚好司马懿手下有一员大将，就叫“牛金”。于是司马懿找了个机会用机关酒壶，自己喝了好酒，用毒酒毒死了牛金。当时司马师并不理解，就问父亲为什么要杀牛金这么有用的人。司马懿说：“汝忘石瑞，马后有牛乎？”可见司马懿是十分介意这个预言的。

但是司马懿猜错了，正如秦始皇以为“亡秦者胡”为胡人，却不知是自己的儿子胡亥一样。“牛继马后”指的并非牛金，而是晋元帝司马睿。相传司马睿是母亲夏侯妃与琅琊国一个姓牛的小吏私通而生，也就是说，司马睿应该叫牛睿。整个东晋政权应该是牛氏政权，而非司马氏政权。

西晋太安年间，有童谣说：“五马浮渡江，一马化为龙。”所谓五马，指的是西阳王司马羕、南顿王司马宗、汝南王司马佑、彭城王司马纮、琅琊王司马睿，永嘉南渡后，只有琅琊王司马睿登上皇位，是为晋元帝。石头上所画五匹马，所指当是五马渡江一事，执戟者当是指司马睿。

65. 太康九年，幽州[1]塞北有死牛头语。时帝[2]多疾病，深以后事为念，而付托不以至公，思瞀乱[3]之应也。

＝注释＝ ①幽州：古州名，今北京西南一带。②帝：晋武帝司马炎。③瞀（mào）乱：混乱。

<解说> 晋武帝太康九年，幽州塞北地区有一头死牛张口说话。当时皇帝经常生病，常常惦念自己的身后事，但是所托付的大臣都不是有公心的人，这大概是思虑混乱的应验吧。

晋武帝司马炎一生犯了两个致命的错误，一个是大封同姓王，任由其坐大，最终导致八王之乱。一个是继承人选择问题，司马炎有十八个儿子，虽不能说个个优秀，但也不乏德才兼备者。可他却偏偏选了一个智商最低的司马衷为太子，这直接导致了权柄的外移。

司马炎在去世前卧病在床，国家大事委派给国丈杨骏，杨骏趁机排挤能臣，扩大自己的势力，司马炎清醒时就下诏书让汝南王司马亮与杨骏共同辅政，但是杨骏扣下了诏书。杨皇后假传皇帝口谕，命令中书监写遗诏，说是要让杨骏辅政。诏书写好后，呈给司马炎看。当时司马炎已经奄奄一息，看了诏书后，一言不发，两天后驾崩。

可能当时司马炎觉得，自己再做任何努力也是徒劳，两眼一闭，世间万事与我再无任何瓜葛，总算图个清静了。

66. 太康中，有鲤鱼二枚，现武库屋上。武库，兵府；鱼有鳞甲，亦是兵之类也。鱼既极阴，屋上太阳，鱼现屋上，象至阴以兵革之祸干①太阳也。及惠帝初，诛皇后父杨骏，矢交宫阙，废后为庶人，死于幽宫。元康之末，而贾后专制，谤杀太子，寻亦诛废。十年之间，母后之难再兴，是其应也。自是祸乱构矣。京房《易妖》曰：『鱼去水，飞入道路，兵且作。』

＝注释＝ ①干：冲，犯。

<解说> 太康年间，有两条鲤鱼出现在武库屋顶上。武库是存放兵器的地方；鱼有鳞甲，也属于兵甲一类。鱼属于极阴之物，屋顶属至阳之地，鱼出现在屋顶上，象征至阴之物以兵革之祸干扰至阳之地。

晋惠帝初年，诛杀皇后的父亲杨骏，宫阙中到处飞着流矢，后废黜皇后为平民，最终皇后死于幽宫。元康末年，贾皇后专制，陷害了愍怀太子，后来也被废黜诛杀。十年之间，母后的祸患不断兴起，应了鲤鱼出现在武库屋顶上的征验。从此以后西晋的祸乱时代开始了。京房《易妖》说："鱼离开水飞到道路上，是有兵乱将要发生。"

晋惠帝司马衷，如果古代帝王智商排名，他绝对是垫底儿。清代王夫之感慨说："惠帝之愚，古今无匹。"司马炎那么多儿子，偏偏挑选了一个智商低于正常水平的当太子，而司马衷主要也是靠自己的母后杨氏和太子妃贾南风帮衬，才没有被废掉。所以在惠帝登基以后，母党和妻党先后把持朝政，尤其是贾南风，在历史上也是个奇葩皇后。首先贾南风长得奇丑，五短身材，皮肤黝黑，眉梢有痣，而且凶狠嫉妒，曾设计陷害了愍怀太子司马遹。

司马遹是司马衷的儿子，母亲谢玖是晋武帝司马炎的才人，司马炎担心自己傻儿子不懂那男女之事，就派了个人专门教他。谢玖发现自己怀孕后，担心贾南风吃醋弄死自己和孩子，跑回了司马炎那里，等到孩子生下来，一直养在司马炎身边。

奇怪的是司马遹没有继承他父亲的低智，相反却极聪明，司马炎非常喜欢这个孙子，说他有祖父司马懿的风采。但是司马衷却不知道司马遹是自己的儿子，一次上朝还握着司马遹的手亲切地叫弟弟，把司马炎气的，说，那是你儿子，不是你弟弟！你个大傻子！

自此大家才知道，原来司马衷有个聪明的儿子，智商远高于自己弱智老爸。那么问题来了，贾南风怎么可能让这个不是自己生的太子顺利即位？于是一场精心谋划的陷害暗中进行。

贾南风处心积虑，先是从太子身边的小厮下手，让他们把太子带坏。时间长了，太子开始不务正业，就喜欢在后宫摆地摊买菜。因为他外祖父家就是卖肉出身，所以继承了家族优良传统，亲自当屠户，手切生肉，斤两丝毫不差，相当有小商贩的天赋。

光这样肯定不够，贾南风谋划了一个更恶毒的阴谋。

一天，她让司马遹来到一间屋子，派人逼着司马遹吃醉枣，司马遹还是个孩子，不胜酒力，吃了几个就醉倒了。于是贾南风让人模仿着司马遹的口吻，写了一个草稿，逼着司马遹抄下来。司马遹因酒醉迷乱，字迹潦草，笔画不全，她就找人给补上。这篇文章中几句话写得极有个性，原文如下："陛下宜自了，不自了，吾当入了之。中宫又宜速自了，不了，吾当手了之。"意思是，陛下您赶紧自己哪凉快哪待着去吧，要不我就直接咔嚓了您，皇后您也赶紧哪儿凉快哪儿待着去吧，要不我也咔嚓了您。

即是再傻也能看出这明显是栽赃，不巧的是，偏偏晋惠帝就是个傻子。看到这样大逆不道的话，也是气愤不已，到底还是废了太子司马遹。司马衷唯一的儿子没了，可叹的是，贾南风也没给他生下半个儿子。

而那个起草构陷太子文字的人，正是西晋第一美男子——潘岳。

67. 初作屐者，妇人圆头，男子方头。盖作意欲别男女也。至太康中，妇人皆方头屐，与男无异。此贾后专妒之征也。

＜解说＞ 早期的木屐形制，是女子用圆头，男子用方头，以区别男女。到了太康年间，女子也开始穿方头木屐了，跟男子没啥区别。这是贾南风专政嫉妒的象征。

贾南风不仅长得丑，还是个嫉妒心极强的人，不允许司马衷跟后宫其他妃嫔有往来，而且，一旦发现后宫有人怀孕，就亲自用戟给人打胎，胎儿随刃坠地，手段极其残忍血腥。贾南风虽然不允许丈夫宠幸后宫，自己却背着丈夫乱搞男女关系。跟太医程据私通还不够，还经常上街收罗美少年供自己享乐，这些美少年多数是有去无回，但是也有例外。

洛阳城一个小吏，长得很漂亮，他家里本来不富裕，但忽然有一天他的穿戴都变得华丽丽的。有人怀疑他是不是偷盗了，长官就质问他。他说，我没偷盗，只不过是有一天走在路上，看到一个老太太，说是家里人生病，要找帅哥医治才行，我就跟着去了。路上把我装进一个箱子，不知走到了哪里。等我从箱子里出来一看，嚯，这屋子、这装潢、这吃的穿的用的，长这么大也没见过，我就问老太太这是哪儿，老太太说是天上。不一会儿，来了一个少妇，长得那叫一个寒碜，五短身材，皮肤黝黑，眉梢有痣，二话不说就把我推倒了……

长官听到这里赶紧说，打住打住，再往下说就该被禁了！这长官也早听说皇后是何等人，听其描述就知道，此事宣扬不得，无奈地摇摇头，放小吏走了。也许是这个小吏十分得贾皇后欢心，贾皇后非但舍不得杀他，还送给他很多东西。

68. 晋时，妇人结发者，既成，以缯急束其环，名曰『撷[1]子髻』。始自宫中，天下翕然化之也。其末年，遂有怀、惠之事。

═注释═ ①撷（xié）：采摘。

<解说>　西晋时，妇人束发时，喜欢用丝绳紧紧地扎着头环，管这叫“撷子髻”。这种扎头发的方式始自宫中，天下百姓一致模仿。而到了西晋末年，又发生了惠帝、怀帝被俘虏的事。

若论中国古代最屈辱的皇帝，或许会令人想到被金人俘虏的宋徽宗、宋钦宗。然而西晋的怀帝、惠帝所受到的屈辱，比之徽宗、钦宗，有过之而无不及。

晋惠帝无子，当时就立了弟弟豫章王司马炽为皇太弟，等到司马衷一死，大家赶紧把皇太弟推上皇位。其实司马炽为人低调，没啥野心，平时就爱好读书，钻研史籍。若是放在承平时代，不失为一个好皇帝，可惜在这乱世之中，他被推到了风口浪尖。

永嘉五年（311），匈奴人刘聪攻破洛阳城，司马炽在逃亡路上被俘虏。刘聪当年跟司马炽有过交往，两人算是旧相识。见面后刘聪就问司马炽说，当年你是豫章王的时候，咱俩见过面，你还给我看了你写的乐府，你忘啦？你还让我给点评点评呐，当时我也写了一篇《盛德颂》拍你马屁来着。后来你还带着我到皇堂比射箭，我得十二筹，你得九筹，你还送我柘弓、银研，咱俩玩得老开心了，你还记得不？

司马炽感慨地说，那哪能忘呢，那时候咱也不知道你能这么风光啊。刘聪又说，你家里人咋回事啊，今天这个王弄死那个王，明天那个王弄死这个王，咋就乱成这样呢？司马炽一看机会来了，赶紧拍刘聪马屁说，这大概是天意吧，上天这是为您扫除一统天下的障碍啊。这一通马屁拍得刘聪相当舒服，当晚就赏赐给他一个贵人。

刘聪把司马炽留在了朝廷中，没事就叫他出来喝点酒羞辱羞辱他。一次宴会上，刘聪吩咐司马炽给大家倒酒，当时在座的有很多西晋旧臣，看着自己的皇帝被人当仆人使唤，心里那滋味别提多难受了，有人忍不住号啕大哭。刘聪一看这小子都这么落魄了，还这么有影响力，留下终究是祸患，于是就找个机会用毒酒毒死了司马炽。

司马炽死后，他的侄子——十一岁的司马邺在长安被推上皇位，就是晋愍帝。但此时无论谁当皇帝，西晋混乱的局面已是无法改变的，也注定了司马邺悲惨的结局。

建兴四年（316），汉赵将领刘曜围困长安，断了长安两个多月的粮食，城内百姓饿到人吃人。皇宫里也没有吃的，就用酿酒的曲饼砸成粉末熬粥给司马邺喝，最后连曲饼都吃光了，饿得司马邺看到太监都觉得是火腿。皇帝当到这个份上，真是够可以了。司马邺不忍心百姓将士因自己而死，无奈之下，坐在羊车上，袒露上身，抬着棺材，举城投降。

投降后的司马邺和百官被押送到平阳。看着刘聪登上大殿，自己的皇帝向匈奴人下跪叩头，西晋的大臣内心被屈辱、愤懑、无奈、悲痛、悔恨等复杂情感填满，无不垂下亡国之泪。刘聪像羞辱怀帝一样羞辱司马邺，不仅让他在宴会上斟茶倒酒，还让他上后厨去洗碗，甚至上厕所时，还让司马邺站在一边捧着马桶盖。这样的屈辱让身边的晋臣难以忍受，尚书郎辛宾扑上去，抱着晋愍帝的腿就号啕大哭。刘聪一看，行啊，还是个忠臣，好，满足你尽忠之心，杀了。

建兴五年十二月二十日，十八岁的司马邺结束了自己短暂而屈辱的一生。与此同时，琅琊王司马睿在建邺建立了新的晋朝，开启了偏安一隅的东晋时代。

69. 太康中，天下为『晋世宁』之舞。其舞，抑手以执杯盘，而反覆之。歌曰：『晋世宁，舞杯盘。』反覆，至危也。杯盘，酒器也，而名曰『晋世宁』者，言时人苟且①饮食之间，而其智不可及远，如器在手也。

＝注释＝ ①苟且：生活安逸，贪图眼前之乐。

＜解说＞ 太康年间，天下流行起来一种舞蹈，叫“晋世宁”，意思是晋朝世代安宁。这个舞蹈的特点是，一只手托着杯盘，快速地翻转再翻转，有点杂耍的味道。同时，口中唱道：“晋世宁，舞杯盘。”反复的动作，意味着危险到极点，杯盘，属于饮酒所用器物，歌曲名为“晋世宁”，意味着人的眼光只放在饮食之间，对长远没有打算，就像手中紧紧拿着酒器一样。

饮食男女，人之大欲存焉。西晋就是一个崇尚吃喝的时代。西晋人爱吃到什么程度，如果历史上有“舌尖上的洛阳”，那一定出在西晋。西晋人有钱，山珍海味想吃啥就能吃到啥，不仅吃得好，还要吃出花样来。

西晋开国元勋何曾，大概是当时最著名的老饕。据说他家厨子手艺比皇宫里的御厨都好，人家一顿饭要吃掉一万钱。就这样，每天何曾还托着腮帮子，对着满桌的食物发愁，吃点啥好呢？这鲍鱼、鱼翅、燕窝真是吃到吐了，满桌没有可下筷子的菜。人家牛到蒸饼上不蒸出十字花就扔掉不吃。每次皇帝宴会请他去，人家都自己带吃的，因为觉得皇宫里吃的不行，难以下咽。

还有一个人叫王济，这也是个会吃的主儿。有一次晋武帝到王济家里做客，吃饭时那场面就够震撼，一百多个奴婢，都穿着绫罗绸缎，用手托着盘子不停地转，这是最早的人工转桌。晋武帝吃到一味菜肴，那口感简直了，好吃到原地爆炸！晋武帝就问王济，这菜咋做的，朕回去也让御厨做来吃。王济说这也不难（语气请参考王熙凤给刘姥姥解释“茄鲞”做法），只不过要用人奶来喂乳猪。司马炎登时张口结舌，我的乖乖，要用人奶来喂，难怪吃不出猪味儿来。司马炎当时气得摔了筷子，不吃了！

晋武帝一朝，对于社会上奢侈腐糜的现象非但不去制止，反而助长此气焰，西晋的腐败已然到了骨子里。王朝的倾覆，只在顷刻之间。

70. 永嘉五年，吴郡嘉兴张林家，有狗忽作人言曰：『天下人俱饿死。』于是果有二胡之乱，天下饥荒焉。

<解说>　永嘉五年，吴郡嘉兴县张林家，有狗忽然像人一样说话："天下人都要饿死。"于是果然有二胡之乱，天下闹起了饥荒。

71. 晋元帝建武元年六月，扬州大旱；十二月，河东地震。去年十二月，斩督运令史①淳于伯，血逆深上柱二丈三尺，旋复下深四尺五寸。是时淳于伯冤死，遂频旱三年。刑罚妄加，群阴不附，则阳气胜之罚，又冤气之应也。

＝注释＝ ①督运令史：督察运输的官员。

<解说> 晋元帝建武元年（317）六月，扬州大旱；十二月，河东地震。

为何会有这种情况发生，有人说是因为在去年十二月，发生了一起冤案。

当时还在任丞相的司马睿在对抗石勒军队时，命督运令史淳于伯负责粮食运输。俗话说兵马未动，粮草先行，后勤的供应，对战争的胜败具有决定意义。但是此次运输粮食，因为走了水路而耽误了时间，司马睿没有详细审问，就杀了淳于伯当替罪羊，其实这件事是上面掌权者授意和部署的问题，而淳于伯只是个执行者，且罪不至死，所以大家都觉得淳于伯是冤枉的。

在斩杀淳于伯的刑场上发生了怪事。砍掉淳于伯头之后，行刑者在柱子上拭血，血顺着柱子向上喷了二丈三尺，旋即又向下流了四尺五寸，当时看到的人很多，百姓喧哗，认为淳于伯真的是冤死的。御史中丞刘隗说：“怀情抱恨，虽没不亡。故有陨霜之应，夜哭之鬼。”

关汉卿《窦娥冤》讲到窦娥临刑前，发下誓愿，若是自己冤死，便发生三件事：血溅白练、六月飞雪、大旱三年。很明显是受了淳于伯事件的启示。

72.元帝太兴元年四月，西平①地震，涌水出。十二月，庐陵②、豫章、武昌③、西陵④地震，涌水出，山崩。此王敦陵上之应也。

注释 ①西平：郡名，今青海西宁。②庐陵：郡名，今江西吉安。③武昌：郡名，今湖北鄂州。④西陵：郡名，今湖北宜昌。

<解说> 元帝太兴元年四月，西平郡发生地震，地面涌出水来。十二月，庐陵、豫章、武昌、西陵等地发生地震，地面涌水，山体崩塌。有人说，这是王敦将要凌驾皇帝之上的征兆。

晋元帝司马睿能够在众多诸侯王中脱颖而出，登上王座，靠的是王敦、王导两兄弟。当年司马睿势单力薄，来到江南，当地土著贵族对他并不感兴趣，王敦兄弟就专门找了个特别的日子，让司马睿走在前面，大家恭恭敬敬地跟在后面。当时江南贵族一看这阵势，立马改变了对司马睿的态度，开始拥戴他。

所以当晋元帝登上龙椅的时候，曾经拉着王导的手说，来来来，皇位咱俩一起坐，军功章上面有我的一半，也有你的一半。吓得王导连连摇头，说使不得使不得，哪有让太阳下来跟万物一起的，这样的话让万物没法生存啊。所以当时就流行这样一句话，叫“王与马，共天下”。

王导虽然对皇室表现得恭敬顺从，但是他堂哥王敦可不是个省油的灯。

王敦是个天生长了反骨的人，年轻时跟王导去西晋首富石崇家里做客，石崇家里相当奢华，连厕所都富丽堂皇，客人上厕所后，都要把旧衣服扔掉，直接由婢女伺候，换上新衣服。很多客人都不好意思上厕所，王敦却十分坦然，一副理所应当的样子。旁边的婢女们都说，这人将来必定能做贼。

王敦的长相也符合奸臣的形象，说他是“蜂目豺声”，长着胡蜂一样的眼睛，说起话来声音像豺狼。王敦年轻时，潘滔曾对他说：“君蜂目已露，但豺声未振耳。必能食人，亦当为人所食。”当司马睿当上皇帝后，逐渐疏远了王氏兄弟，重用丹阳尹刘隗、尚书令刁协等亲信，王敦视之，怀恨在心。

永昌元年（322）正月，王敦打着“清君侧”的旗号，以讨伐刘隗的名义进攻建康，开始露出豺狼之声。但是当刁协伏诛、刘隗北逃之后，王敦依然不撤兵，其反叛意图已经昭然若揭。不得已，元帝只能求和，任王敦为丞相，自己被架空。

73. 虞舜耕于历山，得玉历于河际之岩。舜知天命在己，体道不倦。舜，龙颜大口，手握褒。宋均[1]注曰：『握褒，手中有「褒」字，喻从劳苦受褒饬[2]致大祚也。』

注释 ①宋均：东汉著名经学家郑玄弟子，曾任曹魏博士。②褒饬（chì）：褒奖告诫。

＜解说＞ 上古时期，权力的转移形式是禅让，这是原始社会民主制的产物。相传部落联盟首领尧在位七十年，因为儿子丹朱不成器，他便将位置让给了舜。舜号有虞氏，传说是颛顼的七世孙，他在历山耕田时，在河边的岩石上得到了玉历。所谓玉历，是代表着国运的正朔所在。此时舜知道自己是受命于上天，但依然坚持正道直行。舜的长相也不同凡响，龙颜，大口，手心中有个“褒”字。按照三国时期学者宋均的解释：手心中有褒字，是因为从劳苦人民出身，上天褒奖而获得认可。

最早记载尧舜禅让行为的是《尚书·尧典》，此后儒家经典《论语》《孟子》以及《墨子》等书亦有记载。说“尧舜禅让”其实是儒家假设出的理想状态，于是荀子就开始怀疑禅让的真伪，《荀子·正论》曰：“夫曰尧舜禅让，是虚言也，是浅者之传，陋者之说也。”

韩非子非但怀疑禅让的真伪，更是明言舜是以不正当手段获得的权力，《韩非子·说疑》：“舜逼尧，禹逼舜，汤放桀，武王伐纣，此四王者，人臣弑其君者也。”舜由有德之人，变成了弑君者。

韩非子的说法是有依据的，按照《竹书纪年》的记载：“昔尧德衰，为舜所囚也。舜囚尧于平阳，取之帝位。舜放尧于平阳。”又云：“舜囚尧，复偃塞丹朱，使不与父相见也。”舜囚禁了晚年的尧，还断绝了他与儿子丹朱往来，相当于篡取了王位，这与儒家构建的历史版本完全不同。

一切历史都是当代史，历史的书写者难免在其中加入自己的主观判断。更何况，尧舜时期离我们那么遥远，在历史记载还不成熟的时代，真实的历史究竟如何，谁也无法还原。

当年曹丕代汉时，汉献帝退位也美其名曰“禅让”，但是当曹丕登上礼坛，参拜天地后，回头对群臣说了一句颇有深意的话：“舜禹之事，吾知之矣。”

从禹的儿子启开始，最高权力的获取形式就由公天下，变为家天下，也即是天下不再是大家共有的天下，而是一家的天下。

74. 鲁哀公十四年，孔子夜梦三槐之间①，丰、沛②之邦，有赤氤③气起，乃呼颜回、子夏同往观之。驱车到楚西北范氏街，见刍儿打麟，伤其左前足，束薪而覆之。孔子曰：『儿来！汝姓为谁？』儿曰：『吾姓为赤松，名时乔，字受纪。』孔子曰：『汝岂有所见乎？』儿曰：『吾所见一禽，如麇④，羊头，头上有角，其末有肉。方以是西走。』孔子曰：『天下已有主也。为赤刘。陈、项为辅。五星入井，从岁星。』儿发薪下麟，示孔子。孔子趋而往。麟向孔子，蒙其耳，吐三卷图，广三寸，长八寸，每卷二十四字。其言赤刘当起曰：『周亡，赤气起，火耀兴，玄丘⑤制命，帝卯金。』

孔子修《春秋》，制《孝经》。既成，斋戒，向北辰⑥而拜，告备于天。天乃洪郁⑦起白雾，摩地，赤虹自上而下，化为黄玉，长三尺，上有刻文。孔子跪受而读之，曰：『宝文出，刘季握。卯金刀，在轸北。字禾子，天下服。』

═ 注释 ═ ①三槐之间：周朝宫廷外有三棵槐树，三公朝见天子，即面向三槐，后以三槐喻三公。②丰、沛：皆地名，丰，在今江苏徐州丰县。沛，在今江苏沛县。汉高祖刘邦故乡。③氤：烟气。④麇：獐子。⑤玄丘：指孔子。⑥北辰：北极星。⑦洪郁：白气堆积笼罩。

<解说> 两则故事所讲内容，都是关于孔子与汉代受命的关系，故并入一起讲解。

汉代哀、平年间，出现很多谶纬符命，虚构出很多汉朝受命的预言。比如《春秋演孔图》曰："卯金刀，名为刘。中国东南出荆州，赤帝后，次代周。"前面一则故事就以此为原型。

再比如《孝经右契》云："孔子作《孝经》及《春秋河洛》成，告备于天，有赤虹下，化为黄玉，长三尺。上刻文云：'宝文出，刘季握。卯金刀，在轸北。字禾子，天下服。'合卯金刀为刘，禾子为季也。"下面一则出自这条谶纬。

从董仲舒罢黜百家，尊崇儒术起，孔子地位不断提升，逐渐被视为圣人，乃至称其为"素王"，所谓"素王"，指的是有实力但却没有机会成为王的人，是有实无名者。神圣化的孔子已经脱离了普通人的特征，具有可以获得启示性的神异能力。

相传，在鲁哀公十四年，孔子晚上睡觉，忽然梦到在丰、沛一带，有赤色的烟升起，醒了就叫颜回、子夏一起去看看怎么回事。丰、沛地区是刘邦的老家，这个故事具有明显的指向性。

当孔子和弟子们驱车来到楚地西北范氏街上，看到一个小孩儿在虐待一只麒麟。他打伤了麒麟的左前脚，然后用木柴盖上它。出于保护濒危野生动物的心理，孔子上前问小孩儿："小孩儿过来，你姓啥？"小孩说："我姓赤松，叫乔，字受纪。"孔子又问："你是不是看到了什么？"小孩如实说："我看到一只野兽，长得像獐子，羊头，头上有角，角上有肉。从这里往西去了。"孔子据此推算："天下已经有主了，为赤帝之子，姓刘，有两个陈姓、项姓的人为辅助，五大行星进入井宿，随着岁星在移动。"

小孩儿也不知道孔子念叨的是啥，干脆带着孔子去看这个麒麟，孔子兴奋地走到前面，这麒麟乃是神物，见到孔子乖顺地垂下耳朵，吐出三卷图，宽三寸，长八寸，每卷上有二十四个字，上面写着赤刘将要兴起，周朝将要灭亡，赤色的烟气升起，火德兴盛，圣人孔丘颁布符命，帝王姓刘。

为了增加可信性和神圣性，这个故事讲得有鼻子有眼，还有诸多玄奥疑惑的地方。都是为了让人相信刘汉获得天下，是上天授予许可证的，有凭有据，无法撼动。

《春秋》是我国第一部编年体纲要史书，是孔子按照鲁国十二公的时间次序编订，内容虽然简单，只记载了每年发生的大事。但其中微言大义，用颇有感情色彩的词语，微妙地表达了自己的态度和立场，这被称之为“春秋笔法”，对后世的史书书写影响较大。《春秋》里表现的大一统、尊王攘夷思想，也成为历代儒家信奉的核心观念。

《孝经》成书于战国后期，关于作者有多种说法，至今没有定论，当中包含孔子作《孝经》之一说。但是《孝经》开篇第一句“仲尼居，曾子侍”，就推翻了孔子自作的说法，因为孔子不会自称“仲尼”。《春秋》和《孝经》在汉代都具有至高无上的地位，《春秋》具有法典性质，汉代曾以《春秋》决断案件。《孝经》乃是意识形态的主要载体，汉代提出“以孝治国”“移孝作忠”，当时，在选拔官吏、考核政绩等方面，孝是重要衡量标准。

相传孔子修《春秋》，制《孝经》后，面向北极星跪拜祷告，向上天汇报自己的工作。当时天上白雾弥漫，笼罩大地，赤虹从天而降，化成一块三尺的黄玉，上面刻有文字。孔子长跪接受上天的恩赐，上面文字写道：“宝文出，刘季握。卯金刀，在轸北。字禾子，天下服。”这相当于一个字谜，“卯金刀”正是“劉”字，“字禾子”就是“季”，刘季正是刘邦的原名——季指“四”。

75. 宋大夫邢史子臣明于天道[1]。周敬王之三十七年，景公[2]问曰：『天道其何祥？』对曰：『后五十年五月丁亥，臣将死。死后五年五月丁卯，吴将亡。亡后五年，君将终。终后四百年，邾[3]王天下。』俄而皆如其言所云。邾王天下者，谓魏之兴也。邾，曹姓，魏亦曹姓，皆邾之后。其年数则错。未知刑史失其数耶？将年代久远，注记者传而有谬也？

═注释═ ①天道：占验天象之术。②景公：宋景公，春秋宋国国君，在位四十八年。③邾：春秋时曹姓小国，在今山东邹城。

<解说> 中国古代有几个著名预言，相传为姜子牙所作的《乾坤万年歌》、诸葛亮的《马前课》、唐代道士李淳风和袁天罡的《推背图》、明代刘伯温的《烧饼歌》。这些预言有一个共同点，就是预测未来中华的格局变化，朝代更迭，作者都是神机妙算的道士或者精通数术的高人。

这些内容大多数是民间术士依托先圣之名，通过字谜、谐音、笔画拆分等方式进行的附会。中国的古书本就多有造伪，就连我们现在看到的《尚书》，也说不清究竟被多少人篡改过。所谓的预言，欺骗老百姓倒是可以，有识之士只将之看作茶余饭后之消遣而已。

倒是宋代有个邵雍，写了本深奥的《皇极经世书》，以象数来推究宇宙演化和历史变迁，虽然以数术可以印证许多朝代更迭的时间大概，但预测终究说不上准确。

在大数据时代，有一种说法认为，只要数据充足而全面，宇宙中发生的一切，以及将要发生的一切，都可以进行推算。正所谓冥冥之中自有定数。

宋国大夫邢史子臣是个预言家，周敬王三十七年，宋景公问他："天象有何预兆？"邢史子臣说："后五十年五月丁亥，我就会死。我死后五年五月丁卯日，吴国将灭亡。吴国灭亡后五年，您将去世。您死后四百年，邾国将王天下。"

他所有的预言后来都实现了，邾国是曹姓的小国，为鲁国附庸，魏国姓曹，据说是邾国后代。只不过年代推算错了，也许邢史子臣只能以五年为单位预测，太远的就信号不足，联系不上。干宝说，也许是因为年代久远，记（编）录（造）者搞错了也未可知。

76. 后汉中兴初，汝南有应妪[1]者，生四子而寡。昼见神光照社。枢见光，以问卜人。卜人曰：『此天祥也。子孙其兴乎！』乃探得黄金。自是子孙宦学[2]，并有才名。至玚，七世通显。

＝注释＝ ①妪：老妇人。②宦学：为官和做学问。

＜解说＞ 东汉中兴初年，汝南有个姓应的老太太，生了四个儿子，但是老公死得早，她便成了寡妇。一个白天她看到一道神光照到神社上，问别人都说没看见，老太太觉得很奇怪，找人占卜了一下，占卜者说：这是好事啦，是天降祥兆，说明你的子孙将要发达啦！老太太将信将疑，一天在家耕田，忽然掘出了金子来。

这些金子改变了她家的命运，本来家徒四壁，这下不仅解决了生计问题，孩子们还可以读书学习，从此甩掉文盲帽子，走向知识分子之路。

应氏家族在东汉后期是汝南地区的知名大族，从汉和帝时期的应顺开始，不断有人在政治、文化上崭露头角。我们来看一看应氏家族的辉煌履历：

应顺，任河南尹，后升任将作大匠。

应顺的儿子应叠，官至江夏太守。

应叠的儿子应郴，官至武陵太守。

应郴的儿子应奉，官至司隶校尉，应奉有过目不忘的本领，读书五行俱下，时人称奇。

应奉的儿子应劭，官拜太山太守，应劭写了著名的《风俗通义》。

应劭的孙子应珣的两个儿子，应玚和应璩，以文章通显于世，其中，应玚正是著名的“建安七子”之一。

从应顺到应玚，七辈官位通显。别人都以为是应氏祖坟冒青烟，殊不知，或许是应老太当年那一次意外获金，改变了整个家族的命运。

77. 汉征和三年三月，天大雨，何比干在家，日中，梦贵客车骑满门。觉以语妻。语未已，而门有老妪，可八十余，头白，求寄避雨。雨甚，而衣不沾渍。雨止，送至门，乃谓比干曰：『公有阴德，今天锡君策，以广公之子孙。』因出怀中符策①，状如简，长九寸，凡九百九十枚，以授比干，曰：『子孙佩印绶者，当如此算。』

＝注释＝ ①符策：符契简策。

<解说> 汉武帝时期，任用酷吏张汤，在法律上颇为严苛残酷。跟张汤相反，廷尉正何比干虽然也主张法制，但是更主张仁恕，注重调查取证，反对刑讯逼供。在他审判的案子中，“狱无冤囚”，百姓亲切称其为“何公”。

可能是何比干仁爱之心打动上天，征和三年三月的一天，外面下着大雨，何比干在家午睡，梦到了有贵客驾车马堵在他家门口。他醒了以后把这个梦讲给妻子听。话音未落，就看门口有个老太太，年纪八十多岁，满头白发，请求在他家避避雨。定睛一看，外面雨虽然下得大，可老太太身上却一滴雨都没有。

何比干本能地觉得这个老人不一般，加上刚才自己做的奇怪的梦，他赶紧将老人引入室内，恭恭敬敬地招待老太太。雨很快就停了，何比干亲自送老太太出门，临走时，老太太说，你是积了阴德的人，上天派我来给你符策，让你的子孙昌盛发达。说完，从怀里掏出符策，形状像九寸长的竹简，一共九百九十枚。老太太将其交给比干，并说，你的子孙后代，将会做官戴印绶，印证符策上的预言。

何比干家族属汝南郡大族，在两汉时期以文化著称，其家族后来多有迁徙，但始终保持文化世族的地位，家族长于明经通律者甚多，较著名者有何比干、何寿、何敞等，在政绩和为官方面，名垂于史册。

78. 贾谊为长沙王太傅，四月庚子日，有鹏鸟飞入其舍，止于坐隅，良久乃去。谊发书占之，曰：『野鸟入室，主人将去。』谊忌之，故作《鹏鸟赋》，齐死生而等祸福，以致命定志焉。

<解说> 中国历史上有几个英年早逝的天才人物，王勃二十七岁溺水而死，李贺二十七岁抑郁病死，高启三十八岁腰斩而死，纳兰性德三十一岁病死。这个名单若降低点标准，还可以拉出很多人来，但是最令人遗憾，也最著名的当属汉代贾谊。贾谊简直可以说是“英年早逝”的标本。

贾谊是个神童，年轻时跟张苍学习，以能诵诗书，擅长为文而著名，汉文帝征召贾谊任命为博士，当时贾谊只有二十一岁，是博士中年纪最轻的。贾谊在任博士期间表现优秀，一年后就被破格提拔为太中大夫。

年轻的贾谊意气风发，显然不知道官场内部的复杂。年纪轻轻就担任太中大夫要职，受到老臣们嫉妒。贾谊还针对时政提出许多建议，比如《论积贮疏》，提倡重农抑商，发展农业生产；比如《治安策》揭露当时隐含的社会危机。平心而论，这些问题的确是西汉面临的关键问题，此后汉代的社会改革，很多都是按照贾谊提出的思路在进行。

贾谊有才华、有能力、有担当、有责任心，这样的人才太难得了。文帝十分喜欢贾谊，想赶紧把他提拔到公卿的位置上，恨不得尽快将国家全权交给贾谊。这下元老们彻底火了，以绛侯周勃、灌婴等人为代表，联合起来弹劾贾谊，说他“年少初学，专欲擅权，纷乱诸事”，把他的一腔热血说成野心勃勃，把他精心的谋划说成搅乱朝政。迫于多重压力，文帝不得不疏远贾谊，最后将他外放到长沙，任长沙王太傅。

贾谊本有济世之志，不想却被谗言中伤，乃至流放。而且流放的地方正是楚地，这不禁使他联想到楚国的屈原。他觉得自己好像冥冥之中跟屈原有难解之缘，在路过湘江时，走在屈大夫当年走过的江边，贾谊感慨万千，写下了一篇充满伤感和悲愤的《吊屈原赋》。

贾谊为长沙王太傅第三年四月庚子这天，有一只猫头鹰飞到他的屋子里，停在他平日坐着的座位上，过了很久才飞走。贾谊打开占卜之书，上面说道：“野鸟飞进屋室，主人将要离去。”贾谊长叹一声，难道自己的命运真要走到尽头了？于是他写了一篇《鹏鸟赋》，这里面说道：“乘流则逝兮，得坻则止；纵躯委命兮，不私与己。其生兮若浮，其死兮若休；澹乎若深渊之静，泛乎若不系之舟。”他已然看透生死，既然命运终究无法改变，那就这样顺其自然吧。

文帝毕竟觉得对贾谊有愧疚，在贾谊任长沙王太傅三年后，又把他召回了朝廷。这天晚上，两人在未央宫宣室见面，离别三年，君臣再次相见，没有谈论国家大事，只是谈了一夜的鬼神之事。这次谈话让贾谊明白，自己已经无法再过问朝廷任何事务了，满怀信心的他又一次失望了。

在京城住了一段日子后，文帝又任命他为梁怀王太傅，将自己最喜欢的小儿子梁怀王刘揖交给贾谊教育，算是表示对贾谊的信任。

文帝十一年，三十二岁的贾谊随梁怀王入朝觐见，走在路上梁怀王不幸从马上摔下，不治身亡。身为梁怀王老师的贾谊，觉得自己有不可推卸的责任，本就多愁善感的他，日夜哭泣，心情一直处在极度抑郁之中，身体也一天不如一天了。

一年以后，贾谊病死，结束了自己短暂而悲哀的一生。

79. 吴诸葛恪征淮南归，将朝会之夜，精爽扰动[1]，通夕不寐。严毕[2]趋出，犬衔引其衣。恪曰：『犬不欲我行耶？』出，仍入坐。少顷，复起，犬又衔衣。恪令从者逐之。及入，果被杀。其妻在室，语使婢曰：『尔何故血臭？』婢曰：『不也。』有顷，愈剧。又问婢曰：『汝眼目瞻视，何以不常？』婢蹶然[3]起跃，头至于栋，攘臂切齿而言曰：『诸葛公乃为孙峻所杀。』于是大小知恪死矣。而吏兵寻至。

═ 注释 ═ ①精爽扰动：精神骚动不安。②严毕：穿戴整齐。③蹶然：忽然，突然。

＜解说＞ 诸葛家基因优良，三兄弟在当时皆有盛名，但是三人分别为魏、蜀、吴服务。当时人都戏称：“蜀得其龙（诸葛亮），吴得其虎（诸葛瑾），魏得其狗（诸葛诞）。”诸葛亮的哥哥诸葛瑾深受孙权信任，官至大将军，领豫州牧。诸葛瑾的儿子诸葛恪继承了家里的高智商，小时候就被称为神童，有一次孙权开玩笑问他，说你爸爸跟你叔父诸葛亮，谁更优秀？诸葛恪毫不犹豫地说，当然是我父亲，我父亲知道该给谁干活，我叔父却不知道，所以父亲比叔父优秀。

孙权对这孩子的回答赞不绝口。等诸葛恪稍微长大一点，孙权就让他陪着太子孙亮一起读书学习，同时辅助太子处理政务。有孙权的宠爱，诸葛恪官位飙升，历任丹阳太守、威北将军等职。等到丞相陆逊病逝后，诸葛恪直接升任大将军并代领其兵。

赤乌十四年，孙权病重，孙峻极力推荐诸葛恪辅佐太子孙亮。孙权也属意于诸葛恪，命诸葛恪兼任太子太傅，国家基本政务都交给诸葛恪处理。孙权去世，孙亮登基后，诸葛恪渐渐露出刚愎自用的缺点，且不顾朝廷反对，不顾百姓疾苦，一意孤行攻打魏国，连当时给诸葛恪做担保的孙峻也开始对他产生反感。

建兴二年，孙峻和吴主孙亮谋划诛杀诸葛恪，摆了一道鸿门宴，在帷帐后面埋伏下刀斧手，诸葛恪第六感告诉自己，此宴赴不得。

进朝的头一天晚上，诸葛恪就觉得精神萎靡，一夜难眠，总觉得第二天要发生大事。第二天早上，诸葛恪穿好衣服，准备出门，他家养的狗旺财，咬着他的衣服不让他出门。诸葛恪觉得很奇怪，难道是旺财不想让我出门？于是他回到屋子里坐下来。等了一会儿他又准备走，旺财还是拦着他，诸葛恪就叫人把旺财赶走，自己前往皇宫。

来到皇宫前，诸葛恪从车上下来，徘徊不定，到底要不要进去？正疑惑的时候，散骑常侍张约、朱恩等人偷偷派人给他递来张字条。上面写着：“今日张设非常，疑有他故。”诸葛恪心里明白了大半，这是要搞我，赶紧走人。刚要走，在门口看到了太常滕胤，滕胤并不知道今天孙峻要杀诸葛恪的计划，就问诸葛恪为何不进去。诸葛恪说，我忽然肚子疼，就不去了吧。滕胤说，陛下从你回来就没见过你，今天特意设宴会宴请你，你来都来了，好歹进去见一面喝一杯啊。

诸葛恪犹豫了一会儿，想着，要是用毒酒来害我，大不了我不喝不就得了。管他的，量他孙峻小儿也没那胆量。于是带剑上殿，向吴主孙亮礼毕。等到端上酒来后，诸葛恪迟疑不喝。这时孙峻说：“您的病尚未痊愈吧，肯定有经常喝的药酒，您就取来喝自己的酒吧。”喝着自己带的酒，诸葛恪的戒心稍微放松了。

酒过三巡，吴主孙亮说身子乏了，起身回去休息，孙峻也说要去趟厕所。回来时候发现孙峻换上了戎装，大喝一声，“有诏捉拿诸葛恪！”诸葛恪吓得赶紧拔剑抵抗，剑还没出鞘，就被孙峻几刀砍死。

就在宫廷中上演血腥一幕时，诸葛恪家里发生了骇人事件。

诸葛恪的妻子在他走后，就在屋子里休息，忽然觉得一股浓重的血腥味扑鼻而来，细细嗅来，发现是身边婢女身上传来的，夫人就问婢女，你身上怎么会有血腥味？婢女闻了闻自己，说没有呀。过了一会儿，血腥味更浓烈了。再定睛看婢女，夫人发现了异常，她说，不对，你眼睛看东西跟平时不一样，说，你究竟是谁？

这婢女忽然一跃而起，一头撞上了屋梁，满身是血，眼中布满血丝，撸起衣袖，咬牙切齿地说：“诸葛公已经被孙峻杀了！”正当全家被婢女行为吓得不知所措时，外面官兵已经到了家门口。

80. 贾充伐吴时，常屯项城[1]，军中忽失充所在。充帐下都督周勤时昼寝，梦见百余人，录充引入一径。勤惊觉，闻失充，乃出寻[2]索。忽睹所梦之道，遂往求之。果见充行至一府舍，侍卫甚盛，府公南面坐，声色甚厉，谓充曰：『将乱吾家事者，必尔与荀勖[3]。既惑吾子，又乱吾孙，间使任恺[4]黜汝而不去，又使庾纯[5]詈[6]汝而不改。今吴寇当平，汝方表斩张华。汝之暗戆[7]，皆此类也。若不悛慎[8]，当旦夕加诛。』充叩头流血。府公曰：『汝所以延日月而名器若此者，是卫府之勋耳。终当使系嗣[9]死于钟虡[10]之间，大子毙于金酒之中，小子困于枯木之下。荀勖亦宜同。然其先德小浓，故在汝后。数世之外，国嗣亦替。』言毕命去。充忽然得还营，颜色憔悴，性理昏错，经日乃复。至后，谥死于钟下，贾后服金酒而死，贾午考竟用大杖终。皆如所言。

═注释═ ① 项城：县名，今河南项城。② 寻：拘捕。③ 荀勖：西晋大臣，律学家，曾任秘书监、光禄大夫、尚书令。④ 任恺：西晋大臣，曾任侍中。为人正直，被贾充所害。⑤ 庾纯：西晋大臣，曾任中书令，曾面斥贾充。⑥ 詈（lì）：责骂。⑦ 暗戆（zhuàng）：愚蠢。⑧ 悛（quān）慎：悔改戒慎。⑨ 系嗣：继嗣，后代。⑩ 钟虡（jù）：悬挂乐器的架子。

<解说> 在司马氏夺得曹魏政权过程中，有一个坚定的拥护者，立下了汗马功劳，他就是贾充。但他的女儿，却对整个西晋政权的覆灭有不可推卸的责任。

贾充在任司马师的参军时，就博得司马师信任，司马师病危期间，留贾充在许昌都督军事。司马昭掌权后，贾充也完美地完成了几件漂亮工作。

第一件是预测了诸葛诞的反叛，并且献计助司马昭攻克诸葛诞。由此成功地压制了外部诸方镇的反叛之心。

第二件，在各个工作岗位能够尽职尽责，完美完成任务。任廷尉时，通晓刑法断狱，平反不少冤假错案，获得优秀法律工作者称号。司马昭又命他修订宪法，贾充拿出《秦始律》，百姓称好，司马炎奖励贾充家一名弟子关内侯的爵位。

第三件，帮助司马昭杀掉皇帝曹髦，为司马昭在篡权的路上扫清障碍。当年曹髦不满司马昭专权，集合了宫中一些卫兵和太监讨伐司马昭。贾充此时挺身而出，怂恿身边的成济捅死了皇帝，还顺理成章甩锅给成济。结果贾充进封安阳乡侯，统领城外诸军，加散骑常侍。

试问这样的忠心不二，办事能力强的臣下，谁不喜欢。所以虽然朝中有人不满，但依然无法撼动贾充在司马家心目中第一宠臣的地位。但是朝中正直的官员都鄙视贾充的为人，认为他只知谄媚。

有一次，贾充设宴，中书令庾纯来晚了。两人本来关系就不好，贾充就开玩笑说："哎哟，平时看您啥事都争先恐后的，今天咋来晚了？"庾纯说："嗨，被一些市井小事牵绊了，所以来晚了。"因为贾充的祖先当年有当城管的，这件事是贾充比较羞于启齿的，庾纯这么说，明显是在讽刺他。贾充心里十分不爽。

酒席开始，庾纯站起来挨个敬酒，轮到贾充。贾充撇着嘴垂着眼，不喝。庾纯说："长者给你敬酒，你什么态度？！"贾充就说："哼，您父亲已经八十多了，还不回家供养父亲，有啥脸在这多话？"这下庾纯彻底炸了，指着贾充鼻子骂道："贾充！天下凶凶，由尔一人。"贾充冷哼一声，说："我贾充辅佐二世皇帝，荡平巴蜀，功劳大大的，有何罪扰乱了天下？你倒是给说说！"庾纯气得直哆嗦，咬着牙说了一句："高贵乡公何在？"

此话一出，当时全场气氛十分尴尬。本来大家当个吃瓜群众，看看热闹，没想到庾纯当着这么多人面让贾充下不来台，居然把他最介意的事说出来。大家赶紧劝，算啦算啦，都少说两句。结果两人都不依不饶，最后闹到司马炎那里，司马炎当然偏袒贾充，免了庾纯的职。

这件事看似解决了，但是却留下很多后患，贾充此后更加肆无忌惮。朝中分成贾充派和反贾充派，在针对伐吴的问题上，贾充的态度是坚决反对，张华对伐吴提了几点建议，贾充居然说："虽腰斩张华，不足以谢天下。"等到吴国平定了，贾充惭愧不已。

当年贾充在伐吴时，驻扎在项城，一天贾充忽然不见了。帐下都督周勤当时正在睡午觉，梦见一百多人，押着贾充到一条道路上。周勤惊醒，听说贾充果然失踪了，就赶紧带人出去寻找。忽然想到刚才梦里看到的道路，赶紧带着大家循路找去。

一行人果然看见贾充被带到一个官府中，里面侍卫众多，府公南面而坐，声色俱厉地对贾充说："将来扰乱我家事的人，必定是你和荀勖。既迷惑我的儿子，又扰乱我的孙子，之前让任恺弹劾你，你不走，又让庾纯去骂你，你也不改。今吴国一定会被打败的，你居然上表腰斩张华？你的愚昧让我震惊。你要是还不知悔改，早晚要杀了你。"

听这语气大家也能猜到，此府公是司马懿的魂灵。贾充吓得不断磕头，流血不止。府公又说："你之所以还不死，是因为你还有点功劳，不过，将来你的后代要死在钟架之间，你的大女儿要死在金酒中，小女儿要死在枯木下。荀勖结局跟你一样，只不过他祖上积了点阴德，所以惩罚在你之后。几代之后，你的封国和后嗣也要被废。"说完就让贾充滚蛋。

贾充浑浑噩噩回到军营，脸色憔悴不堪，精神一直恍惚，过了几天才恢复过来。

贾充没有儿子，只有两个女儿，贾南风和贾午，长得一个比一个寒碜，贾充死后，爵位给外孙子贾谧承袭，贾谧本姓韩，因为过继到了贾家，所以改了姓。

贾充本来也有儿子，但是他老婆郭槐是个悍妇，嫉妒心特别强，第一个儿子三岁的时候，奶妈抱着孩子玩耍，贾充过去逗孩子，郭槐说你跟奶妈有事儿！把奶妈杀了，孩子因为想念奶妈也死了。

第二个儿子刚生下没多久，奶妈抱着孩子喂奶，贾充过去逗孩子，郭槐说你跟奶妈有事儿！又把奶妈杀了。这小儿子没人喂奶，没几天也死了。从此以后贾充再也没生过儿子，当然家里再也没有过奶妈被杀。

后来，贾谧果然死在钟下，贾皇后服金酒而死，贾午被大杖拷打而死。看来坏人不是不报，是时候未到。

81. 汉和熹邓皇后①，尝梦登梯以扪天，体荡荡正清滑，有若钟乳状，乃仰噏②饮之。以讯诸占梦，言：『尧梦攀天而上，汤梦及天舐③之，斯皆圣王之前占也。吉不可言。』

＝注释＝ ①和熹邓皇后：汉和帝皇后邓绥。②噏（xī）：同『吸』。③舐（shì）：舔舐。

＜解说＞　人的大脑是一个复杂的系统，按照弗洛伊德的观点，人的大脑分为潜意识和意识。人在睡觉时，大部分脑细胞处于休息状态，有些脑细胞还没有完全休息，依然很活跃，潜意识的东西就会出来，人就会做梦。

梦境之所以神秘，是因为梦里的世界充满了离奇的非现实性。有的人会梦到白天见到的东西，有的人却会梦到自己从未见过的东西。其实人并不会梦到自己从未见过的事物，也许某个时候你见过某种事物，但在你的清醒意识中认为它并不重要，可是潜意识却将其收纳起来。而在你大脑松懈时，潜意识就会出来提醒你，还有这个东西哦，要多多少少留意一下才好。

人在清醒时和做梦时的心理活动，都是客观事物在大脑中的反映。只不过在睡觉时，大脑意识不清，对客观事物的处理产生些许偏差，所以就会产生各种稀奇古怪的梦境。

中国人对于梦很早就有所认识，《周礼·春官》中将梦分为六种类型：正梦、噩梦、思梦、寝梦、喜梦、惧梦。孔子说自己经常会梦到周公，后来民间将周公跟梦联系起来，形成了系统的《周公解梦》。《周公解梦》几乎涉及了日常梦到的所有事物，并对梦所反映的吉凶祸福进行解释，已经慢慢融入中国人的日常生活中。

中国的文学作品中，反映梦的尤其多。从“庄周梦蝶”到南朝刘义庆的《枕中记》，唐代传奇李公佐的《南柯太守传》，元代郑光祖的《倩女幽魂》，再到汤显祖“临川四梦”（《牡丹亭》《紫钗记》《邯郸记》《南柯记》），《红楼梦》更是最经典的梦。这些传奇和小说中的梦，迷茫了多少才子佳人的喜乐忧悲，击碎了多少繁华富贵的虚幻缥缈。

李白的《梦游天姥吟留别》的绮丽壮阔；杜甫“故人入我梦，明我长相忆”“三夜频梦君，情亲见君意”的深情款款；辛弃疾“梦里挑灯看剑”“梦回吹角连营”的英雄没落；陆游“铁马冰河入梦来”的家国悲慨；李煜“梦里不知身是客，一晌贪欢”的落寞凄凉；苏轼“夜来幽梦忽还乡，小轩窗，正梳妆。相顾无言，惟有泪千行”的真情流露……无数的梦境交织着人生的波澜，拓展了文学的维度。

《搜神记》中讲了很多梦境，都充满了启示性和预言性，干宝收录这些故事，目的是为了发明占梦之不诬。

自古后宫就多有梦兆，许多妃嫔、皇后对自己的梦格外敏感，有事没事就要占卜一下，看看自己能不能母凭子贵，一步登天。汉和帝皇后邓绥也不例外，在她还没有当皇后时，就曾梦到过自己登上梯子去摸天。摸到的天是什么样的呢？感觉天体广阔平坦，摸起来细腻柔滑，好像钟乳石一样，于是邓绥抬起头来吮吸。

第二天醒来，她就去找占卜师咨询，看看是福是祸。占卜的人说：“这是好事啊，当年尧梦到自己登天梯上天，商汤也梦到自己舔天，这都是成为圣王的预兆，你这又上天，又舔天，那是相当吉利了。”

和帝去世后，邓皇后立刚刚过了百日的刘隆为帝，自己临朝，没多久刘隆就被折腾死了，邓绥又立安帝继位，继续临朝听政十六年。

82. 汉灵帝梦见桓帝怒曰：『宋皇后有何罪过，而听用邪孽，使绝其命？渤海王悝[1]既已自贬，又受诛毙。今宋氏及悝，自诉于天，上帝震怒，罪在难救。』梦殊明察[2]。帝既觉而恐，寻亦崩。

═ 注释 ═ ① 渤海王悝：刘悝，汉桓帝之弟。② 明察：清楚、清晰。

<解说> 一天晚上汉灵帝睡觉，梦到汉桓帝，其实灵帝跟桓帝没有直接的血缘关系，桓帝的父亲刘翼是河间孝王刘开的二儿子，汉灵帝的爷爷刘淑是河间孝王刘开的四儿子。勉强说来，两人算是偏远的叔侄关系。

梦中桓帝说："你小子捡了便宜，继承朕的皇位，算你幸运，但你也不好好干啊，宋皇后没啥罪，你却听信谗言，让她郁闷而死。渤海王刘悝，已经被贬了，你还逼他自杀。现在宋皇后和渤海王到天上跟天帝投诉你，天帝震怒，看来你的罪孽难以救赎了。赶紧过来陪我吧。"

这个渤海王刘悝是桓帝的弟弟，宋皇后是渤海王妃宋氏的侄女，这两人算是桓帝家的亲戚了。当年太监王甫跟渤海王刘悝有点过节，王甫就诬陷渤海王要谋反，刘悝入狱后自杀，渤海王妃宋氏也被杀。王甫担心宋皇后找自己麻烦，就诬陷宋皇后在宫中搞巫蛊，诅咒灵帝，灵帝就废了宋皇后，结果令宋皇后抑郁而死。

可能这两件事灵帝自己心里愧疚，总是担心会有报应，所以平时没事就会胡思乱想，结果日有所思、夜有所梦，就做了这个荒诞的梦。

其实汉桓帝、汉灵帝也没有什么好名声，一提到东汉的腐败，大家都会说桓、灵之际如何如何，貌似整个汉代的罪孽都应该归结到这两人身上。

桓帝确实没有资格批评灵帝，因为他自己就换了三个皇后，而且后宫的宫女多达万人，封的贵人就十几个。这么多女人就够他折腾了，哪有心思关心国家大事。

就这样他还嫌不够，居然跟身边的太监搞起了同性恋。别看桓帝有这么多佳丽，却一个儿子没留下，只生了三个女儿。

灵帝比他有过之而无不及。有一次灵帝问侍中杨琦："朕何如桓帝？"杨琦可是杨震的孙子，那是家族遗传的耿直，就说："陛下之于桓帝，亦犹虞舜比德唐尧。"意思是皇上您跟桓帝比，那就像拿舜跟尧比。这话乍一听像是褒扬，其实杨琦是绕着弯子骂人，说桓帝是个不咋样的皇帝，你灵帝也跟他差不多。说得灵帝心里极其不爽。

东汉这辆锈迹斑斑的破车，在桓、灵二帝的闭眼驾驶中，毫不回头地一步步驶向深渊。

83. 楚王游于苑，白猿在焉。王令善射者射之，矢数发，猿搏矢①而笑。乃命由基。由基抚弓，猿即抱木而号。及六国时，更羸谓魏王曰：『臣能为虚发而下鸟。』魏王曰：『然则射可至于此乎？』羸曰：『可。』有顷，闻雁从东方来，更羸虚发而鸟下焉。

注释 ① 搏矢：徒手抓住箭。

<解说> 有一天楚王在园子里打猎，看到一只白色猿猴在树上来回蹦跶，楚王说，谁能给我把它射下来，大大有赏。身边几个弓箭手摩拳擦掌，一个接一个地射向猿猴。没想到这猿猴本领高强，眼疾手快，居然徒手抓到飞来的急矢。抓到箭后，居然还嘿嘿嘲笑，好像在说，你们这几个烂番薯驴马蛋还想射我？再练个几十年也够呛，哈哈哈哈。

楚王一看，气得吹胡子瞪眼，说养由基呢？赶紧来，给我拿下！

这养由基是何人？据《战国策·西周策》载："楚有养由基者，善射，去柳叶百步而射之，百发百中。"现在我们常用百步穿杨、百发百中来形容射箭或射击的精准，最早就是来形容养由基的，养由基是当时全国射箭联赛冠军。

只见养由基从容不迫，气定神闲地拿起弓来，还没等弯弓搭箭，白猿就怂了，抱着树嗷嗷哭起来。看来养由基的气场果然不同凡响。

《战国策·楚策四》又记录了另一个神射手——魏国的更羸。一天更羸与魏王在高台下看到一只飞鸟。更羸说我能够不射中就让这鸟掉下来，你信不？魏王说，知道你射箭牛，但能够高超到这个程度吗？更羸说你看着吧。

不一会儿天上的大雁缓缓飞来，更羸拿起箭，也不瞄准，随手一射，大雁就跌落下来。看得魏王和身边的人目瞪口呆，连鼓掌都忘了。

更羸笑着说，不是我箭术高，而是这只鸟受了伤。魏王说你咋知道呢？更羸答道：你看这鸟，飞得慢，叫声凄厉。飞得慢是因为有伤口没有愈合，叫声凄厉是因为落单了，心里充满惊恐，它一听到弓弦的声音，就奋力向上飞，一飞，挣破了旧伤口，所以就跌落下来。

更羸的故事其实是要说明观察的重要性，要懂得透过现象看本质。但是干宝有意做了个小处理，将更羸后面的解释去掉了，目的是为了只突出更羸和养由基一样神乎其神的箭术。

84. 齐景公渡于江、沅之河，鼋[1]衔左骖[2]，没之。众皆惊惕。古治子于是拔剑从之，邪行五里，逆行三里，至于砥柱[3]之下，杀之，乃鼋也，左手持鼋头，右手拔左骖，燕跃鹄踊而出，仰天大呼，水为逆流三百步。观者皆以为河伯也。

‖注释‖ ①鼋（yuán）：大鳖，俗称癞头鼋。②左骖：车驾左边的马。③砥柱：黄河中流的巨山，耸立如柱，在今河南省三门峡市。

<解说>　齐景公手下有三个大将，古冶子、公孙接、田开疆，三人战功显赫，但是都有点儿恃功而骄，颇有不敬之心，令齐景公大为头疼。上大夫晏子心眼多得把个头都坠住了，齐景公跟他说了自己的忧患，晏子说这事好办，交给我。

晏子让齐景公找了两个水灵灵的蟠桃，叫来三人说，本想给你们三人一人一个，但是今年园子里只收了两个桃，这样吧，你们三个谁功劳大，桃子归谁。

公孙接把自己的功劳讲了一番，伸手取了一个大桃子。田开疆也说自己功劳大，也拿了一个。眼看桃子没了。古冶子不干了，说你们俩有啥牛的？想当年，我跟主君过河的时候，有一只大乌龟把马车的左骖马咬到河里，大家都吓傻了，我是当机立断，拔出剑跳进黄河就追大乌龟，我顺流追了五里地，又逆流追了三里地。最后追到黄河砥柱下，杀了大乌龟，左手拿乌龟头，右手拉着马，一个白鹤展翅，跃出水面。当时看到的人都以为我是河伯呢。就我这功劳，您二位看看，我配不配得个桃子？

这两人一听古冶子此话，当时就蔫了，主要的是古冶子拔出了剑，咣当，扔在桌子上。当着众人面，被如此羞辱，两人羞愧不已，这俩人也够血性，直接自杀谢罪。古冶子一看，二人居然因为自己说两句话自杀了，登时不知所措，一想刚才自己确实有点失态，在这么多人面前夸自己如何如何，逼死了两员大将，觉得有点下不来台。这传出去，哪有脸面见天下人，于是拿起剑也自杀了。

齐景公看到此情此景，连连说哎呀呀，三位爱卿啊，不就是两个桃子嘛，何必啊，何至于啊，哎呀呀你看看，这可如何是好啊，寡人罪过啊！

晏子站在旁边，或许心有讽刺，但并不多言。

85. 楚干将莫邪为楚王作剑，三年乃成，王怒，欲杀之。剑有雌雄。其妻重身①当产，夫语妻曰：『吾为王作剑，三年乃成。王怒，往必杀我。汝若生子，是男，大，告之曰：「出户，望南山，松生石上，剑在其背。」』于是即将雌剑往见楚王。王大怒，使相②之：『剑有二，一雄一雌，雌来，雄不来。』王怒，即杀之。莫邪子名赤比，后壮，乃问其母曰：『吾父所在？』母曰：『汝父为楚王作剑，三年乃成，王怒，杀之。去时嘱我：「语汝子：出户，望南山，松生石上，剑在其背。」』于是子出户，南望，不见有山，但睹堂前松柱下石砥③之上，即以斧破其背，得剑。日夜思欲报楚王。王梦见一儿，眉间广尺，言欲报仇。王即购之千金。儿闻之，亡去。入山，行歌。客有逢者。谓：『子年少。何哭之甚悲耶？』曰：『吾干将、莫邪子也。楚王杀吾父，吾欲报之。』客曰：『闻王购子头千金，将子头与剑来，为子报之。』儿曰：『幸甚。』即自刎，两手捧头及剑奉之，立僵。客曰：『不负子也。』于是尸乃仆④。客持头往见楚王，王大喜。客曰：『此乃勇士头也。当于汤镬⑤煮之。』王如其言。煮头三日三夕，不烂。头踔⑥出汤中，瞋目大怒。客曰：『此儿头不烂，愿王自往临视之，是必烂也。』王即临之。客以剑拟⑦王，王头随堕汤中。客亦自拟己头，头复堕汤中。三首俱烂，不可识别。乃分其汤肉葬之，故通名『三王墓』。今在汝南北宜春县界。

‖注释‖ ①重（chóng）身：怀孕。②相（xiàng）：察看。③石砥：柱子下的石墩。④仆：倒下。⑤汤镬（huò）：煮沸水的大锅。⑥踔（chuō）：跳跃。⑦拟：以剑砍头。

<解说>　这个故事在《列士传》《吴越春秋》《越绝书》《孝子传》《博物志》《列异传》等书中都有记载，文字略有异同。但是流传最为广泛的，当属干宝《搜神记》版本，干宝书写的故事情节完整曲折，人物形象塑造得比较丰满，语言洗练简洁，叙述冷静客观，富有传奇色彩。鲁迅先生还以此为原型写了篇小说《铸剑》。

复仇是中国历史上的普遍现象，以此为主题的文学作品和史书记载颇多，这种现象在战国时期的吴越地区尤其明显。著名的伍子胥为父兄灭楚复仇，越王勾践卧薪尝胆，都是吴越复仇文化的典型。汉代律法对于杀人有惩治，但是若是为父母、兄弟、朋友报仇，却得到社会的普遍认可，法律也从轻或者几乎不做处理。究其原因在于复仇体现了对父母的孝，对朋友的义，对君主的忠，这些品质在文化心理上是被认同和肯定的。

“三王墓”的故事是典型的复仇故事。楚王让干将、莫邪夫妻俩铸剑，这一铸就铸了三年，楚王说，居然给我拖这么久！你能再慢点吗？难道你要等寡人死了才铸成么？于是大怒之下要杀他们。

这时莫邪就要分娩了，干将说我给楚王铸剑，三年才铸成，楚王肯定要杀了我。如果孩子出生，你要告诉他，出门往南山望，看到一棵松树长在石头上，宝剑就藏在树后面。说完干将就带着另一把剑去见楚王。原来两人铸成的是雌雄二剑，干将所带走的是雌剑，留给儿子的是雄剑。

楚王看到干将带来了宝剑，就找人验一验，验剑的人说，这把剑是母的啊，还有个公的没拿来。楚王一听，气不打一处来，居然拿个母的来骗我？活腻了吧！给我杀了！

转眼间十几年过去了，莫邪的儿子赤已经长成了英武的小伙子，儿子经常问莫邪，我爸爸在哪？莫邪就跟他说，当年你爸给楚王铸剑，三年乃成，楚王生气杀了他。并且将干将临走时说的宝剑藏处告诉了儿子。赤按照母亲所讲，找到了宝剑，看到当年父母倾尽心血铸成的剑，想到父亲因此剑而丧命，一腔仇恨的火苗在他胸中越烧越旺。

有一天楚王做了一个梦，梦到一个少年，长得眉毛之间有一尺宽，说要为父报仇。

这里面有个小疑惑。如果一个人两条眉毛之间有一尺（23 厘米）宽，那脸盘的宽度实在难以想象。所以《列士传》说他“眉广三寸”，三寸也有十厘米，勉强说得过去。总之这个面相是两眉之间宽度可观，有的版本说这个孩子因为眉毛之间宽，取名为“眉间尺”，一尺之宽恐怕是一种夸张。就像说有的人是“虎鼻”，并非真的长了老虎一样的鼻子，所以这里的“眉间广尺”可做夸张来看。

楚王醒来，按照梦中形象画影图形，张贴通缉令，悬赏千金捉拿赤。赤逃到山里藏起来，想到自己大仇未报，现在还要东躲西藏，赤心里别提多难受了，他唱着悲伤的歌曲，一路走着。路上有个侠客问他：少年你小小年纪，为啥哭得这么伤心？赤说我是干将、莫邪的儿子，楚王杀了我父亲，我要杀楚王报仇。

侠客说，楚王千金购的人头，就是你吧，你要是信得过我，把你的头和剑给我，我替你报仇。这孩子拔出宝剑自刎，双手拿着自己的头和剑奉上，身子却不倒。侠客只说了一句，我不会辜负你的。说完，赤的身体倒地。

侠客带着赤的人头来见楚王，楚王大喜，侠客说这是勇士之头，应该用大锅煮了。楚王依言照做，煮了三天三夜，头也不烂，不仅如此，头还在汤里跳进跳出，对着楚王怒目而视。楚王说赶紧找那侠客来看看，这人头成精啦。

侠客来了说，大王你那么威武，要是你前去看一眼，估计这小子人头就烂了。楚王于是走到锅前，探头看的工夫，侠客在后面一剑砍下楚王人头，落入汤中。侠客自知不能活命，也拔剑自刎，三颗人头掉到锅里了。

最后三颗人头都煮烂了，分不清谁是谁，楚国人只好把肉汤分成三份埋葬，三个墓在一起叫作“三王墓”，在东晋时期汝南郡的北边宜春县地区。

按理说，一个陌生人说要你的人头，帮你完成心愿，多多少少是要有点戒心才行，你怎么敢保证这不是楚王派来杀你的？你怎么相信此人不会拿你的头去领赏？但这个孩子就是无条件相信这个陌生人，为什么？因为他是侠。侠的精神就是言出必践，一诺千金。

那为何侠客不直接去杀楚王，而非要人头不可？因为只有拿到人头，才有机会领赏，才有机会面见楚王。这情节是不是跟“荆轲刺秦王”很像？《战国策》和《史记》中记载，荆轲也是向秦国通缉犯樊於期要人头，拿着人头领赏才能见秦王。而樊於期也像赤一样，二话不说就将人头奉上，这种信任，就是侠客精神的体现。

86. 周灵王时，苌弘见杀。蜀人因藏其血，三年，乃化而为碧。

<解说> “苌弘化碧”多用来形容正直忠臣蒙冤含恨而死，这个词我们用得比较少，因为正直忠臣不多见了，蒙冤含恨而死的更少见。

苌弘是周敬王权臣刘文公的家大夫，其人精通天文数术，一心想要恢复周王室在诸侯中的地位，曾经希望借助鬼神之力，要求诸侯国服从周天子。不仅如此，苌弘还是个学者，精通天文地理，星象音律，孔子还曾经向他请教过武乐与韶乐的区别。

但苌弘却因卷入一场政治斗争而丧命。当时晋国发生了六卿之乱，范氏、中行氏、智氏、赵氏、魏氏、韩氏发生内乱，彼此攻击。在这场动乱中，周王室支持范氏和中行氏一边。但最终是赵氏剿灭了范氏和中行氏，于是赵氏便想追责周王室中支持范氏和中行氏的诸人。赵氏点名要严肃处理苌弘。周敬王念在苌弘勠力王室的份上，不忍杀害，把苌弘放逐到蜀地。

苌弘到了蜀地，想到自己一心为了王室，却落得如此下场，不禁心怀悲愤，便剖腹自杀了。蜀地百姓将其血收藏在玉匣之中，三年之后，打开玉匣，血已经化成晶莹碧玉。

《庄子·外物》说：“人主莫不欲其臣之忠，而忠未必信，故伍员流于江，苌弘死于蜀，藏其血三年，而化为碧。”自古以来，君臣遇合乃臣子所希冀的理想状态，但多少忠心又能得到理解？多少忠心能够得到好报？一个忠心不二的人，成了政治角逐中的牺牲品，可悲可叹，令人扼腕。

下卷

87. 后汉谅辅，字汉儒，广汉新都①人。少给佐吏②，浆水不交③。为从事，大小毕举，郡县敛手④。时夏枯旱，太守自曝中庭，而雨不降。辅以五官掾⑤出祷山川，自誓曰：『辅为郡股肱，不能进谏纳忠，荐贤退恶，和调百姓，至令天地否隔，万物枯焦，百姓喁喁⑥，无所控诉，咎尽在辅。今郡太守内省责己，自曝中庭，使辅谢罪，为民祈福。精诚恳到，未有感彻，辅今敢自誓：若至日中无雨，请以身塞无状⑦。』乃积薪柴，将自焚焉。至日中时，山气转黑，起雷，雨大作，一郡沾润。世以此称其至诚。

注释 ①广汉新都：今四川新都东。②佐吏：地方长官的僚属。③浆水不交：比喻为官廉洁。④敛手：拱手，以示恭敬。⑤五官掾：州郡属官。⑥喁喁（yóng）：仰望期待。⑦无状：罪大恶极不可言状。

<解说> 东汉谅辅，字汉儒，是广汉郡新都县人。年轻时担任佐吏，为官清廉。任从事后，大事小情都亲力亲为，郡县百姓都很敬重他。

当时夏季枯旱，太守为了祈雨，在庭院中暴晒，但是依然不见降雨。谅辅以五官掾身份外出祈祷山川，发誓道："谅辅身为郡守左膀右臂，不能进谏，举荐忠臣贤人，屏退恶小，和调百姓；至使天地隔绝，万物枯焦，百姓仰望上天，无所控诉，责任都在我谅辅一人。现在郡太守反省责备自己，在庭院中暴晒，让我来谢罪，为百姓祈福，我们的诚意已经十分恳切，但仍未感动上天。谅辅现在敢于发下誓言：假如今天中午还不下雨，请让我用身体抵偿罪过。"

于是谅辅堆积薪柴，打算自焚。到了正午时分，果然山气转黑，雷声响起，风雨大作，整个郡都得到了滋润。世人认为这是谅辅的诚意感动了上天。

以自焚求雨的行为最早是商汤所为，谅辅只是一个模仿者。相传商朝建立初年，天下大旱七年，整个洛水都干涸了。商汤取代夏桀就是暴力革命行为，此时发生的大旱给刚刚建立的王朝带来的不只是经济上的打击，更是人心上的动摇。商汤想了很多办法求雨，但都没有什么效果。于是找来巫师占卜，巫师说现在看来，恐怕只能拿活人来祭祀了。

商汤一想，本来求雨是为了造福百姓，现在要牺牲百姓，那不是违背了初衷吗？而且既然要祭祀，咱就拿最高级的祭品，还是我亲自上阵吧。于是让巫师提前计算好时间，商汤则沐浴更衣，坐在柴火堆上，向上天祷告。说我罪孽深重，不该灭夏，违背上天意愿，希望上天惩罚我，不要为难百姓。

百官和百姓被商汤的勇气和诚意所感动，无不流泪送别贤明的君主。时辰一到，巫师点燃了火堆，商汤坐在上面纹丝不动。火眼看要蔓延到商汤的脚下了，忽然吹来一股凉风，夹杂一丝雨味，抬头看天，已经阴云密布，不一会儿，伴随着轰隆隆的雷声，大雨倾盆而下。

在场的人无不觉得欣喜，大家喜庆地将商汤迎下来，这个君主果然是上天选定的真命天子，从此以后，汤的地位更加巩固，商朝发展也步入正轨。

88. 周畅性仁慈，少至孝，独与母居。每出入，母欲呼之，常自啮其手，畅即觉手痛而至。治中从事①未之信。候畅在田，使母啮手，而畅即归。元初二年，为河南尹，时夏大旱，久祷无应。畅收葬洛阳城旁客死骸骨万余，为立义冢，应时澍雨②。

注释 ①治中从事：官名，负责处理文书档案的州郡属官。②澍（shù）雨：降暴雨。

<解说> 《二十四孝》是元代郭守正编定，他将“啮指心痛”的故事版权归于曾子，但其实本则故事中的周畅也有类似的经历。但是周畅的知名度显然不如曾子高，所以《二十四孝》融合了两则的情节，只是主人公换成了曾子。

周畅母亲也是通过咬手指来叫儿子回来，不同于曾子的是，周畅母亲咬手指是一种常态，想见儿子了，就咬一下手指，儿子每次都立刻回来。郡中的同事都不相信这么神奇的事，于是就在周畅打猎的时候，跑到周畅家让他母亲咬下手指，果然，不多久周畅就气喘吁吁地回来，问母亲是否有事叫他。

周畅的孝行得到乡里郡里普遍认可，于是在汉安帝元初二年，中央将他提拔为河南尹。当年夏天发生了大旱，怎么祷告神灵都不起作用，因而饿死的人不计其数，周畅就收葬了洛阳城边一万多具尸体，建了个公墓。也许是周畅的孝行和义举感动了上天，不久就天降暴雨，缓解了干旱。

89. 王祥字休征，琅邪人，性至孝。早丧亲，继母朱氏不慈，数谮[1]之，由是失爱于父，每使扫除牛下。父母有疾，衣不解带。母常欲生鱼，时天寒，冰冻，祥解衣将剖冰求之，冰忽自解，双鲤跃出，持之而归。母又思黄雀炙，复有黄雀数十入其幙[2]，复以供母。乡里惊叹，以为孝感所致。

＝注释＝ ①谮（zèn）：诬陷、诋毁。②幙（mù）：同『幕』。

<解说> 魏晋南北朝时期，琅琊王氏在高门士族中属于首屈一指的望族，甚至被称为“华夏首望”，无论在政治上、文化上都涌现诸多佼佼者，如王戎、王导、王澄、王衍、王羲之、王献之等，这个名单可以拉出很长。他们的祖先，是魏晋时期著名的孝子贤臣王祥、王览兄弟两人。

王祥、王览两人是同父异母兄弟，王祥母亲死得早，父亲娶了后母朱氏，又生下王览。朱氏对待王祥十分恶劣，非打即骂，没事就在父亲面前说他坏话。父亲也慢慢疏远了王祥，但是王祥对待朱氏却始终如生母一般，竭尽心力，小心翼翼地侍奉着。

后母常常拿小事为难王祥，比如大冬天非要吃鲤鱼。当时已是数九寒冬，冰天雪地的，别说鲤鱼，连个虾米都很难搞到。于是王祥脱下衣服，趴在冰上，想用自己的身体温度融化冰层来捉鱼。他的孝心感动了上天，忽见冰面自然裂开，里面蹦出两条大鲤鱼。

后母看一招不行，又起幺蛾子，非要吃烤黄雀。大冬天上哪去捉黄雀？王祥就抱着试一试的心理，准备好一个帷帐陷阱，之后居然真的有几十只黄雀，自动飞入网中。

后母看连续几招都被王祥化解，心里的怨气不知向哪里去撒，居然恶向胆边生，想要用毒酒毒死王祥。有人会问，为啥后母这么恨王祥啊？很明显是因为朱氏想要自己的亲生儿子王览继承家业。

好在弟弟王览是个非常懂事的孩子，每次母亲虐待哥哥，王览都看不惯，又不好直接顶撞母亲，就跟着哥哥一起受惩罚。王览知道母亲要给哥哥下毒，吃饭前，都要先吃哥哥的份，朱氏害怕毒死王览，只得打消下毒的计划。但是恨意哪能就此消除，继续想办法害他。

这天晚上，朱氏趁着王祥熟睡，拿着斧子悄悄来到王祥的屋子，想着砍死他一了百了。刚好王祥起来上厕所，黑灯瞎火的，朱氏也看不清床上有没有人，一斧子砍在了被子上。王祥此时正好如厕回来，看见母亲的行为，问道，母亲此举，意欲何为啊？朱氏一脸尴尬，啊，没事，给你赶赶蚊子。王祥心说有拿斧子赶蚊子的吗？其实心里知道，是母亲要杀了自己。王祥是愚孝之人，扑通跪在地上，哭着说，既然母亲要儿死，儿不得不死。来，请您直接砍死我。朱氏本以为王祥会记恨自己，或者向父亲禀告，但看到跪在地上王祥，想起平日里王祥如何侍奉自己，朱氏的铁石心肠也终于被打动了，从此以后待王祥视如己出。

王祥、王览兄弟两人，将儒家伦理中的基本规范——“孝悌之道”诠释得十分到位，在当时成为具有典范意义的教育模本，两人因此闻名于世。不过遗憾的是，王祥的后代在魏晋以后没有形成太大气候，而弟弟王览一支则成为琅琊王氏中光耀史册的第一望族。

90. 郭巨，隆虑①人也，一云河内温②人。兄弟三人，早丧父，礼毕，二弟求分。以钱二千万，二弟各取千万。巨独与母居客舍，夫妇佣赁以给供养。居有顷，妻产男。巨念举儿妨事亲，一也；老人得食，喜分儿孙，减馔，二也。乃于野凿地，欲埋儿。得石盖，下有黄金一釜，中有丹书，曰：『孝子郭巨，黄金一釜③，以用赐汝。』于是名振天下。

注释 ①隆虑：古县名，即河南林州。②温：古县名，今河南温县。③釜：量器，类似坛罐。

<解说> 《二十四孝》毕竟属于封建社会的伦理教条，其中有很多不合情理之处，比如“戏彩娱亲”“尝粪忧心”“乳姑不怠”“涤亲溺器”，里面多少都有些过于夸张做作的色彩。但最令人发指的，恐怕要数“郭巨埋儿”了，这严重挑战了现代人的伦理观。

郭巨不仅是个孝子，还是个慈兄，父亲早死，丧礼刚刚结束，两个弟弟就吵吵要分家产。郭巨说家产你们俩一人一半，我只要老妈。两弟弟一看这好事，谁能不同意啊，举双手赞成。

郭巨带着老母亲住在客店里，夫妻俩靠着给人打工挣点零钱供养母亲。

不久妻子怀孕，生下一个男孩儿。郭巨发起了愁来，本来一家三口吃饭就紧张，现在又多了一张吃饭的嘴，势必要减少老人的伙食标准；再加上还要照顾孩子，哪有时间再照顾母亲了？所以郭巨想了很久，终于想出一个“好办法”，那就是把孩子埋了。

这一天郭巨一个人带着婴儿来到野外，找块空地，拿着铲子就开挖。可能是老天实在是看不惯郭巨如此残忍的行为，在他挖的地方放了一个石头盖，郭巨打开后发现了一坛子黄金。里面有红字文书，上面写道：“孝子郭巨，黄金一釜，以用赐汝。”从此以后郭巨名声大振。

这个故事里面有一个当今社会普遍面临的道德难题，那就是老人和孩子之间谁更重要。现在大家多数都以孩子为主，一个家庭中孩子的地位是至高无上的，老人一定是要给孩子让步的，养成了很多娇生惯养的“小祖宗”。郭巨的故事给我们现代人的启示，其实并不是让我们真的去埋孩子，而是告诉你在孩子和父母亲之间，哪一个要放在第一位。孩子固然是血脉的延续，但如果没有父母亲，又哪来的血脉可延续？

91. 汉时，东海孝妇养姑甚谨①。姑曰：『妇养我勤苦，我已老，何惜余年，久累年少。』遂自缢死。其女告官云：『妇杀我母。』官收系之。拷掠毒治②。孝妇不堪苦楚，自诬服③之。时于公为狱吏，曰：『此妇养姑十余年，以孝闻彻，必不杀也。』太守不听。于公争不得理，抱其狱词哭于府而去。自后郡中枯旱，三年不雨。后太守至，于公曰：『孝妇不当死，前太守枉杀之，咎当在此。』太守即时身祭孝妇冢，因表其墓。天立雨，岁大熟。长老传云：『孝妇名周青。青将死，车载十丈竹竿，以悬五幡④，立誓于众曰：「青若有罪，愿杀，血当顺下；青若枉死，血当逆流。」既行刑已，其血青黄缘幡竹而上，极标⑤，又缘幡而下云。』

‖注释‖ ①甚谨：非常恭谨。②拷掠毒治：严刑拷打。③诬服：屈打成招。④旛（fān）：长幅下垂的旗帜。⑤标：旗杆顶端。

<解说> “东海孝妇”的故事出自刘向《说苑》以及《汉书·于定国传》。元代关汉卿以此为原型，写出了著名悲剧《窦娥冤》。《窦娥冤》保留了“东海孝妇”传说的大框架，但是在故事情节、人物性格、思想感情等方面都有所深入，让这个古老而悲凉的传说得以被世人重新审视。

故事发生在汉代，孝妇姓周名青，丈夫早亡，奉养婆婆多年，十分恭谨。婆婆觉得自己是个累赘，便自言自语：儿媳养我很辛苦，我已年老，也活不了几年，何必再拖累年轻人呢。于是上吊自杀。

婆婆死了不要紧，小姑子不干了，非要告周青杀了自己母亲。官府收押了周青，为了提高破案率，再加上一个妇女，也没什么背景，又请不起律师。经过一系列刑讯逼供，周青经不起严刑拷打，勉强认罪。

当时于定国的父亲于公在监狱中任狱吏，他是个秉公执法的人，总觉得此案蹊跷，草草结案多有不妥。于是据理力争，说这个孝妇养了婆婆十几年，平时口碑非常好，要想杀婆婆早就杀了，何必等那么久，这里面一定有冤情。但是太守是个糊涂蛋，就想着赶紧结案了事。不久就以故意杀人罪处死了孝妇。

于公争不过太守，只得抱结案的狱词哭着离开官府。从孝妇死后三年，郡中发生了大旱。前任太守离职，继任太守来到后，于公说，我们这里大旱，全都因为当年那个孝妇不应该死，但是前任太守枉杀了他，这是老天对我们的惩罚啊。新任太守是个通情达理的人，听闻此言，立即换上祭服，前去祭奠孝妇的坟墓。当时天就下起了雨，这一年庄稼收成大好。

当地年长的人都说，这个孝妇叫周青，当年周青死的时候，车上拉着十丈高的竹竿，用来悬挂五色幡旗。周青在众人面前立下誓言：“我周青若是有罪，甘愿被杀，那么血就向下流。如果我是冤死的，血就逆流。”行刑以后，她的血果然变成了青黄色，沿着旗杆倒流到顶，又顺着旗杆流下来。

这个故事的动人之处在于：第一，好人不得好报，孝妇以孝闻名，却因被冤不孝被杀，何其荒谬。第二，太守不经调查，枉杀好人，令人愤恨。第三，于公明知有冤，但人微言轻，不能申诉，令人同情。第四，孝妇之死，产生了一系列灾异现象，使人相信青天昭昭，自有公道。

92. 宋康王舍人韩凭娶妻何氏，美，康王夺之。凭怨，王囚之，论为城旦①。妻密遗凭书，缪其辞②曰：『其雨淫淫，河大水深，日出当心。』既而王得其书，以示左右，左右莫解其意。臣苏贺对曰：『其雨淫淫，言愁且思也。河大水深，不得往来也。日出当心，心有死志也。』俄而凭乃自杀。其妻乃阴腐其衣。王与之登台，妻遂自投台，左右揽之，衣不中手③而死。遗书于带曰：『王利其生，妾利其死。愿以尸骨，赐凭合葬。』王怒，弗听。使里人埋之，冢相望也。王曰：『尔夫妇相爱不已，若能使冢合，则吾弗阻也。』宿昔④之间，便有大梓木，生于二冢之端，旬日而大盈抱，屈体相就，根交于下，枝错于上。又有鸳鸯，雌雄各一，恒栖树上，晨夕不去，交颈悲鸣，音声感人。宋人哀之，遂号其木曰『相思树』。『相思』之名，起于此也。南人谓此禽即韩凭夫妇之精魂。今睢阳⑤有韩凭城，其歌谣至今犹存。

═ 注释 ═ ①城旦：刑罚名，筑城四年的劳役。②缪其辞：隐晦曲折地表达。③衣不中手：衣服朽坏，经不起拉扯。④宿昔：旦夕之间，比喻时间短。⑤睢阳：古县名，今河南商丘南。

<解说> 这是一个凄美的爱情悲剧。白居易在《长恨歌》中说道："在天愿作比翼鸟，在地愿为连理枝。"比翼鸟、连理枝，成为美好爱情的代名词。但仔细一想，若是有情人都能终成眷属，又何必艳羡比翼鸟、连理枝？美好的爱情都是相似的，王子公主一定会过上幸福的生活，凄美的爱情各有各的不幸。爱情中的阻力越大，感情往往越深，罗密欧与朱丽叶如此，陆游与唐婉如此，梁山伯与祝英台如此。韩凭夫妻的不幸源自宋康王。

宋康王有个舍人名叫韩凭，他娶了个非常漂亮的妻子何氏。宋康王每次看到何氏，眼睛都直，于是想尽办法，将她从韩凭手中夺了过去。韩凭心里恨得不行，心想你宋康王后宫佳丽那么多，还非得跟我抢媳妇，哪有个君主的样子。宋康王才不管你那么多，夺人妻，毁人家，我乐意，我潇洒。宋康王将韩凭押入囚牢，定罪贬为城旦，给我修筑城墙去。

何氏自从被掳走，没有一日不思念丈夫，生怕丈夫误以为自己爱慕虚荣，将他忘记。于是偷偷写了一封信，措辞隐晦地写道："其雨淫淫，河大水深，日出当心。"这封信被宋康王截获，但是以他半文盲的文化水平，基本看不懂。于是拿给身边的人看，这写的都是啥意思？身边的人也不懂。有一个叫苏贺的人说："其雨淫淫，意思是忧愁且思念。河大水深，意思是不能往来。日出当心，恐怕是心里有死的想法了。"

韩凭堂堂七尺男儿，毕竟受不了夺妻之辱，愤恨之下，自杀身亡。听闻丈夫自杀的噩耗，何氏早已暗下决心，将自己的衣服故意弄坏，等到宋康王跟她一起登上高台时，她一跃而下。身边的人都伸手去拉她，但是衣服已朽坏，拉扯不住，何氏香消玉殒。一个人若是想死，你是如何都拦不住的。收尸的人在何氏身上发现了遗书，写在衣带上："大王希望我活，妾打算死，希望您能成全我和夫君，将我们合葬在一起。"康王大怒，既然我得不到你，我也不能让别人得到你。于是让人将他俩埋葬之地相隔几步，遥相呼应，就是不让你俩在一起。康王还满怀嫉妒地说："你们不是相爱吗，好，假如你们的坟能合到一起，我就不再阻拦你们。"其实没人把康王的话当真，想着他也就是说说气话。哪承想没多久，真的有两棵大梓树从坟头长出来，生长速度极快，十几天就有一抱粗细。两棵树树干弯向一起，根部在地下纠结，树枝在天空交错，似两人十指相扣。树上飞来雌雄两只鸳鸯，每天都栖息在上面，哀鸣之声令人心伤。

韩凭夫妇的故事在当时就有很大影响，"相思树""连理枝""韩凭城"的典故流传久远。王勃《春思赋》诗中写道："游丝空绢合欢枝，落花自绕相思树。"李商隐《咏青陵台》诗云："莫许韩凭为蛱蝶，等闲飞上别枝花。"有情人未必都能终成眷属，所有的誓愿只不过是让世人感慨"自是人生长恨，水长东"。

93. 鄱阳[1]西有望夫冈。昔县人陈明与梅氏为婚，未成，而妖魅诈迎妇去。明诣卜者，决云：『行西北五十里求之。』明如言，见一大穴，深邃无底。以绳悬人，遂得其妇。乃令妇先出，而明所将邻人秦文，遂不取明。其妇乃自誓执志[2]登此冈首而望其夫，因以名焉。

═ 注释 ═ ①鄱阳：县名，今江西鄱阳东。②自誓执志：发誓坚守爱情。

＜解说＞　民间关于望夫石的传说有很多个版本，最著名的当属大禹之妻涂山氏化作望夫石。此外，各地都有那么几块耸立的石头，被称为望夫石，即便不是名人，也要随便安个普通妇女，再编个无非是丈夫打仗埋骨在外的妻子的凄惨故事，以表彰其贞节。望夫石之所以如此之多，是因为民间需要它作为妻子对丈夫忠贞不贰的象征，作用有点像贞节牌坊。

鄱阳县西边这个望夫冈的形成也有个故事，这里面有点复杂。

鄱阳县有个叫陈明的人，与当地的梅氏订婚，还没等成亲，这梅氏居然被妖怪骗走。陈明马上要结婚了，媳妇却丢了，这可把他急坏了，找人占卜算卦。占卜的人说，你往西北走五十里，肯定能找到。

陈明往西北走了五十里，发现一个大洞穴，深不见底。他就用绳子系着下去，果然在里面找到了媳妇。但是绳子只有一根，经不住两个人，当然女士优先了，把媳妇拉上去再说。

不承想，陈明带来的邻居秦文却起了歹心，居然不拉陈明出来，任凭陈明在下面大呼小叫，直至饿死。

此处看出干宝叙述水平之高。

通篇故事中，只出现了一次的人物就是邻居秦文，而且他还是在关键的时刻出现的关键人物。其实这个秦文从陈明找媳妇开始，就一直都像影子一样陪在陈明身边，而偏偏在此时才让他出场，并且一出场就要了陈明的命。他的乍现，就好像深夜里忽然有人从背后拍你肩膀，又仿佛他的恶意就像他本人一样，在最紧张的时候忽然跳出来，给你当头一棒。

这个故事虽然简短，但里面的细节让人细思极恐。有一种解释，是说这邻居秦文在上面拉上来梅氏后，看到梅氏的美貌，遂生淫念，有了霸占人家妻子，杀害陈明之心。还有一种说法比较离谱，说这个秦文和梅氏早就有奸情，故意设计，安排了一场妖怪捉人的戏码，目的是杀害陈明。第二种显然站不住脚，因为梅氏此后每天都登上这座山冈，翘首盼望丈夫回来，所以渐渐地才会有望夫冈之称。我们宁愿相信人间自有真情在，否则陈明死得实在是太冤了。

94. 汉范式，字巨卿，山阳金乡人也，一名汜。与汝南张劭为友，劭字元伯。二人并游太学，后告归乡里，式谓元伯曰『后二年，当还。将过拜尊亲，见孺子焉。』乃共克①期日。后期方至，元伯具以白母，请设馔以候之。母曰：『二年之别，千里结言，尔何相信之审②耶！』曰：『巨卿信士，必不乖违。』母曰：『若然，当为尔酝酒。』至期，果到。升堂拜饮，尽欢而别。后元伯寝疾，甚笃，同郡郅君章、殷子征晨夜省视之。元伯临终，叹曰：『恨不见我死友③。』子征曰：『吾与君章尽心于子，是非死友，复欲谁求？』元伯曰：『若二子者，吾生友④耳。山阳范巨卿，所谓死友也。』寻而卒。式忽梦见元伯，玄冕垂缨，屣履⑤而呼曰：『巨卿！吾以某日死，当以尔时葬。永归黄泉。子未忘我，岂能相及！』式恍然觉悟，悲叹泣下。便服朋友之服⑥，投其葬日，驰往赴之。未及到而丧已发引。既至圹⑦，将窆⑧，而柩不肯进。其母抚之曰：『元伯，岂有望耶？』遂停柩。移时，乃见素车白马，号哭而来。其母望之，曰：『是必范巨卿也。』既至，叩丧言曰：『行矣元伯！死生异路，永从此辞。』会葬者千人，咸为挥涕。式因执绋而引柩，于是乃前。式遂留止冢次，为修坟树，然后乃去。

注释 ①克：约定。②审：认真、慎重。③死友：生死不渝的好友。④生友：普通朋友。⑤屣履：拖着鞋走路，形容急忙之貌。⑥朋友之服：为朋友所穿的丧服。⑦圹（kuàng）：墓穴。⑧窆（biǎn）：下葬。

<解说> 我们常听别人说某两人是八拜之交，表示两人关系密切，所谓“八拜之交”，是指管鲍之交、知音之交、刎颈之交、舍命之交、胶漆之交、鸡黍之交、忘年之交、生死之交。其中“鸡黍之交”也叫“范张鸡黍”，讲的是汉代范式和张劭的故事。

范式和张劭当年在京城同为太学生，两人关系很好，毕业前两人要分别时，范式说我两年后会回京城，到时候去拜见你父母，看看你的孩子。两人约定了日期就分别了。成年人之间经常会听到这样的话，改天我请你吃饭啊，改天我到你家找你玩啊，基本上这话属于客套话，说出去就等于石沉大海。

张劭的母亲也觉得范式也就是俗常客套一下，都分别两年之久了，你怎么敢保证人家没忘呢？但是张劭无理由信任范式，说他一定会来，您就准备好酒肉，等他来吧。约定日期到了，范式果然如期而至，两年没见的两个好朋友把酒言欢，畅叙离别之情，最后依依惜别。

后来张劭生了重病，临终前感慨，说自己不能见到至死不负的朋友，实在太遗憾了。他身边的朋友就说，我们在你生病时一直照料你，这还不算你的至交？你到底要找谁啊？张劭很实在，也不怕朋友心寒，说你们是我活着时候的至交，范式才是我至死不负的朋友。不久，张劭撒手人寰。

这天范式忽然做了一个梦，梦到张劭身穿黑色衣服，急匆匆跟他说，兄弟，我某天要死，在某时会下葬，以后咱俩恐怕只能黄泉再见了，如果你还记得我，希望你能来送我一程。范式从梦中醒来，仰天长叹，悲哭一场。

于是他跟老板告假，说是要给朋友奔丧，老板说是你朋友的家人通知你去奔丧的吗？范式说没有，是我梦到的。

范式穿上丧服，快马加鞭，连夜赶路，希望能够最后再送朋友一程。张劭家里人哪里会专门等范式，时辰一到，就抬着灵柩出发，准备下葬。可是到了墓地，张劭的棺材却怎么也抬不起来了，十几个大汉一起使劲也纹丝不动。张劭的母亲摸着灵柩说，儿啊，莫不是你还有什么心愿没了？话音刚落，就见一辆白马素车疾驰而来，里面的人一路号哭。张劭的母亲说，这一定是元伯那个整天挂在嘴边的好朋友范式了。

范式下了车，扑通跪在地上，说元伯兄，你可以走了，我们生死异路，从此永别了。当时送葬的一千多人，全都感动得流下眼泪。范式拉着棺材上的绳索，大家这才抬起棺材继续下葬。范式留在坟地，亲自为张劭修坟种树才离开。

95. 天有五气，万物化成。木清则仁，火清则礼，金清则义，水清则智，土清则思，五气尽纯，圣德备也。木浊则弱，火浊则淫，金浊则暴，水浊则贪，土浊则顽，五气尽浊，民之下也。中土多圣人，和气所交也。绝域多怪物，异气所产也。苟禀此气，必有此形；苟有此形，必生此性。故食谷者智能而文，食草者多力而愚，食桑者有丝而蛾，食肉者勇橄而悍，食土者无心而不息，食气者神明而长寿，不食者不死而神。大腰①无雄，细腰②无雌。无雄外接，无雌外育。三化之虫③，先孕后交；兼爱之兽④，自为牝牡。寄生⑤因夫高木，女萝托乎茯苓。木株于土，萍植于水。鸟排虚而飞，兽跖实而走，虫土闭而蛰，鱼渊潜而处。本乎天者亲上，本乎地者亲下，本乎时者亲旁：各从其类也。千岁之雉，入海为蜃⑥；百年之雀，入海为蛤；千岁龟鼋，能与人语；千岁之狐，起为美女；千岁之蛇，断而复续；百年之鼠，而能相卜：数之至也。春分之日，鹰变为鸠；秋分之日，鸠变为鹰：时之化也。故腐草之为萤也，朽苇之为蛬⑦也，稻之为䖬⑧也，麦之为蝴蝶也，羽翼生焉，眼目成焉，心智在焉。此自无知化为有知，而气易也。寉⑨之为獐也，蛇之为鳖也，蛬之为虾也，不失其血气，而形性变也。若此之类，不可胜论。应变而动，是为顺常；苟错其方，则为妖眚⑩。故下体生于上，上体生于下，气之反者也。人生兽，兽生人，气之乱者也。男化为女，女化为男，气之贸⑪者也。鲁牛哀得疾，七日化而为虎，形体变易，爪牙施张。其兄启户而入，搏而食之。方其为人，不知其将为虎也；方有为虎，不知其常为人也。故晋太康中，陈留阮士瑀伤于虺⑫，不忍其痛，数嗅其疮，已而双虺成于鼻中。元康中，历阳纪元载客食道龟，已而成瘕⑬，医以药攻之，下龟子数升，大如小钱，头足咸备，文甲皆具，惟中药已死。夫妻非化育之气，鼻非胎孕之所，享道⑭非下物之具。从此观之，万物之生死也，与其变化也，非通神之思，虽求诸已，恶识所自来？然朽草之为萤，由乎腐也；麦之为蝴蝶，由乎湿也。尔则万物之变，皆有由也。农夫止麦之化者，沤之以灰；圣人理万物之化者，济之以道。其与不然乎？

══注释══ ①大腰：指鳖类动物。②细腰：指蜂类动物。③三化之虫：指蚕类动物。④兼爱之兽：身兼雌雄两性的动物。⑤寄生：菌类植物。⑥蜃（shèn）：海中的大蛤蜊。⑦蛬（qióng）：蟋蟀。⑧蛪（jiā）：米中小黑虫。⑨雀（hè）：通「鹤」。⑩妖眚（shěng）：灾异现象。⑪贸：交错。⑫虺（huǐ）：蝮蛇的一种。⑬瘕（jiǎ）：腹中结块之病。⑭享道：消化道。

<解说> 中国人认为，构成万物最基本的物质是“元气”，气的状态是变动不居的，是物质产生、成长、变化、消亡的推动力，《老子》云：“万物负阴而抱阳，冲气以为和。”阴阳二元论是对世界的一种最简单的概括，万物皆可分阴阳，而调和阴阳的就是气。如果再将物质进一步进行解构，可以分成五种基本属性——金、木、水、火、土。

《尚书·洪范》曰：“五行：一曰水，二曰火，三曰木，四曰金，五曰土。水曰润下，火曰炎上，木曰曲直，金曰从革，土爰稼穑。润下作咸，炎上作苦，曲直作酸，从革作辛，稼穑作甘。”五行所概况的五种物质，仅表示五种基本属性，与此属性相近者皆可归于此类。所以五行广泛适用于各个方面，五行可与五方、五色、五味、五音、五脏、五常、五星等等各种事物相配。后人又在此基础上形成了五行相生相克的理论，以此解释事物之间的关联性。

本卷开篇以元气论为基调，讨论了引起万物变化的原因，乃是气的运行所导致，此认知是有所依据的，《易传·咸·彖传》云：“精气为物，游魂为变。”物质本身的性质是由五气、清浊等各方面决定的，但是其变化是气的运行改变而发生的。作为一篇小论文，本篇反映了干宝基于朴素唯物认知下的变化观，其目的是为《搜神记》中所讲到的各种神异变化现象寻找理论依据。

干宝首先讲到五气和清浊的关系。所谓五气，是生成万物的基础。气又分清浊，木气清则生仁，火气清则生礼，金气清则生义，水气清则生智，土气清则生思。五气都纯粹，圣人的品德就具备了。在这里将五气与五常（仁、义、礼、智、信）相配，只不过将“信”换成了“思”。

上面讲的是清气明显，如果是浊气充盈会怎样呢？木气浊则柔弱，火气浊则淫乱，金气浊则刚暴，水气浊则贪鄙，土气浊则顽愚：五气都混浊，是最下等的平民。干宝继承了儒家对人的划分：圣人、贤人、君子、士人、庸人，而且“民斯为下矣”。之所以会有这样的区分，乃是因为五气的清浊不同造成的。中原地区为何多出现圣人？因为处在五气交汇的地方，比较中和。而偏远地区为何多出现怪物？是因为所在地的气质过强，容易产生偏颇。

禀受某种元气，就有某种形体，有某种形体，就会有某种性质。气决定形，形决定性。所以吃五谷的聪明有文采，吃草的力大而愚钝，吃桑的产丝成蛾，吃肉的勇猛彪悍，吃土的没有心智不会呼吸，吃气的神明且长寿，不吃东西的不死而神。接下来，干宝举了一系列例子，来说明变化的规律。

龟鳖类的动物没有雄性，蜂类的动物没有雌性。没有雄性的靠外物交配，没有雌性的靠外物孕育。蚕类的虫子，先孕育后交配。名为“兼爱”的兽类，具备雌雄两体。寄生类的依托于高树，女萝托身于茯苓，木长于土，萍生于水，鸟凌空而飞，兽踏地而走，虫子在土中蛰伏，鱼在深渊潜游。生于天的依附于天，生于地的依附于地，生于时令下的依附于身边的东西。这是物以类聚的道理。

千年的鸡，进入海里变成蜃；百年的雀，进入海里变成蛤；千年的乌龟能跟人说话；千年的狐狸能变成美女；千年的蛇断了能接上；百年的老鼠能够占卜吉凶。这是时间累积的缘故。

春分时节，鹰会变成鸠；秋分时节，鸠又变为鹰：这是时令变化导致的。所以腐草变为萤火虫，腐朽的芦苇变成蟋蟀，稻子变成小黑虫，麦子变成蝴蝶，生出羽毛，长出眼睛，有了心智，这是无智慧的变成有智慧的生物，是内在的气发生了变化。鹤变成了獐子，蛇变成了鳖，虽然不失其血气，但是形体性质发生了变化。诸如此类，不胜枚举。

至于变化是好是坏？其标准是否顺应规律。假如顺应气运动的规律，就是正常现象，假如违背气运动的规律，就是所谓的灾异现象。所以，下体长在上面，上体长到下面，这是气逆向运行造成的。人生出兽类，兽类生出人，这是气混乱的表现。男变成女，女变成男，这是气错乱的表现。

鲁国人牛哀，生了病，七天后变成了老虎，张牙舞爪，他的兄弟开门进去看，却被他吃掉。当他是人的时候，不知道自己会变成虎，当他变成虎以后，不知自己以前曾是人。西晋太康年间，陈留阮士瑀被虺所伤，忍受不了疼痛，经常去闻疮口，不久鼻子中就长出了两条虺。元康年间，历阳人纪元载做客时吃了一只得道的乌龟，不久腹中结块，医生开药攻之，居然生下铜钱大小的小乌龟数升，有头有足有龟壳，龟壳上的花纹都很清晰，只不过被药毒死了而已。

夫妻是生育而不是化育元气的，鼻子也不是孕育胚胎的地方，消化道不是生产的地方。由此看来，万物的生死和变化，并非神秘不可测的，即使你怎么想也不会明白，不知道其由来何处。朽草变成流萤，是因为腐败，麦子变成蝴蝶，是因为潮湿。那么万物的变化，都是有缘由的。农夫们为了防止麦子发生变化，用灰土来沤，圣人为了理顺万物的变化，用道来协调。诸君以为，是否如此呢？

96. 蜀中西南高山之上，有物与猴相类，长七尺，能作人行，善走逐人，名曰猳[1]国，一名马化，或曰玃[2]猿。伺道行妇女有美者，辄盗取将去，人不得知。若有行人经过其旁，皆以长绳相引，犹故不免。此物能别男女气臭[3]，故取女，男不取也。若取得人女，则为家室。其无子者，终身不得还。十年之后，形皆类之。意亦迷惑，不复思归。若有子者，辄抱送还其家，产子皆如人形。有不养者，其母辄死。故惧怕之，无敢不养。及长，与人不异。皆以杨为姓。故今蜀中西南多诸杨，率皆是猳国马化之子孙也。

═ 注释 ═ ① 猳（jiā）：形似猕猴的兽，颜色苍黑。② 玃（jué）：猳的别称。③ 气臭：气味。

<解说>　人类在由灵长类动物变成高级动物过程中，经过了漫长的进化，灵长类动物的进化历史大约有六千五百万年之久。大约四百万年前的南方古猿，被称为“正在形成中的人”，是猿向人迈出的第一步。三百万年前的能人，已经可以使用简单的工具，制造简单的居住房屋。而最接近人类祖先的是六万年前的智人，我们熟悉的山顶洞人，就属于晚期的智人。

现代科学认为古代猿人已经灭绝，存留下来的，是物竞天择后的高级物种。但是依然有某些地区发现“野人”的报道，比如北美的“大脚怪”、我国神农架的“野人”、喜马拉雅山区的“雪人”等。有人就认为这是远古智人进化到现代人之间缺失的一环，但科学家认为这是没有任何依据的猜测。

《搜神记》中记录了这样一种猿类。它们生活在蜀地西南的高山之上，长得像猴子，身长七尺，跟人一样直立行走，而且下肢明显比较发达，善于跑动追逐。当地人将其命名为“猳国”人，又称之为“马化”，具有科学理性一点的称谓则是“玃猿”，将其归为猿类。

这种生物有个不太文雅的习性，专门抓美女。这猿很厉害的一点是，能够靠嗅觉分辨男女，遇到有人走在路上，如果是男人或者老太太，人家理都不理。专门挑长得漂亮的少女少妇下手，而且出手极快，神不知鬼不觉。即使有的女子特意跟别人一起走，用绳子拴上，以防被掳走，但依然抢不过猿人，其力气超级大。

这猿人抓妇女，只是为了充当繁殖工具，如果一直不生孩子，那不好意思，一辈子别想回到人类社会了。过了十年，这些女子慢慢就被野人同化了，长相也变成了野人，人类的思维语言也都忘了。就算把她放回去，估计自己也找不到家了。

那些有了孩子的呢，野人就把她们送回家，让她们生下孩子，这些孩子长得跟正常人一样。有的母亲总觉得这孩子是地道野种，家里人也厌烦，就打算把孩子扔掉。这些扔掉孩子的母亲，过不多久，也不知道什么原因都死了。

所以这些可怜的妇女，只能屈辱地养着野孩子，但是为了跟正常孩子区分，就给他们取个共同的姓氏——杨，相对来说，取“袁”姓或许更合适。而在晋代就有了一种说法，说是蜀地西南部地区姓杨的人，大多数都是猳国马化的后代，也不知这是不是变着法地骂人。

97. 南海[1]之外有鲛人，水居如鱼，不废织绩。其眼泣则能出珠。

注释 ①南海：郡名，今广东广州一带。

<解说> 古今中外都有关于人鱼的各种传说，安徒生童话里的小美人鱼故事更是家喻户晓。其实在中国很早以前就有关于人鱼的记载，《史记·秦始皇本纪》中称，秦始皇给自己修建的寝陵中，布置了各种机关，并且“以人鱼膏为烛，度不灭者久之”。人鱼膏是从人鱼身体提炼出来的油脂，燃烧起来可持久不灭。

至于人鱼是什么样子，《异物志》云：“人鱼似人形，长尺余。不堪食。皮利于鲛鱼，锯材木入。项上有小穿，气从中出。秦始皇冢中以人鱼膏为烛，即此鱼也。出东海中，今台州有之。”这里说的人鱼只是形状像人的鱼，而且只有一尺多长，并不是我们现在所看到的上半身人，下半身鱼的形象。

人鱼和鲛人貌似是两种类别，人鱼偏向鱼类，而鲛人则是像鱼的人。《述异记》云：“蛟人即泉先也，又名泉客。南海出蛟绡纱，泉先潜织，一名龙纱，其价百余金。以为入水不濡。南海有龙绡宫，泉先织绡之处，绡有白之如霜者。”鲛人也作“蛟人”，其特点是能够织出名为“蛟绡纱”的名贵丝织品，洁白如霜，用这种龙纱做成衣服，穿上它入水不湿，有点类似潜水服的作用。

《太平御览》引《博物志》云：“鲛人从水出，寓人家，积日卖绢。将去，从主人索一器，泣而成珠满盘，以与主人。”有时候鲛人也从水中出来，住在普通百姓家，为了做生意，卖蛟绡。生意做完，为了报答主人，就要一个盘子，挤出眼泪就变成了珍珠，送给主人当酬金。李商隐诗中“沧海月明珠有泪”，就是用了鲛人眼泪变珍珠的典故。

最接近西方美人鱼的记载，出自《太平广记》引《洽闻记》：“海人鱼，东海有之，大者长五六尺，状如人，眉目、口鼻、手爪、头皆为美丽女子，无不具足。皮肉白如玉，无鳞，有细毛，五色轻软，长一二寸。发如马尾，长五六尺。阴形与丈夫女子无异，临海鳏寡多取得，养之于池沼。交合之际，与人无异，亦不伤人。”这些人鱼不仅长得貌美，而且性情温顺，不会伤人，最主要的是能够满足光棍、寡妇的性需求。

98. 余外妇姊夫①蒋士，有佣客得疾下血。医以中蛊，乃密以蘘荷根布席下，不使知。乃狂言②曰：『食我蛊者，乃张小小也。』乃呼：『小小亡去。』今世攻蛊，多用蘘荷根，往往验。蘘荷，或谓嘉草。

═注释═ ①外妇姊夫：妻子的姐夫。②狂言：指病人胡言乱语。

<解说> 干宝现身说法，讲了个身边中蛊的故事给大家。

干宝媳妇的姐夫蒋士有个仆人生病，大便出血。医生经过检查得出结论，是中蛊。

湘西的“蛊术”和东南亚的“降头术”，被称为东南两大邪术，之所以称之为“邪”，是因为两者皆以害人为目的，手段都具有神秘的巫术性质。

“蛊”是个会意字，上面一个虫，放在器皿中，这是炼蛊的基本方法。相传要在端午日这一天炼蛊，因为端午为阳气极盛日，古人以之为恶月恶日。既然以虫为主，当然要选最具毒性之虫炼制。

《本草纲目》“虫四部”集解引陈藏器云：“取百虫入瓮中，经年开之，必有一虫尽食诸虫，即此名为蛊。”郑樵《通志》：“造蛊之法，以百虫置皿中，俾相啖食，其存者为蛊。”取一百种毒虫放在坛子里，封闭一年后打开，毒虫在里面互相咬食，最后活下来的虫，就成了蛊。

制蛊的方式有多种，上面所讲只是其中最普通的一种。下蛊的方式也五花八门，中蛊的症状更是千奇百怪。有立竿见影的，也有潜伏多年的，极大地满足了处心积虑害人者的报复欲。

所谓“蛊”，是以虫致病的一种泛称，并非所有的蛊都是人为的下毒行为。《赤水玄珠·虫蛊》云：“彼蛊证者，中实有物，积聚已久，湿热生虫。”《证治汇补》云：“胀满既久，气血结聚不能释散，俗名曰蛊。”也就是说，人身体中有虫子侵入，产生腹胀，气血凝结，也称之为“蛊”。

假如是有人下蛊，那么中蛊的人该如何解毒？民间普遍流行用“喊蛊”的方式来解决问题。如果怀疑自己中了蛊，就大喊疑似下蛊者的名字，将其揭发，让其在舆论的压力下撤回蛊术。比如干宝所言的佣客，医生为他开出的药方，是偷偷将蘘荷根放在席子下面。病人开始胡言乱语，声称让我中蛊的是张小小。身边的人就赶紧说，小小离去，小小离去。此人病就好了。

蘘荷又称阳荷、白蘘荷、野姜、野良姜。是一种野生蔬菜，可食用，且有较高的药用价值。李贤注《后汉书》称：“蘘荷，苗似姜，根色红紫似芙蓉，可食。”《本草纲目》中称蘘荷有祛痰止咳、解毒消肿、消积健胃、温中理气等功效。又据《荆楚岁时记》记载，长江一带民间多在仲冬用盐来腌渍蘘荷“以备冬储，又以防蛊”。

具有辛辣气味的蘘荷，富含多种氨基酸、蛋白质和纤维素，能够起到一定的预防虫病的功效，所以是用来防蛊的最佳药物。

99. 泰山之东，有澧泉，其形如井，本体是石也。欲取饮者，皆洗心志，跪而挹[1]之，则泉出如飞，多少足用。若或污漫[2]，则泉止焉。盖神明之尝志者也。

注释 ①挹：以瓢舀水。②污漫：内心污浊。

<解说> 泰山之东有个泉眼，形状像口井，本来是块石头，后来不知何时石头中裂开了缝隙，流出了甘甜的泉水。这个澧泉并不是人人都能喝到，它能够感知人的心志，心无杂念的人，泉水就像飞出一样汩汩流动，任你喝个够。心思不纯者，泉水就像开了开关一样，立刻干涸。

古人认为，天人之际，有以相通，万物之间，精气相连。故《通玄真经》云："故精诚内形，气动于天，景星见，黄龙下，凤凰至，醴泉出，嘉谷生，河不满溢，海不波涌。"在天人精诚感召之下，多有祥瑞之兆出现，其中"醴泉"往往和"甘露""嘉禾"并列出现，作为最具有标志性的祥瑞。比如《尔雅·释天》云："甘雨时降，万物以嘉，谓之醴泉。祥。"

醴本为甘甜之酒，《说文》云："醴，酒一宿孰也。"因为其甘甜属性，故也指泉水。广告里经常听到"某某山泉有点甜"，泉水为何会有甜味？那是因为泉水中不仅富含矿物质，而且含有植物根部渗透到水中的半乳糖。这种乳糖通过泥沙的过滤，能够更加明显地刺激人的味蕾，因此会感觉泉水甘甜。

泉水的涌出也并非一直源源不断，有的泉水是根据当地气候，乃至地质结构的变化而出现多少的变化。泰山之东的澧泉显然也有这个特点。但在古人看来，这显然是神明在检测人的心志。

相传山东省泗水县东北有一口泉，被称为盗泉，人喝了盗泉里的水后就会生出偷盗之心。陆机在《猛虎行》里就说："渴不饮盗泉水，热不息恶木阴。"以表现自己心志的高洁。其实哪里有什么盗泉，只不过是人心自己污染了而已。任何泉水也污染不了纯净的内心，更洗不净内心的污垢。

100. 空桑之地，今名为孔窦，在鲁南山之穴[1]。外有双石，如桓楹[2]起立，高数丈。鲁人弦歌祭祀。穴中无水，每当祭时，洒扫以告，辄有清泉自石间出，足以周事。既已，泉亦止。其验至今存焉。

＝注释＝ ①南山之穴：峄山的孔洞，俗称峄孔。②桓楹：天子诸侯下葬时棺中所植柱，用以穿棺入葬。后世称为华表。

<解说> 《史记·孔子世家》记载：孔子的父亲叔梁纥与母亲颜徵在“野合而生孔子，祷于尼丘得孔子”。野合的意思是两人的婚姻不符合礼仪规范，因为叔梁纥当时已经七十二岁，而颜徵在只有十八岁。叔梁纥在娶颜徵在以前，生了九个女儿也没有一个儿子。虽然娶了一个小妾，生了一个儿子，却是跛足，难以继承爵位。所以颜徵在很想给他生个儿子，于是就到尼山上祷告，希望如愿以偿。

颜徵在的真诚感动了上天，回家不久后她就怀孕，生下孔子。孔子出生后，奇特的长相令叔梁纥大吃一惊。正常孩子的额头是凸出的，但是孔子的额头是凹进去的，叔梁纥给他取了一个“丘”的名字，因为在尼山出生，排行老二，因此字“仲尼”。叔梁纥看到这个孩子相貌如此丑陋，认为这大概又是一个失败品，于是将其弃之尼山上的一个山洞中。这就是干宝所说的“空桑之地”，后来叫“孔窦”，再后来被称之为“夫子洞”。

颜徵在毕竟是母亲，儿子再难看总归是自己的骨肉，于是哭着来到孔子被丢弃的地方。虽然当时是炎热的夏天，但是颜徵在却看到一只猛虎卧在孔子身边保护他，一只老鹰正扇动翅膀为孔子驱赶炎热。民间说这是“龙生虎养鹰打扇”，正是圣人诞生的异象。

到了魏晋时期，孔子的地位俨然已经无可撼动，因此当年他被抛弃的地方，也自然成了名胜古迹。孔窦外有两块石头，有数丈之高，像桓楹一样高高耸立在两侧。鲁国人在这里以跳舞的形式祭祀孔子。山洞之中没有水，但是到了祭祀的时候，人们便将山洞洒扫干净后，就有清澈的泉水从石缝中汩汩流出，以供应祭祀。祭祀完毕，泉水自然停止。这大概跟山间季节性的出水有关系。

101. 汉武帝凿昆明池，极深，悉是灰墨，无复土。举朝不解，以问东方朔。朔曰：『臣愚不足以知之。可试问西域人。』帝以朔不知，难以移问。至后汉明帝时，西域道人入来洛阳，时有忆方朔言者，乃试以武帝时灰墨问之。道人云：『经[1]云：「天地大劫将尽，则劫烧。」此劫烧之余也。』乃知朔言有旨。

＝注释＝ ①经：指佛经。

＜解说＞ 相传汉武帝曾派人到印度去买竹子，走到昆明国被拦了下来，武帝就派人攻打昆明国。因为昆明国有一座滇池，方圆三百里，于是元狩四年，武帝就以“昆明池”为名，在上林苑南引沣水修建了一个人工湖。目的是为了演练水军，后来慢慢变成了皇帝游玩的皇家园林。

当年在开凿昆明池时，挖到深处，发现都是灰烬，没有土壤。大家都觉得奇怪，有人禀告武帝，武帝想起来，我不是有个活百科全书嘛，赶紧把东方朔先生请来。东方朔来了一看，半天不言语，最后摇摇头说，臣愚钝，不知道这是咋回事，可以问问西域人。汉武帝一看连咱著名的东方小百科都不知道的事，拿来问西域人，那岂不很丢人。于是就不了了之，水池该挖挖，工程该干干。

时间一转眼到了东汉明帝时。汉明帝夜梦金人，引来西域的僧人以白马驮着佛经来到洛阳。当时有人忽然想起东方朔所说的话，就拿汉武帝时期开凿昆明池发现灰烬一事来咨询僧人。西域僧人一看，传播佛法的时候到了，摇头晃脑地说，佛经有云：“天地大劫将要结束的时候，就会有劫火燃烧。此乃劫火燃烧后的灰烬啊。”大家一听，哦，原来当年东方先生说的话，是有如此深意啊。

其实昆明池中的灰烬哪是什么劫火，只不过是刚好挖在了周朝镐京城的遗址之上罢了。当年周幽王烽火戏诸侯，引来犬戎破镐京，一把大火将镐京烧成了灰烬，正在汉武帝开凿昆明池的位置。不过仔细想想，犬戎破镐京，可不正是西周的劫火吗，西域僧人说得好像也有点道理。

102. 昆仑之墟，地首也。是惟帝之下都，故其外绝以弱水之深，又环以炎火之山。山上有鸟兽草木，皆生育滋长于炎火之中，故有火浣布。非此山草木之皮枲[1]，则其鸟兽之毛也。汉世西域旧献此布，中间久绝。至魏初时，人疑其无有。文帝以为火性酷裂，无含生之气，著之《典论》，明其不然之事，绝智者之听。及明帝立，诏三公曰：『先帝昔著《典论》，不朽之格言。其刊石于庙门之外及太学，与石经[2]并，以永示来世。』至是，西域使人献火浣布袈裟，于是刊灭此论，而天下笑之。

注释 ①皮枲（xǐ）：树皮表层的纤维。②石经：指汉灵帝熹平四年刊刻的『熹平石经』。

<解说> 昆仑山在中国古代传说中被称为“第一神山”“万祖之山”，被认为是万神之所在。据《山海经·海内西经》载：“海内昆仑之虚，在西北，帝之下都。昆仑之虚，方八百里，高万仞。上有木禾，长五寻，大五围。面有九井，以玉为槛。面有九门，门有开明兽守之，百神之所在。”又《河图括地象》曰：“地南北三亿三万五千五百里。地部之位起形高大者，有昆仑山，广万里，高万一千里，神物之所生，圣人、仙人之所集也。”

昆仑山是天帝在人间的都城，周围以深不能渡的弱水隔断，周围有火山环绕，凡人难以接近。昆仑山中物产丰富，多奇珍异树，《淮南子·坠形训》中说昆仑山“上有木禾，其修五寻，珠树、玉树、琁树、不死树在其西，沙棠、琅玕在其东，绛树在其南，碧树、瑶树在其北”。因为山中鸟兽草木，生长在炎火之中，所以产有“火浣布”。顾名思义，火浣布是可以以火来洗净的织品。其材料并非草木纤维，而是鸟兽羽毛。因此类鸟兽生长于火山，故羽毛不惧火烧，以此制成布品，即为火浣布。

《海内十洲记》详细描述了火浣布的来源和特点：炎洲有火林山，山中有火光兽，如老鼠般大小，毛长三四寸，或红或白。距离此山三百里以外，夜晚就可看见此山林，正是火光兽光亮所照，远望与火光相似。将火光兽的毛制成布，即为火浣布。穿上火浣布制成的衣服，如果有垢污，单纯以灰汁来洗涤，永远洗不干净。如果以火烧衣服两顿饭的工夫，以手提衣领抖动一下，污垢自然脱落，衣服洁白如雪。

火浣布是频繁出现在典籍中的异宝，据《后汉书》《晋书》《宋书》等史籍记载，天竺国（印度）、大秦国（罗马）、大食国（阿拉伯）都曾给中原王朝贡献过火浣布。两汉间西域诸国经常进贡火浣布，但是到了汉末曹魏时期，由于中原混战，就中断了进贡。所以到了魏初，有人就开始怀疑火浣布是瞎扯，甚至魏文帝曹丕也不相信有这种东西。

曹丕写了一本书叫《典论》，这本书后来亡佚了，只有《自叙》和《论文》两篇保留下来。在《典论》中，曹丕就说火浣布是荒谬的传言，让大家不要相信，世上哪有不怕火烧的东西。魏明帝曹睿即位后，将他老爸的《典论》封为圭臬，并要求刊刻在石头上，放在太庙和太学门前，跟汉灵帝时候刊刻的《熹平石经》并列在一起，垂范后世。

但是就在魏明帝景初三年二月，“西域重译献火浣布，诏大将军太尉临试，以示百寮”。当大家目睹了火浣布的神奇后，曹睿深深为自己老爸感到羞愧。所以说，不知道的事儿千万不要乱说，说了也不要写进书里面，写进书里也不要刻成石经，因为你永远不知道打脸的速度能有多快。

而唐代诗人李颀在一首《行路难》中说，汉末杨修家里有火浣布：“火浣单衣绣方领，茱萸锦带玉盘囊。”想来这是没有考证的想象之词，因为如果杨修家里有火浣布，当时跟他关系亲密的曹丕不可能不知道。诗歌中可以这样夸张，但是著作毕竟是严谨的，没见过的东西并不意味着不存在，盲目否定只能说明自己缺乏见识。

103. 蔡邕尝至柯亭①，以竹为椽。邕仰眄②之，曰：『良竹事。』取以为笛，发声嘹亮。一云：邕告吴人曰：『吾昔尝经会稽高迁亭，见屋东间第十六竹椽，可为笛。取用，果有异声。』

注释

①柯亭：又名高迁亭、千秋亭，在今浙江绍兴西南。②眄：抬眼看。

<解说> 蔡邕有一天晚上在弹琴，六岁的女儿蔡文姬在书房外玩耍。蔡邕弹到紧要处，嘣的一声，弦断了一根。蔡文姬跑到父亲的书房，仰起头说，爹爹，我猜您的琴第二根弦断掉了。蔡邕听后大惊，以为蔡文姬是瞎猜。于是让她背对着自己，故意崩断一根弦，让蔡文姬猜。这次果然又猜中了。于是蔡邕知道，蔡文姬继承了自己的绝对音感。

拥有“绝对音感”的人，只要给出任意一音，即能分辨出音名和音高。不仅对音乐如此，对于自然界的各种声音也十分敏感。蔡邕和蔡文姬显然都是拥有绝对音感的人。

当他路过浙江绍兴一带的柯亭，看到人们用竹子做屋椽，蔡邕仰视良久，叹息道，这竹子真是太好了。说完爬到人家屋顶上，取下一根来，回去做成了笛子，吹出来的声音嘹亮清脆，比普通笛子的音色好了不知多少倍。这个故事只能说明蔡邕慧眼识材，另一种说法却将他说得比较神。有一次蔡邕跟一个吴地的人说，我以前去过会稽高迁亭，有一间屋子，其东间第十六根竹椽可以做笛子，取来做成笛子，果然声音跟普通笛子大不一样。

东晋有个著名的音乐家桓伊，笛子吹得相当有水平，被称为“江左第一”，全国人民都以能听到桓伊吹奏为傲。有一次桓伊走在路上，被人叫住，说，我家主人听说您是著名笛子演奏家，想要听您吹一曲。桓伊心想，这是谁啊？如此无礼，不知道本人出场费有多贵吗？于是问道，你家主人是谁？这个人指着江上一条小船说，我家主人是王徽之。桓伊说，哦，王徽之我知道，那是王羲之的儿子嘛，要是他想听，我倒是可以为他吹上一曲。

桓伊坐在仆人拿出的小马扎上，从怀中缓缓掏出一个皮质的笛套，小心翼翼地从中取出一支竹笛。此笛正是当年蔡邕所用的“柯亭笛”。不一会儿，悠扬的笛声从岸边传来，笛声忽远忽近，忽高忽低，伴随阵阵清风，吹到船上王徽之的耳中。一曲《梅花三弄》吹奏完毕，万籁俱寂，只有平静的江水轻轻拍打船舷的声音。

一曲终了，桓伊起身拍拍尘土，将“柯亭笛”擦拭干净，小心翼翼将笛子收好，转身离去。王徽之也没有下船相见，两人始终不交一言。音乐真是个奇妙的东西，可以跨越时间，跨越距离，超越身份，超越偏见，将人的心紧紧连接在一起。

104. 槁离①国王侍婢有娠，王欲杀之。婢曰：『有气如鸡子，从天来下，故我有娠。』后生子，捐之猪圈中，猪以喙嘘之；徙至马枥②中，马复以气嘘之；故得不死。王疑以为天子也，乃令其母收畜之，名曰东明。常令牧马。东明善射，王恐其夺己国也，欲杀之。东明走，南至掩施水，以弓击水，鱼鳖浮为桥，东明得渡。鱼鳖解散，追兵不得渡。因都王夫馀③。

注释 ①槁离：古代北方少数民族名称。②马枥：马槽。③夫馀：古国名，在今吉林省北部。

<解说>《诗经·商颂·玄鸟》中有“天命玄鸟，降以生商”一句。相传商朝祖先契是感孕而生，契的母亲简狄是有娀氏的大女儿，跟自己的妹妹一同嫁给了帝喾。有一天两人在河边洗澡，看到两只玄鸟落在水边，玄鸟留下一颗蛋就飞走了。简狄和妹妹看到鸟蛋，都说是自己的，嬉笑打闹地抢鸟蛋。简狄把鸟蛋含在嘴里，边跑边说，来追我啊，没想到边笑边说话，鸟蛋咕噜一下，滑进了肚子里。回到家，简狄就怀孕了，生下了契。

为了突出神性，古代的帝王多有感孕而生的传说。除了契，周朝的祖先后稷，传说中也是母亲姜嫄不小心踩到了天帝的脚印，回家感孕而生。再如《史记》里对于刘邦出生的记载，说刘邦父亲老刘头看到母亲刘老太在河边睡觉，有一条龙盘在刘老太身上，老刘头跑过去撵走了龙，回家后刘老太就怀了刘邦。这些感孕传说，有的是为了增加帝王的神圣色彩，有的是早期母系社会，只知其母不知其父情况的反映。

在北方乌裕尔河流域有个槁离国，国王的侍女有了身孕，于是国王怀疑她做了苟且之事，想要杀了她。这婢女灵机一动，说我也没有跟男人交往啊，只是有一天忽然觉得有一团像鸡蛋那么大小的气，从天而降，钻进我的肚子里，所以我就怀孕了。国王宁信其有，于是赦免了她。生下孩子后，这孩子非但不哭，连呼吸都没有，女子以为是个死胎，就把孩子丢到猪圈，没想到猪给孩子吹气。再把他丢到马圈，马也给他吹气。只听哇哇两声，孩子的哭声响彻天际。

槁离国王觉得这孩子是有上天保佑啊，说不定真是天帝的孩子。于是让婢女继续抚养他，给他取名为东明。东明长大后，被派去牧马。因为东明长得人高马大，英武非凡，且善于骑射，槁离国王总担心他会夺取自己的王位。于是派人追杀他，东明逃到掩施水边，拿起弓击打水面，水中的鱼鳖哗啦啦浮上来，形成一座桥。东明渡过河水后，鱼鳖又散去，追兵只得眼看着东明逃走。后来东明在夫馀建立了夫馀国。

东明的故事很像《诗经·大雅·生民》中后稷的诞生经历：“诞寘之隘巷，牛羊腓字之。诞寘之平林，会伐平林。诞寘之寒冰，鸟覆翼之。鸟乃去矣，后稷呱矣。实覃实訏，厥声载路。”后稷出生后不哭，先后被抛弃到窄巷、平林、寒冰中，但是像神佑般，先后被牛羊、伐木工人、鸟给救活，又经过了重重考验，后稷才具备了领袖资格。

所有英雄人物都要经历重重考验，在物竞天择的时代，只有强者才具有生存并引导人民的能力。

105. 旧说太古之时，有大人远征，家无余人，唯有一女。牡马一匹，女亲养之。穷居幽处，思念其父，乃戏马曰：『尔能为我迎得父还，吾将嫁汝。』马既承此言，乃绝缰而去，径至父所。父见马，惊喜，因取而乘之。马望所自来，悲鸣不已。父曰：『此马无事如此，我家得无有故乎！』亟乘以归。为畜生有非常之情，故厚加刍养。马不肯食，每见女出入，辄喜怒奋击。如此非一。父怪之，密以问女，女具以告父：『必为是故。』父曰：『勿言，恐辱家门。且莫出入。』于是伏弩射杀之，暴皮于庭。父行，女以邻女于皮所戏，以足蹙[1]之曰：『汝是畜生，而欲取人为妇耶？招此屠剥，如何自苦！』言未及竟，马皮蹶然[2]而起，卷女以行。邻女忙怕，不敢救之，走告其父。父还求索，已出失之。后经数日，得于大树枝间。女及马皮，尽化为蚕，而绩[3]于树上。其茧纶理厚大，异于常蚕。邻妇取而养之，其收数倍。因名其树曰桑。桑者，丧也。由斯百姓竞种之，今世所养是也。言桑蚕者，是古蚕之余类也。案《天官》，辰为马星。《蚕书》曰：『月当大火，则浴其种。』是蚕与马同气也。《周礼》马质[4]职掌『禁原蚕者』注云：『物莫能两大。禁原蚕者，为其伤马也。』汉礼，皇后亲采桑，祀蚕神，曰：『菀窳[5]妇人，寓氏公主。』公主者，女之尊称也。菀窳妇人，先蚕者也。故今世或谓蚕为女儿者，是古之遗言也。

注释 ①蹙（cù）：来回踩踏。②蹶然：忽然，突然。③绩：蚕吐丝缠绕。④马质：掌管马匹购买、鉴定的官。⑤菀窳（wǎn yǔ）：古代传说中的蚕神。

<解说> 中国有悠久的养蚕历史，考古发现，在距今约四千七百年的浙江钱山漾遗址中，已有未炭化的丝线。从夏代就已经开始了家蚕饲养，商代专门设有典蚕之官“女蚕”，甲骨卜辞中也有关于蚕事的记录，周代已经形成了成熟的养蚕技术。《史记·五帝本纪》中记载的黄帝之妻嫘祖，被认为是最早发明养蚕缫丝的人。但是关于蚕是如何被发现的，历史久远，难以考证，因此有很多关于蚕诞生的传说。

在掌管农事的诸神当中，蚕神在民间又被称为“马头神”“马头娘娘”。蚕为何与马联系，有多种说法，其中较具代表性的说法有三种：一种是说蚕头的样子长得像马，故有“蚕马”一说。一种说法出自《周礼·夏官·马质》郑玄引《蚕书》云：“蚕为龙精，月直大火，则浴其种，是蚕与马同气。”意思是蚕是龙之精，当月亮运行到大火星时，开始养蚕工作。《尔雅·释天》曰：“天驷，房也。大辰，房心尾也，大火谓之大辰。”所以贾公彦说：“蚕与马属于同气者，因为两者同取于大火星，所以是气质相通的。”此外，第三种说法，就是《搜神记》这里记载的民间传说了：

在太古时期，有一个人到远方出征，只剩一个女儿留在家中，还有一匹公马，由女儿亲自喂养。这女孩一人在家十分孤单寂寞，想念自己远方的父亲，就对马开玩笑说，马儿呀马儿，你要是能把我父亲接回来，我就嫁给你。这马听完此话，脱缰飞奔，一口气跑到千里之外的父亲身边。

父亲看到自己家的马跑来，心中大喜，拉过来就骑了上去。马儿向着来的方向不停嘶鸣，父亲就想，是不是家里出了什么事，这马在提醒我？于是赶紧收拾行李，连夜飞奔回家。回到家中看到女儿无恙，女儿也见到日思夜想的父亲，自然少不得一番庆贺。父女两人都觉得这匹马通人气，就每天多给它喂些精致的草料。但是马儿却情绪低落，不肯进食。每每看到女儿进来出去，马儿就又欢喜又愤怒地以马蹄击打地面。

久而久之父亲觉得很奇怪，就问女儿咋回事，女儿说了自己曾经对马许下的诺言。父亲说，这事可不能向外声张，恐怕传出去会辱没家门，你也要注意没事别往外走，惹人闲话。

这件事在父亲心中总是一个疙瘩，每每想到就觉得难堪，于是一天偷偷拿着弩射杀了马儿，并且将马剥皮晒在庭院中。一天父亲出门，女儿跟邻家女孩一起玩耍，看到这张马皮就上去踢了一脚，说，你只不过是个畜生，还想着像人一样娶老婆？活该被杀剥皮，这都是你自找的。话未说完，只见马皮呼啦一下一跃而起，卷起女孩飞奔而去。

邻家女孩见状吓得伏在地上直哆嗦，也不敢去追，赶紧跑去告诉女孩父亲。父亲到处寻找，哪里还见得到踪影。过了几天，有人说，看到了女孩在大树枝上挂着，女孩和那张马皮已经融为一体，变成无数条蚕，在树上吐丝做茧。这茧看上去又大又厚，跟普通的茧明显不一样。邻居家的妇女胆子大，悄悄取回去养了起来，吐出的丝是正常蚕的好几倍。于是大家称这个树叫桑树，取“丧”的谐音。以这种桑树养蚕的风气，也渐渐传开。

干宝认为，这种桑蚕是古蚕的一类，据《天官》上记载：“辰为马星。”《蚕书》上说：“月亮运行到大火星，就要开始洗蚕了。”因为蚕与马属同气。《周礼》上记载的掌管马匹饲养的官员说：“禁止饲养二次孵化的蚕。”注上说：“事物不能两者同大，之所以禁止饲养二次孵化的蚕，是因为会伤到马。”

汉代礼制规定，皇后要亲自采桑祭祀蚕神，祭祀时要说：“菀窳妇人，寓氏公主。”这里说的公主，就是对那个女孩的尊称。菀窳妇人，指的是最先养蚕的人。所以在魏晋时期有将蚕称为女儿的说法，就是上古传说。

106. 羿请无死之药于西王母，嫦娥窃之以奔月。将往，枚筮①之于有黄②。有黄占之曰：『吉。翩翩归妹，独将西行。逢天晦芒，毋恐毋惊，后且大昌。』嫦娥遂托身于月，是为蟾蠩③。

══注释══ ①枚筮：可不告知何事而占卜吉凶的卜筮法。②有黄：占卜师人名。③蟾蠩：即『蟾蜍』。

<解说> 中国古代流传着两个叫羿的人的故事，一个是历史上真实存在的羿，一个是神话传说中的羿。根据《史记·夏本纪》记载，夏启建立夏朝后，将帝位传给了儿子太康，但是太康不争气，被东夷部落有穷部首领羿给流放了，羿立了仲康为帝，自己实际掌权。仲康死后，羿干脆自己当了国君。但是羿也像太康一样，没事就到处去打猎，国家大事都交给寒浞管理。这寒浞也不是个省油的灯，借着羿打猎的时候，建立自己的势力，羿回来后就被他杀害了。

另一个羿是神话中射日的那个英雄。相传在帝尧时期，天上有十个太阳一起出来上班，把庄稼土地都给烤熟了。与此同时，还有一些小怪兽出来凑热闹，帝尧就派羿杀怪兽，射太阳，造福老百姓。

话说这羿在成为英雄之后，得到了不死之药，这不死之药是西王母所制，专门赏赐给羿的。但是羿的老婆嫦娥趁羿不在家，把这唯一一颗不死药独自吃下了。吃了这药后，嫦娥飘飘然向天上飞去。但是也许是因为自己法力不够，飞到月亮就再也飞不动了，于是只能停在寒冷的月宫之中，上不得下不得。

关于嫦娥为何要偷羿的不死药，有以下几种说法：第一种是说，羿有个学生叫逢蒙，趁老师不在家，打起了嫦娥和灵药的注意。情急之下，嫦娥自己吞下了灵药，升天而去。第二种是说，因为药只有一颗，嫦娥贪心，独吞了丈夫的不死药。第三种说法，后羿在外面跟河伯的妻子搞暧昧，被嫦娥发现。嫦娥一气之下，吃了不死药，要跟羿离婚。第四种说法，改变了嫦娥偷药的行为，说是后羿主动将药给了嫦娥，想让她长生不死，这个比之前几个相对美好一些。

据说嫦娥在吃药之前，先找有黄占了一卦，有黄说这次行动很吉利，翩翩而飞的媳妇，将要独自前往西天啦。假如天色昏暗，不要惊恐害怕，将来定会顺利。看来有黄这卦只算到嫦娥飞上月宫之前，到了月宫的嫦娥，虽然不死，但也难熬。身处寂寞的广寒宫中，每天对着自己的只有玉兔，和一个不解风情只会砍树的吴刚，难怪李商隐会说："嫦娥应悔偷灵药，碧海青天夜夜心。"

107. 豫章新喻①县男子，见田中有六七女，皆衣毛衣，不知是鸟。匍匐往，得其一女所解毛衣，取藏之，即往就诸鸟。诸鸟各飞去，一鸟独不得去。男子取以为妇，生三女。其母后使女问父，知衣在积稻下，得之，衣②而飞去。后复以迎三女，女亦得飞去。

注释 ①新喻：县名，今江西新余。②衣：穿上衣服。

<解说> 豫章新喻县有一个男子，走在路上，看到田野里有六七个女孩子嬉笑打闹。她们身上穿着羽毛样子的衣服，这男子也不知她们原是鸟变化而来的。男子偷偷爬过去，女孩子们玩得开心，也没有发现。男子看到地下有一堆脱下来的羽毛衣服，就势藏起来一件，慢慢起身走向这些女孩。女孩一看有陌生人靠近，各自拿起地上的衣服，呼啦一下，全都变成了鸟飞走了，只剩下一个女孩到处找不到自己的衣服。不得已，只得跟着男子回家。

这男人平白捡了媳妇，美得冒泡。日子一天天过去，女子已为他生了三个女儿，男人依然不想放女子走。平时女子没事就问丈夫，把自己的衣服藏在哪儿，丈夫也不傻，每次都给她搪塞过去。于是女子就劝小女儿问爸爸，爸爸拗不过女儿的好奇，就说衣服藏在稻谷下面。女子从稻谷下找到羽衣，穿上后飞升而去，男人懊恼不已。没过多久，女子又回来了，带了三件小一号的衣服，套在三个孩子身上，三个孩子也跟着飞走了。只留下男人在下面独自哀叹。

这个“羽衣女”的故事就是后来“七仙女”传说的原型。此故事没有具体说明是七位女子，但是一些基本的要素已经具备。比如羽衣作为飞升道具的关键性，男子偷走羽衣的情节，以及男子藏匿羽衣的行为，都被移植到很多民间传说中。比如董永卖身的故事，最早是一个织女，后来演变成七仙女中的一个。

108. 秦始皇时，有王道平，长安人也。少时，与同村人唐叔偕女，小名父喻，容色俱美，誓为夫妇。寻[1]王道平被差征伐，落堕南国，九年不归。父母见女长成，即聘与刘祥为妻。女与道平，言誓甚重，不肯改事。父母逼迫，不免，出嫁刘祥。经三年，忽忽不乐，常思道平，忿怨之深，悒悒[2]而死。死经三年，平还家，乃诘邻人：『此女安在？』邻人云：『此女意在于君，被父母凌逼，嫁与刘祥。今已死矣。』平问：『墓在何处？』邻人引往墓所，平悲号哽咽，三呼女名，绕墓悲苦，不能自止。平乃祝[3]曰：『我与汝立誓天地，保其终身。岂料官有牵缠，致令乖隔。使汝父母与刘祥。既不契于初心，生死永诀。然汝有灵圣，使我见汝生平之面。若无神灵，从兹而别。』言讫，又复哀泣。逡巡[4]，其女魂自墓出，问平：『何处而来？良久契阔[5]。与君誓为夫妇，以结终身。父母强逼，乃出聘刘祥，已经三年。日夕忆君，结恨致死，乖隔幽途。然念君宿念不忘，再求相慰，妾身未损，可以再生，还为夫妇。且速开冢破棺，出我即活。』平审言，乃启墓门，扪看其女，果活。乃结束随平还家。其夫刘祥闻之，惊怪，申诉于州县。检律断之，无条，乃录状奏王。王断归道平为妻。寿一百三十岁。实谓精诚贯于天地，而获感应如此。

注释 ①寻：不久。②悒悒（yì）：心情抑郁。③祝：祈祷，祷告。④逡巡：顷刻间。⑤契阔：久别。

＜解说＞　汤显祖在《牡丹亭》题记中说，天下女子哪有像杜丽娘这样痴情的人啊！因为一个梦，爱上一个人，乃至死后复生。感慨道："情不知所起，一往而深，生者可以死，死可以生。生而不可与死，死而不可复生者，皆非情之至也。"其实汤显祖所写至情之人杜丽娘，其原型正是这则故事中的女子唐父喻。

这个故事发生在秦始皇时期，长安有个叫王道平的人，他的同村人唐叔偕家有个女儿叫唐父喻。这父喻长得容貌清丽，姿色绝美。王道平从小跟父喻青梅竹马，两情相悦，发誓长大后要结为夫妻。

故事安排在秦始皇时代是有道理的，王道平果然毫无悬念地被抓了壮丁。本以为一年半载也就回来了，没想到这次去南方打仗，一去就是九年。这九年唐父喻年年盼望道平回家，日日夜夜等着他回来，一起看桃花开。可是她的父母眼见着女儿一天天大了，再不出嫁恐怕就成了老姑娘，再嫁就难了。况且这道平在外是生是死也不得知，父母就将父喻许配给了同村的刘祥。但是唐父喻死活不同意，非要等着道平回来，父母是连打带骂，连哭带劝。实在拗不过，父喻只得嫁给并不爱的刘祥。

不知不觉，又过了三年，这三年父喻没有一天快乐过，每天心里都想着道平。既恨道平为何还不回来，又恨自己为何当初要嫁给刘祥。遂忧思成疾，最后郁郁而终。父喻死后又过了三年，道平总算回来了。这样算来，道平在外已经有了十五年了，大秦帝国都已灭亡。

回到家的道平刚放下行李，就急匆匆跑到唐叔偕家找父喻，可是唐家一直闭门不见。不得已，道平就问邻居父喻何在。邻居一看此人是道平，叹着气摇摇头说，唉，可怜啊，父喻一心惦记着你，可是拗不过父母逼婚，无奈嫁给了刘祥，最后郁郁而终，父喻已经死了三年了。

听完此话，道平犹如五雷轰顶，挣扎着说，父喻墓在何处？请带我去。邻居将他引到父喻墓地前，道平悲痛不已，跪在地上痛哭流涕，嘴里不停念着父喻的名字，一会儿起来绕着墓来回走，一会儿伏在地上以手捶地。邻居见此情状，不免哀叹流涕，转身离开，给道平与父喻阴阳相隔的两人留一些私人空间。

道平哭了一会儿，对天祷告：我跟你两人，曾经对天地发誓，要守护终生，谁承想被命运所牵绊，导致我们不能相见，你父母竟将你嫁给刘祥。我们两个都没有守护住彼此的初心，现在竟生死永别。假如真有神灵存在，就让我们再见一面，假如没有神灵，那么我们从此阴阳永隔。说完，道平又围着坟墓哭泣徘徊一番。

正悲伤着，忽然感觉一阵阴风吹过，道平打了一个激灵，抬头一看，父喻正站在自己面前。这要是旁人定然吓得半死，但毕竟是自己日思夜想十五年的恋人，道平大喜。只听父喻说，你从哪里来？为何现在才来？为何跟我分开那么久？我们曾经发过誓要做夫妻，相守一辈子，怎奈父母逼婚，不得已嫁给刘祥。这三年来我日夜思念你，最后郁郁而死。好在你也对我念念不忘，希望我们能够再次慰藉彼此的心灵。我的身体还没损坏，还能复生。你快快挖开坟墓，打开棺材，我就能复活。

道平听了此话，将信将疑，但试试又有何妨，死马当活马医。道平挖开坟墓，抱出父喻，不一会儿父喻的脸上现了血色，身体渐渐变暖，有了微弱的呼吸。道平大喜，拉着父喻倾诉衷肠。

父喻复活的事很快就传开了，父喻合法的丈夫刘祥听说后，觉得此事大有蹊跷。妻子复活是件好事，可是跟人家跑了这就不行了。于是到法院去告状，法官看了状子也傻了，这也没有先例啊，不知道咋判好。于是只能上报给最高法院，最高法院最后将父喻判给了道平。道平和父喻两人终于如愿以偿，一直相守到一百三十岁。可见在时人的眼中，真正的爱情是可以超越世俗、超越礼教、超越生死的。

109. 吴孙休时，戍将于广陵掘诸冢，取板①以治城，所坏甚多。复发一大冢，内有重阁，户扇皆枢转可开闭，四周为徼道②，通车，其高可以乘马，又铸铜人数十，长五尺，皆大冠，朱衣，执剑，侍列灵坐。皆刻铜人背后石壁，言殿中将军，或言侍郎、常侍，似公侯之冢。破其棺，棺中有人，发已班白，衣冠鲜明，面体如生人。棺中云母，厚尺许，以白玉璧三十枚藉③尸。兵人辇共举出死人，以倚冢壁。有一玉，长尺许，形似冬瓜，从死人怀中透出，堕地。两耳及孔鼻中皆有黄金，如枣许大。

注释 ①板：棺材板。②徼（jiào）道：巡逻警戒的道路。③藉：铺垫、衬垫。

<解说>　在中国人的观念中，死后的世界也像生前一样，可以继续享受荣华富贵，所以在厚葬盛行时期，多将死者生前所用器物和金银财宝堆积到墓中，以供死者使用。这就给盗墓分子提供了铤而走险的理由，不惜冒犯死者，顶着受到处罚的风险，希望能够“一劳永逸”。自古以来，帝王将相，达官贵人的墓葬，有的几经掘发，里面已经所剩无几，只留下一具骸骨，空守凄凉冰冷的棺木。

吴国孙休统治时期，盗墓成了官方行为，戍守的将士闲下来的时候，就去到处找墓。不仅将里面财物席卷一空，就连棺材板都不放过。很多城墙的修建，就是取当时现成的棺木，因为汉代帝王或公侯高规格墓葬中，经常出现“黄肠题凑”的规格，里面有大量的黄心柏木，木质良好，很适合用来做建筑木材。

吴国当时破坏了大量的古墓。据说有一次他们发掘出了一个非常大的墓葬。从规格来看，大概是王侯的级别，要是放到现在，应该会成为轰动考古界的一件大事。可惜我们现在只能从《搜神记》里感受一下这个奢华无比的死后世界。

这个墓葬特点首先是大，里面居然能够建成两层楼，门窗转轴都能够活动，正常开合。四周还修了马路，能够正常行驶马车，其墓道高度能够一个人骑马通过。其中用来护卫的几十个铜人，都有五尺高，穿着红色衣服，戴着高高的帽子，以手执剑，位列灵坐两旁，煞是壮观。背后的石壁上，写着殿中将军、侍郎、常侍等官名，看上去是个公侯的墓。

当大家打开棺盖时，里面躺着一个头发斑白的老人，穿戴着鲜艳明丽的衣冠，老人的脸看上去栩栩如生。棺材里面有一尺来厚的云母，有白玉璧三十多枚铺在身下。掘墓的士兵将尸体抬出来，靠在墓旁的墙壁上，有一块一尺多长的玉，像个冬瓜的形状，从尸体怀中骨碌碌滚出来，落在地上。尸体低头时，从两耳和鼻孔中，散落出许多黄金，都像枣那么大。

在死者口鼻中放入玉或者金，是汉代墓葬盛行的一种方式，被称为“玉琀”或“饭琀”。《说文解字》云：“琀，送死口中玉也。”在汉代人的观念中，人死后要将“九窍”塞上，以保持血气和精魄不外泄，同时也防止外界邪气的侵入，这也是黄老思想的一种体现。

110. 昔颛顼氏有三子，死而为疫鬼：一居江水①，为疟鬼；一居若水②，为魍魉鬼；一居人宫室，善惊人小儿，为小鬼。于是正岁③命方相氏帅肆傩④以驱疫鬼。

注释 ①江水：长江。②若水：古水名，即今雅砻江。③正岁：农历正月。④傩（nuó）：古代迎神以驱疫的风俗统称。

＜解说＞ 《论衡·纪妖篇》引《礼纬》云：“颛顼氏有三子，生而亡去为疫鬼：一居江水，是为虐鬼；一居若水，是为魍魉鬼；一居人宫室区隅沤库，善惊人小儿。”据说五帝之一颛顼有三个儿子，死了以后变成了能够带来疾病瘟疫的疫鬼：一个住在长江，是能够带来疟疾的疟鬼；一个住在若水，好食人的肝脑，是为魍魉鬼；一个住在人的家中，藏在犄角旮旯里，专门吓唬小孩儿，是为小儿鬼。

古人认为瘟疫和疾病都是鬼怪在作祟，所以定期要举行驱除疾疫的大傩之礼。大傩之礼一般在季春之月、仲秋之月、季冬之月举行三次，汉代的大傩之礼在十二月腊祭前一日，是一年之中最隆重的一次。张衡《东京赋》里有对汉代大傩的细致描绘：“尔乃卒岁大傩，驱除群厉，方相秉钺（yuè），巫觋操茢（liè）。”这里面提到了一个官职叫方相。

方相氏是主掌大傩的司仪，他的形象装束很有特点，据《周礼·夏官·方相氏》记载：“方相氏掌蒙熊皮，黄金四目，玄衣朱裳，执戈扬盾，帅百隶而时难。”方相氏手掌上蒙有熊皮，画着金色的四只眼睛，身穿玄色上衣红色下裳，左手执盾，右手拿戈，率领百官按时举行大傩之仪。方相氏下面还设有四个护法的武士，叫作狂夫。唐宋以后，傩礼场面开始变得更加宏大，民间百姓参与程度也越来越高，开始有了燃放爆竹的风俗，驱傩由单纯的宗教活动，渐渐变成一场热闹非凡的节日盛事。

111. 挽歌者，丧家之乐，执绋①者相和之声也。挽歌辞有『薤露』『蒿里』二章，汉田横门人作。横自杀，门人伤之，悲歌，言：人如薤上露，易晞灭；亦谓人死，精魂归于蒿里。故有二章。

=注释= ①执绋：送葬时帮助牵引灵车。

<解说> 汉代乐府中有“挽歌”两首——《薤露》《蒿里》。《薤露》曰：“薤上朝露何易晞，露晞明朝更复落，人死一去何时归。”《蒿里》曰：“蒿里谁家地，聚敛精魄无贤愚。鬼伯一何相催促，人命不得少踟蹰。”

相传是汉朝初年田横门人所作。田横是齐国贵族，在秦末起义中，拉起颇有实力的一支抗秦队伍。刘邦平定天下后，派郦食其去游说田横归顺，但由于韩信从中作梗，最后田横烹杀了郦食其，带着五百个随从，跑到海岛上避难。

刘邦没有善罢甘休，依然派人去请田横，并答应赦免田横杀郦食其的罪。田横带着两个随从远赴洛阳去见刘邦，走到离洛阳三十里的一个驿站，田横耻于北面称臣于刘邦，同时羞于见郦食其的弟弟郦商，于是选择自杀，让两个随从带着自己的人头去见刘邦。刘邦见到田横人头后，十分感慨，厚葬了他，两个随从拒绝了刘邦的赏赐，一起自刎在田横墓边。远在海岛的五百随从，听到田横的死讯，选择集体自杀以殉主。这件事对刘邦触动很大，他流着眼泪感慨道：田横真是个贤者啊。

这五百壮士在田横死后，作了上面这两首挽歌。凄凉的曲调，配合哀伤的歌词，在伤感而绝望的氛围中，五百人齐声唱着挽歌，纷纷跳海自尽，其场面何其壮观震撼。

汉武帝时期，命乐师李延年为这两首歌词配了曲子，以“《薤露》送王公贵人，《蒿里》送士大夫庶人，使挽柩者歌之”。世人称之为“挽歌”，也叫“长短歌”，意思是人的寿命有长有短，不可妄求。东汉末年，曹操用挽歌的曲调，填写了新的歌词，赋予了建安文学鲜明的时代特征，以及曹操个人悲凉之气的精神气质，成为文学史上的佳作。

112. 南阳宋定伯年少时，夜行逢鬼。问之，鬼言：『我是鬼。』鬼问：『汝复谁？』定伯诳之，言：『我亦鬼。』鬼问：『欲至何所？』答曰：『欲至宛①市。』鬼言：『我亦欲至宛市。』遂行数里。鬼言：『步行太迟，可共递相担②，何如？』定伯曰：『大善。』鬼便先担定伯数里。鬼言：『卿太重，将非鬼也。』定伯言：『我新鬼，故身重耳。』定伯因复担鬼，鬼略无重。如是再三，定伯复言：『我新鬼，不知有何所畏忌？』鬼答言：『惟不喜人唾。』于是共行。道遇水，定伯令鬼先渡，听之，了然无声音。定伯自渡，漕漼③作声。鬼复言：『何以有声？』定伯曰：『新死，不习渡水故耳。勿怪吾也。』行欲至宛市，定伯便担鬼着肩上，急执之。鬼大呼，声咋咋④然，索下，不复听之。径至宛市中，下着地，化为一羊，便卖之。恐其变化，唾之。得钱千五百乃去。当时石崇有言：『定伯卖鬼，得钱千五。』

— 注释 — ①宛：县名，今河南南阳。②共递相担：交替背着。③漕漼：形容水声。④咋咋：呼叫声。

<解说> 这篇故事流传颇广，因为人教版初中语文二年级教材将其选为课文，我们最早接触《搜神记》，大概也是通过此篇。课文前面的提要说："故事写人用智慧制服鬼，内容有滑稽意味。在科学知识贫乏、迷信流行的年代，写人能胜鬼的故事，具有积极意义。"这个故事真如提要所说的这样吗？恐怕未必然。我们来解析一下这个故事：

故事开头很简练，没有废话，直接进入矛盾冲突。说南阳人宋定伯年少时，走夜路遇到了鬼，问鬼是谁。鬼很直接地说："我是鬼。"鬼又问："你是谁？"这一答一问，显示了鬼是丝毫没有防备心理的，是个单纯鬼。

可是宋定伯就不一样了，首先宋定伯很镇定，并没有一惊一乍，他的镇定奠定了鬼被骗的基础。宋定伯骗鬼说，啊，我也是鬼。鬼又问，你要去哪啊？宋定伯说我要去宛市。鬼说，这么巧啊，我也要去宛市，要不咱俩做个伴啊？

两人走了几里地，鬼说，这样走太慢啦，要不咱俩互相背着对方走如何？宋定伯说，行啊，正好我也累了。于是鬼就背着宋定伯走了几里地。走着走着这鬼就问，你也太重了，恐怕不是鬼吧？这时鬼开始产生了怀疑，但是宋定伯骗鬼说，我是新鬼，刚死没多久，所以身子重很正常。这鬼果然很傻很天真，随便一个谎话就能搪塞过去了。

接下来换宋定伯背鬼了，因为鬼很轻，所以宋定伯占了鬼很大便宜。下面四个字"如是再三"很重要，这四个字说明一人一鬼轮流背了好多次，但是鬼丝毫没有产生任何怀疑，这就为接下来宋定伯大胆试探张本。

宋定伯开始在内心展开抓鬼计划了，他试探着问：老兄，我是新死的鬼，还不知道咱们鬼都怕啥。你跟我说说，我好有点防备。这鬼也毫不犹豫地说了实情，说最不喜欢人吐口水。看来这鬼已经对他建立了极大信任，俨然将其视为同类。

对宋定伯的考验又出现了，两人来到一条河前。宋定伯又耍了心眼，让鬼先走。这是因为在水里是没法防备的，假如鬼要在后面害人，宋定伯定会处于劣势。听了鬼过河，一点声音都没有，这时，宋定伯的大胆和镇定显露出来了。一般来说，此种情况下人都会犹豫、紧张。宋定伯却从容不迫，哗啦啦渡过了河。鬼对此产生了怀疑，说为啥你过河有声音？宋定伯说，我是新死的嘛，不习惯渡河而已，你咋这么多事呢？看来这宋定伯翻来覆去就一个理由：我是新死鬼，这就将鬼骗得团团转，可见鬼天真得可以。

快要到宛市的时候，宋定伯露出了獠牙，背着鬼将其扛在肩上，双手紧抓不放。鬼一看情况不妙，大声呼喊：救命啊！人杀鬼啦！快救鬼啊！声音咔咔作响。鬼还对宋定伯抱有幻想，说求你放我下来吧，我又没有害它之心，何必苦苦相逼呢？宋定伯才不管它那套，一溜烟跑到集市上，一个后肩摔，把鬼摔倒在地，鬼立时化成羊。宋定伯将其变卖，为了防止它变化，特意往羊身上吐了口水。最后换得一千五百钱，翩然而去。

这个故事无论站在人的立场，还是站在鬼的立场，都觉得宋定伯不太地道。人家鬼好端端的，丝毫没有看出害人之心，还天真地将宋定伯视为朋友，掏心窝子地将自己的弱点都暴露给他，到头来却被宋定伯一通诓骗、算计、陷害、出卖。实在为鬼觉得不值。从此以后鬼走夜路都要远离点人，因为人比鬼可怕多了。

113. 吴王夫差小女，名曰紫玉，年十八，才貌俱美。童子韩重，年十九，有道术。女悦之，私交信问[1]，许为之妻。重学于齐、鲁之间，临去，属其父母使求婚。王怒，不与女。玉结气死，葬阊门之外。三年，重归，诘[2]其父母。父母曰：『王大怒，玉结气死，已葬矣。』重哭泣哀恸，具[3]牲币往吊于墓前。玉魂从墓出，见重流涕，谓曰：『昔尔行之后，令二亲从王相求，度[4]必克从大愿[5]，不图[6]别后遭命，奈何！』玉乃左顾宛颈而歌曰：『南山有乌，北山张罗。乌既高飞，罗将奈何！意欲从君，谗言孔多。悲结生疾，没命黄垆[7]。命之不造，冤如之何！羽族之长，名为凤凰。一日失雄，三年感伤。虽有众鸟，不为匹双。故见鄙姿，逢君辉光。身远心近，何当暂忘？』歌毕，歔欷流涕，要重还冢。重曰：『死生异路，惧有尤愆[8]，不敢承命。』玉曰：『死生异路，吾亦知之。然今一别，永无后期。子将畏我为鬼而祸子乎？欲诚所奉，宁不相信。』重感其言，送之还冢。玉与之饮燕，留三日三夜，尽夫妇之礼。临出，取径寸明珠以送重，曰：『既毁其名，又绝其愿，复何言哉！时节自爱。若至吾家，致敬大王。』重既出，遂诣王，自说其事。王大怒曰：『吾女既死，而重造讹言，以玷秽亡灵。此不过发冢取物，托以鬼神。』趣收重。重走脱至玉墓所，诉之。玉曰：『无忧。今归白王。』王妆梳，忽见玉，惊愕悲喜，问曰：『尔缘何生？』玉跪而言曰：『昔诸生韩重来求玉，大王不许，玉名毁，义绝，自致身亡。重从远还，闻玉已死，故赍[9]牲币，诣冢吊唁。感其笃终，辄与相见，因以珠遗之。不为发冢，愿勿推治。』夫人闻之，出而抱之，玉如烟然。

═注释═ ①私交信问：私下里互通音信。②诘：盘问。③具：准备、办置。④度：揣度。⑤克从大愿：实现美好的愿望。⑥不图：不料想。⑦黄垆：黄泉。⑧尤愆（qiān）：罪过，意外之祸。⑨赍（jī）：送、带。

<解说> 吴王夫差的小女儿叫紫玉，长得是才貌俱美，年方十八，正值妙龄。跟一个年方十九，学习方术的少年韩重相爱，两人私订终身。韩重到齐鲁之间学艺，临走时，交代父母跟吴王求亲。吴王听说后，说，一个普通小老百姓，居然敢觊觎我家千金？这真是癞蛤蟆想吃天鹅肉啊，我要是同意，那就见了鬼了。紫玉终不能如愿，便抑郁而死，埋在阊门之外。

三年以后，韩重回到吴国，问父母求婚的事怎么样了？父母说，你小子，一去三年，吴王不同意，紫玉早都气死了，已经下葬了。韩重听罢，哭着带着祭品到紫玉墓前祭拜。紫玉听到韩重来祭拜自己，魂魄从墓中出来，对韩重说："当年你走之后，让你父母来向吴王求婚，本以为一定能如愿，谁知世事难料，我们居然阴阳永隔了，这又怎可奈何呢。"紫玉将头扭向一边，低声缓缓唱道："南山有乌鸦，北上张罗网。乌鸦高飞走，罗网无奈何。想要跟君好，谁知谗言多。悲伤生疾病，殒命黄泉中。命运不通达，冤屈向谁说，众鸟最佳者，其名为凤凰。一旦失伴侣，三年多感伤。虽有众多鸟，不能配凤凰。因此现鄙身，见君放光芒。身虽远，心却近，何日能把两情忘。"一曲歌罢，不禁唏嘘流泪，拉着韩重的手，邀请他一起回到墓中。

韩重听罢紫玉的歌曲后，悲伤逆流成河，但一听说自己要被拉进坟墓，赶紧说，使不得使不得，死生异路啊，怕有不妥啊，实在不敢从命。紫玉说，你说死生异路，我当然知道，但是今天一旦分开，你我将永无见面之日。你难道担心我是鬼会害你不成？我将一片真心赋予你，难道你不相信我？韩重被紫玉的一番话所打动，于是跟着进到墓中。两人在墓中喝酒作乐，快快活活地做了三天夫妻。临别时，紫玉拿了一颗一寸大的明珠送给韩重。韩重说，咱俩既然坏了礼节，毁了名声，又没有在一起的希望，只愿你能多保重，将来我回到家，一定到大王那里说明情况。

韩重从墓中出来，就去找吴王。吴王听韩重所言后，勃然大怒说，你小子害死了我家紫玉不说，还口出狂言，说是跟她有夫妻之礼，如此玷污亡灵，你手中这颗明珠，恐怕是盗墓所得，居然还说什么鬼神显灵的话。来人！给我抓起来！

韩重一看情况不好，赶紧逃跑。一口气跑到紫玉墓前，说了情况。紫玉说，没事，你别担心，我自己去找大王说明。

第二天，吴王正在洗漱，忽然从镜子里看到后面有人，猛然回头一看，居然是紫玉站在自己面前。吴王不禁悲喜交加，问紫玉道：你怎么复生了？紫玉跪在地上说：当初韩重父母来向您求亲，您不允许，紫玉名声已毁，恩义亦绝，以至于抑郁而死。韩重回来后，听说我已死，带着供品到墓前吊唁我。我因感念其情深，与他见面，别时送给他此珠作为纪念，并不是他偷盗而得。还请大王宽恕他。

吴王夫人听到两人对话后，从房间出来，想要抱抱女儿，双手刚伸出，紫玉便化作一团烟雾，消失不见了。

114. 余姚虞定国，有好仪容。同县苏氏女，亦有美色。定国常见，悦之。后见定国来，主人留宿，中夜，告苏公曰：『贤女令色，意甚钦之。此夕能令暂出否？』主人以其乡里贵人，便令女出从之。往来渐数，语苏公云：『无以相报。若有官事，某为君任[①]之。』主人喜。自尔后，有役召事，往造定国。定国大惊曰：『都未尝面命[②]，何由便尔？此必有异。』具说之。定国曰：『仆宁肯[③]请人之父而淫人之女。若复见来，便当斫之。』后果得怪。

═ 注释 ═ ①任：担当。②面命：当面告诉。③宁肯：岂肯，岂能。

<解说> 余姚人虞定国是个远近闻名的大帅哥，跟他同县的苏家大闺女，也是当地数一数二的大美女。这虞定国有事没事就往苏家跑，到苏家只要苏大小姐在，他就直勾勾地盯着人家看，要是苏大小姐不在，虞定国就抻着脖子往里眺望。

这天虞定国又来苏家了，苏老太公说这时间也不早了，你就在这吃饭吧，虞定国说这怎么好意思呐，说着一屁股坐在饭桌上自己动起了筷子。苏老太公心想，哥们儿你都快住我家里了，还不好意思呐？吃罢饭，虞定国还赖着不走，苏老太公说要不喝点茶再走？虞定国说那怎么好意思呢，哎，我要喝西湖龙井，水温要八十度再泡啊。苏老太公表示从来没见过脸皮这么厚的人。

茶是喝了一杯又一杯，眼看着快十点了，这虞定国还是磨磨蹭蹭不肯走，苏老太公说，虞先生，您是否有什么事啊？虞定国扭扭捏捏地说，那啥，您女儿长得太漂亮了，我十分喜欢，能不能让她出来我见一面？其实这苏老太公早都看出了点儿端倪，一想，这虞定国也算是一表人才了，且是乡里的贵人，算来也就他能配得上我家姑娘。苏老太公哈哈大笑，把女儿叫了出来。

自打那天以后，虞定国跟苏家来往更加频繁了，一天能跑十几个来回，还跟苏老太公说，您的大恩大德无以相报啊，将来官府有事，您只要吱一声，我给您担着。苏老太公心里暗喜，觉得这准女婿看来还挺靠谱的。

后来果然公家让苏家派人去服役，苏老太公就去找虞定国，虞定国正在家看书，听说有个老头来找自己。说了来由后，虞定国大吃一惊，说，我跟你连面都没见过，哪就许诺给你这么多事？这里面肯定有事儿！苏老太公一看这虞定国不认账了，就把他当初如何如何说了一通。虞定国说，我一世清白，怎么可能那么不要脸，向人家老人要求跟人家女儿相好！假如我再去你家，你就砍我，这肯定是看我长得帅，假扮我的。

苏老太公愤愤地回家了，刚到家，就见虞定国又来了，老头抄起家伙照着虞定国头上就砸去。只见虞定国哇哇大叫，身上冒出一阵黑烟，变成了一个怪物，逃之夭夭。

115. 魏黄初中，顿丘①界有人骑马夜行，见道中有一物，大如兔，两眼如镜，跳跃马前，令不得前。人遂惊惧，堕马。魅便就地捉之。惊怖，暴死，良久得苏。苏，已失魅，不知所在。乃更上马，前行数里，逢一人，相问讯已，因说：『向者事变如此，今相得为伴，甚欢。』人曰：『我独行，得君为伴，快不可言。君马行疾，且前，我在后相随也。』遂共行。语曰：『向者物何如，乃令君怖惧耶？』对曰：『其身如兔，两眼如镜，形甚可恶。』伴曰：『试顾视我耶？』人顾视②之，犹复是也。魅便跳上马，人遂坠地，怖死。家人怪马独归，即行推索，乃于道边得之。宿昔③乃苏，说状如是。

═ 注释 ═ ①顿丘：古县名，今河南清丰西南。②顾视：回头看。③宿昔：过了一夜。

<解说> 曹魏黄初年间，有一个人晚上骑马，走到顿丘县内，路上看到一个兔子精。这兔子精长了两个大灯泡一样的眼睛，远远望去还以为是辆马车点着灯笼。兔子精蹦蹦跶跶在马前来回跳，人和马都被吓得不轻，此人从受惊的马上摔了下来。兔子精跳到面前，张开口，露出白森森的一排尖牙，对着他龇牙咧嘴。此人吓得两眼一翻，晕死过去。

也不知晕了多久，等他醒来，发现兔子精已经不见了。这人支撑着爬上马，继续前行。走了几里地，看到一个人走在路上，这可把他激动坏了。走在路上的人问他，你脸上咋这么难看呢？他说，别提了，倒了血霉了，路上遇到个怪物，把我吓蒙了，幸亏看见你了，咱俩做个伴儿吧。那人说，我也是一个人走，幸好看到你，也挺愉快，你骑马走得快，在前面带路，我跟在你后面走。

走了一段时间，那人在后面问道，你刚才说的怪物长啥样，居然能让你如此害怕？这人说，那怪物长得像个兔子，两只眼睛贼亮，就像俩灯笼，龇牙咧嘴，样子极其吓人，现在我还心有余悸呢。后面的人听罢嘿嘿一笑，说，你回头看看我，是不是这样？这人猛然回头一看，可不就是之前遇到的那个兔子精嘛！妈呀！还来！？这人大声惊呼。兔子精一跳，蹦上了马背，依然像上次那样张着大嘴，睁着大眼吓唬他。又把他吓得掉下马背，直接晕死过去。

马也再次被惊吓，直接奔回家。家人一看为啥只有马回来了，人呢？莫不是路上遇到了强盗？赶紧牵着马沿着来路一路寻来。在路边找到了他，已经口吐白沫，翻着白眼，有进气没出气了。抬回家来，缓了一天一夜才苏醒，醒后将自己的遭遇讲了讲。从此以后，此人再也不敢一人独自走夜路了。

116. 秦瞻居曲阿[1]彭皇野，忽有物如蛇，突入其脑中。蛇来，先闻臭气，便于鼻中入，盘其头中。觉哄哄[2]，仅闻其脑间食声咂咂[3]。数日而出去，寻复来。取手巾缚鼻口，亦被入。积年无他病，唯患头重。

=注释= ①曲阿：古县名，今江苏丹阳。②哄哄：脑子里声音杂乱。③咂咂：拟声词，形容吃东西发出的声音。

<解说> 此故事有点惊悚，胆小者勿看，胆大者也建议饭前阅读。

曲阿县有个人，得了一种怪病。病人叫秦瞻，在野外活动时，秦瞻遇到一条小蛇，也不知他是因为好奇还是什么原因，拿起小蛇来看。他正盯着小蛇细细瞧，小蛇也伸着头在他鼻子附近闻了闻，哧溜一下，钻进了他的鼻孔。秦瞻惊恐万分，赶紧伸手去拉，哪里还能拉到，只感觉小蛇顺着鼻孔钻进脑子，在脑子里来回爬。

回家之后，秦瞻只感觉脑子里乱哄哄的，好像有千军万马在跑，严重时，甚至还能听到吧唧吧唧吃脑子的声音。

过了几天，小蛇不知何时出来了，秦瞻觉得清爽了一些，但是没过几天，小蛇又回来了。秦瞻追着小蛇到处打，怎奈小蛇动作迅速，连个影子都抓不到。小蛇盯着他看，赶也赶不走，好像就等着秦瞻睡着，这可咋办，总不能永远不睡觉吧？秦瞻忽然想到个好办法，晚上睡觉时，用条手巾把鼻子堵上。本以为这样就安然无恙，没想到，第二天起来，小蛇不见了，脑子里又出现吧唧吧唧吃脑子的声音。

罢了罢了，秦瞻心想，吃就吃吧，反正脑袋也不疼，只是有点昏昏沉沉而已。

世上真的有吃脑子的生物吗？答案是肯定的，有一种叫阿米巴原虫的寄生虫，形状并不像蛇，有点像小型乌贼。阿米巴原虫不是以如此惊悚的方式进入人的脑子，是悄无声息的，不经意间进入人体的。在野外游泳的人，如果水质不干净，多会感染此虫。阿米巴原虫也是通过鼻腔进入人脑，在脑中大量繁殖，进而侵入中枢神经。病患刚开始头疼发热，类似感冒，进而失去平衡，癫痫发作，乃至产生幻觉，最后一命呜呼。

所以告诫各位，尽量不要在野外游泳，也不要吃生肉，喝生水，更不要好奇地拿着类似小蛇一样的东西看来看去，避免重蹈秦瞻的覆辙。

117.秦时，武都[1]故道[2]有怒特祠，祠上生梓树。秦文公二十七年，使人伐之，辄有大风雨。树创随合，经日不断。文公乃益发卒，持斧者至四十人，犹不断。士疲，还息。其一人伤足，不能行，卧树下，闻鬼语树神曰：『劳乎攻战？』其一人曰：『何足为劳。』又曰：『秦公将必不休，如之何？』答曰：『秦公其如予何。』又曰：『秦若使三百人被发，以朱丝绕树，赭衣，灰坌[3]伐汝，汝得不困耶？』神寂无言。明日，病人语所闻。公于是令人皆衣赭，随斫创，坌以灰。树断，中有一青牛出，走入丰水中。其后，青牛出丰水中，使骑击之，不胜。有骑堕地，复上，髻解被发，牛畏之，乃入水，不敢出。故秦自是置旄头骑。

═ 注释 ═ ①武都：地名，今甘肃陇南武都区。②故道：县名，今陕西凤县。③灰坌（bèn）：撒灰扬尘。

<解说> 俗话说一物降一物，万事万物都有它相生相克的事物，找到相克之法，再厉害的妖怪也分分钟投降。

春秋战国时，秦国的武都故道上有一个怒特祠，这个祠上面长了一棵大梓树。这棵树在祠上面长了也不知多久，眼看着要把庙给压塌了，秦文公看这棵树极其不爽，就打算给它砍了。前前后后砍了好多次，每次刚砍几下，就刮风下雨，大风吹得人眼睛都睁不开，只得停工。过几天再去砍，居然发现树上的砍痕已经愈合。看来这树有灵性。

秦文公不服气，一棵树你还嚣张跋扈了？给我增加人手，必须拿下。四十多个人扛着板斧，轮流着砍树，从早到晚砍了一天，树依然坚挺如故。四十多人也累得够呛，决定回去休息，明天接着干。

有个人在砍树时，不小心碰到了脚，人都走光了，他还躺在树下休息。刚想起身，就听到有人跟树聊闲天。但是四处看看，却不见人影。此人就知道这不是人，而是鬼怪。

只听鬼说，树兄，这两天跟人打仗累坏了吧？树说，嗨，哪儿就累到我了，这点小事还是应付得来的。鬼又说，这秦文公也不是好惹的，他肯定不会善罢甘休，你咋应付？树说，小小秦文公，能奈我何？别说是四十人，就是一百人来，我也不在话下，我这千年道行可不是白修的。

鬼哈哈大笑说，假如秦文公派三百人，披散头发，穿着红色衣服，用红丝线绕树，一边撒灰，一边砍你，你觉得你还能这么嚣张吗？听完这话，树沉默不语了。

树下的士兵听了此话，爬起来一瘸一拐地跑回去报信。第二天，秦文公果然派来三百人，披头散发，穿着红衣，一边撒灰一边砍树。这回砍得很顺利，嘁里咔擦，大树应声而倒。三百人齐声欢呼。

大家正在庆祝的时候，只见有一头青牛从树中跑出来，直接跑到沣水中，钻进去就不见了。原来是这青牛在作怪。秦文公好像对这青牛十分介意，必要杀之而后快。于是派人天天在水边看着，等这牛出来，便派兵追击。但这青牛相当蛮横，怎么也打不过它。其中有个士兵慌乱中从马背上跌下来，发髻被摔得散开了，这秦国士兵极其勇猛，爬上马背继续追击。

没想到这牛看到披头散发的士兵，居然吓得浑身筛糠，顿时变成了小猫咪，再也不敢跟人叫板，掉转牛头，直接跳到水里，头都不敢出。原来这怪物就怕散头发的人。从此以后，秦文公设置了一个部队“旄头骑”，让兵士们把头发散开，穿着红衣服，打仗的时候作为先头部队，所向披靡。

“旄头骑”自秦国设置以后，一直到汉代还在使用，但是已经不再作为打仗时的先头部队，而是作为皇帝出行时的开道前驱。《汉官仪》称：“清道以旄头为前驱。旧选羽林郎旄头，被发为前驱，今但用营士。”皇帝出行，披头散发的旄头骑也起到驱赶妖魔邪祟的作用。

118. 董仲舒下帷讲诵，有客来诣，舒知其非常。客又云：『欲雨。』舒戏之曰：『巢居知风，穴居知雨。卿非狐狸，则是鼷鼠[1]。』客遂化为老狸。

=注释= ①鼷（xī）鼠：一种小鼠，色黑有毒。

<解说> 汉代大儒董仲舒提出“天人感应”“大一统”的理论，又主张“罢黜百家，尊崇儒术”，被汉武帝采纳，不仅为汉代繁荣富强奠定了思想基础，更为儒学发展史添上了浓墨重彩的一笔。

当年董仲舒在学习时，据说三年不窥园，基本上杜绝了一切娱乐活动。学有所成之后，董仲舒名气渐大，很多学生慕名而来跟他学习，刚开始屋子里还装得下，渐渐地屋里屋外站的都是人。董仲舒有个铁杆粉丝，叫吕步舒，看名字就知道这学生有多崇拜他的老师。

吕步舒跟董教授学了很多年，经学水平大有进步，也成为董教授的得意弟子，董教授就让这大弟子帮他带学生。董教授说，步舒啊，你是我的第一个博士生，以后你也可以带带研究生啦，你的研究生也可以带带本科生，咱们一起努力，把儒学建设成国家一级重点学科吧。

这种以入学早的学生带入学晚的学生的教学方式，叫“久次相授业”。董教授讲学还有个特点，喜欢拉下个帷幔，自己躲在帷幔后面，学生隔着帷幔，只听得到老师的声音，看不到老师。所以有的学生虽然名义上是董教授的研究生，可是到毕业都没见过导师的面。

有一次董教授像往常一样下帷讲学，有学生说来了个客人，要拜见老师，董教授说行，等我下课吧。下课后，董教授接见了这位客人，聊了一会儿，董教授就知道此人并非常人。客人忽然来一句，看样子今天要下雨啊。董教授笑着说，都说巢居的动物知风，穴居的动物知雨。想必阁下不是狐狸就是鼷鼠了。客人惊讶道，你如何知道？看自己身份被拆穿，客人就现出原形，变成狐狸，一溜烟跑了。

119. 张华字茂先，晋惠帝时为司空。于时燕昭王墓前有一斑狐，积年，能为变幻。乃变作一书生，欲诣张公。过问墓前华表曰：『以我才貌，可得见张司空否？』华表曰：『子之妙解，无为不可。但张公智度，恐难笼络。出必遇辱，殆不得返。非但丧子千岁之质，亦当深误老表。』狐不从，乃持刺谒华。华见其总角①风流，洁白如玉，举动容止，顾盼生姿，雅重之。于是论及文章，辨校声实，华未尝闻。比复商略②三史③，探赜百家，谈老、庄之奥区，披风雅之绝旨，包十圣④，贯三才，箴八儒，擿⑤五礼，华无不应声屈滞⑥。乃叹曰：『天下岂有此少年！若非鬼魅则是狐狸。』乃扫榻延留，留人防护。此生乃曰：『明公当尊贤容众，嘉善而矜不能，奈何憎人学问？墨子兼爱，其若是耶？』言卒，便求退。华已使人防门，不得出。既而又谓华曰：『公门置甲兵栏骑，当是致疑于仆也。将恐天下之人卷舌而不言，智谋之士望门而不进。深为明公惜之。』华不应，而使人防御甚严。时丰城令雷焕，字孔章，博物士也，来访华。华以书生白之。孔章曰：『若疑之，何不呼猎犬试之？』乃命犬以试，竟无惮色。狐曰：『我天生才智，反以为妖，以犬试我，遮莫⑦千试万虑，其能为患乎？』华闻，益怒，曰：『此必真妖也。闻魑魅忌狗，所别者数百年物耳，千年老精，不能复别。惟得千年枯木照之，则形立见。』孔章曰：『千年神木，何由可得？』华曰：『世传燕昭王墓前华表木已经千年。』乃遣人伐华表。使人欲至木所，忽空中有一青衣小儿来，问使曰：『君何来也？』使曰：『张司空有一少年来谒，多才巧辞，疑是妖魅；使我取华表照之。』青衣曰：『老狐不智，不听我言，今日祸已及我，其可逃乎？』乃发声而泣，倏然不见。使乃伐其木，血流。使将木归，燃之以照书生，乃一斑狐。华曰：『此二物不值我，千年不可复得。』乃烹之。

〓注释〓 ①总角：儿童发式，头上束发如角，代指青少年。②商略：品评。③三史：魏晋时期以《史记》《汉书》《东观汉记》合称『三史』。④十圣：泛指古代圣人。⑤擿（zhāi）：指摘。⑥屈滞：言语艰涩。⑦遮莫：任凭。

<解说> 西晋张华张茂先不仅是个文学家，还是著名的博物学家，年轻时就因为记忆力超群而知名于天下。草木山川、飞禽走兽、奇闻逸事，没有张华不知道的。他还写成了我国第一部博物学著作《博物志》。张华也是个藏书家，据《册府元龟·聚书》称，当时“天下奇秘，世所稀有者，悉在华所”，张华死后，家无余财，只有大量珍本善本典籍。

相传惠帝时期，有一次大家在一起吃饭，陆机吃了一块肉，鲜美异常，大家都不知道这是啥肉，张华夹起来看了看，闻了闻，说这是龙肉。龙肉那么稀奇，怎么可能随随便便见到。张华说不信你用酒浇在肉上看看。大家把酒往肉上一倒，肉发出五色光芒。陆机就问厨子，这肉从何而来，厨子说，园子里有一条白色的长鱼，我看着跟一般鱼不太一样，就拿来做菜，没想到格外鲜美，于是献给各位品尝。张华的见识可见一斑。

虽然张华的眼力非凡，但依然有一些不服的，比如这个故事里的狐狸精，妄想去挑战张华，结果被识破，还丢了性命。

这个狐狸精是只带着斑纹的老狐狸，在燕昭王墓前修炼了千年，吸收天地灵气，已然得道，能够千变万化。这天，老狐狸忽发奇想，想去挑战一下司空张华。张华在当时属文坛执牛耳者，据说江南文坛新秀陆机、陆云兄弟俩，要文采有文采，要相貌有相貌，对中原人谁都不服，但是到了洛阳后，先去拜见文化名人张华。两人只见了张华一面，就佩服得五体投地，直接跪倒，拜为老师。

这老狐狸心想，论我才华相貌，不比那陆机兄弟俩差多少，想必张司空定会加以青睐。于是对着燕昭王墓前华表说了自己想要造访张华的想法。这华表也修炼千年，有了灵性，它就劝老狐狸说，你啊，确实有才，听说妖界辩论赛获得了好几个奖杯，但是我劝你一句吧，这张华聪明博学，恐怕不容易拉拢，你要去了，一定会被人家羞辱，整不好还有可能有去无回。别到时候毁了自己的千年道行，再连累老表我，那可就犯不上了。

狐狸一听这话，说，你显然是看不起我啊。好胜心立刻激发，非要去试试不可。于是带着名片，直接去找张华。张华很客气地接见了他。要说这张华，其实也是个外貌协会，自己平时没事就爱打扮，《晋书》中说他“为人多姿制，又好帛绳缠须”，华丽丽的装饰品武装到了胡子。张华一般人看不上眼，但是看到这老狐狸，顿时眼前一亮。嗬，这小伙子长得，面色洁白如玉，举止风流倜傥，眼神顾盼生姿，一看就是名门子弟。

坐下来一聊天，更不得了。魏晋时候人崇尚清谈，注重口才，这风流少年，无论是文章诗赋，还是辩论名理，都让张华吃惊，有的言论，张华闻所未闻。再进一步聊，什么《史记》《汉书》，什么诸子百家，什么老庄无为，什么风雅颂、赋比兴，天文地理，儒家思想，礼学奥义，无所不通，无所不晓。张华自诩还算有学问，但在他面前简直是小学生啊，不禁感叹长江后浪推前浪，口中赞不绝口。

张华虽然嘴上佩服，但心里暗想，放眼天下，怎么可能会有如此少年？这不是鬼魅变化的就是狐狸精。于是说，小兄弟，你今天就别走了，在我这住几天，咱俩好好聊。虽然张华很客气地让他住下，但是这少年发现，张华派了很多人，名义上是照顾他，实际上是监控他。少年有点生气，跟张华说，张先生，您是海内知名学者，应该懂得礼贤下士的道理，也应该知道包容鼓励年轻学者，可您居然忌恨我学问比你好，为啥连墨子的兼爱都不懂呢？说完，就要告辞。

听少年说要走，张华也不留，只是低着头喝茶。少年发现门口已经有人拿着兵器把守着，想要出去恐怕就要变身。于是折回来，气冲冲地对张华说，门口居然设置了卫兵把守，您这是对我产生怀疑了啊。假如传出去，恐怕被天下人耻笑啊，以后的有识之士哪还敢到您这里来拜访？实在为您感到可惜啊。听完此话，张华依然一声不吭，自顾自地喝着茶。回头跟身边的人交代，一定要将他牢牢看住，不可让他逃脱。

将这少年好生“招待”了几天，刚好丰城县令雷焕来拜访张华，这雷焕也是博学之士，张华正好将这少年的事跟他说了。雷焕说，照您的看法，那这必定是狐狸精无疑了。如果这样，您干吗不用猎犬试试看？张华一想对啊，都说这狐狸精怕猎犬，于是就牵着十几条猎犬，来到少年面前。少年不屑一顾，哼了一声，说我这才智是天生的，您却以为我是妖怪，还用狗来试我？您随便试验，看我怕不怕。

张华一看你还挑衅上了，怒气冲冲地对雷焕道，我对天发誓，这肯定是妖孽，听说魑魅魍魉都怕狗，这只不过针对百年修行的小妖小怪而言，想这个狐狸精应该是千年老妖，看来只能找千年神木来照他才行。雷焕说，您说得轻松，可是上哪去找千年神木啊？张华说，听说燕昭王墓前的华表木已经有千年之久。于是派人去砍华表。

砍华表的人到了地方，刚要动手砍，就看空中飘然来了个穿青衣的小孩，小孩问使者，你们想干啥？使者说，张司空派人来砍这华表，说是要拿它照一照千年狐狸精。小孩大叫，哎呀，这老狐狸，不听我的劝，现在可倒好，我都被连累了，该死该死！这小孩哭了好几声，消失不见。使者莫名其妙，接着砍吧，华表砍倒了，从里面淌出血来。

大家把华表扛回来，张华说搬到少年屋里去，这少年还想着，张华定然拿我无可奈何，不想张华道高一丈。华表立在少年面前，少年哎呀一声，随一股青烟化成一只斑纹狐狸，蜷缩在地上瑟瑟发抖。张华哈哈大笑，你说你不是妖怪，现在无话可说了吧，这俩妖物，若不是老夫眼明，恐怕还要留你们祸害千年。于是下令，把华表劈了，当柴火，把狐狸抽筋扒皮煮了吃肉。

要说这狐狸也有点冤，这么好的才华学识，偏要去招惹张华不可，以它的道行，在朝中谋个一官半职，应该不成问题。可惜了一个优秀的年轻学者，死于炫耀学识。

120. 陈郡谢鲲谢病去职，避地于豫章。尝行经空亭中，夜宿。此亭旧每杀人。夜四更，有一黄衣人呼鲲字云：『幼舆，可开户。』鲲澹然①无惧色，令申②臂于窗中。于是授腕。鲲即极力而牵③之，其臂遂脱，乃还去。明日看，乃鹿臂也。寻血取获。尔后此亭无复妖怪。

〓注释〓 ①澹然：从容淡定。②申：通『伸』。③牵：牵引，拉扯。

<解说> 东晋名士谢鲲，被称为江左八达之一。谢鲲的侄子，那个风流宰相谢安，曾这样评价他的叔父，说他要是遇到竹林七贤，那估计就得是“竹林八贤”了。谢鲲确实有风度，著名画家顾恺之也说，这个谢鲲应该放到丘壑之中，与自然美景协调一致。只不过谢鲲年轻时比较放荡，因为调戏良家妇女，被打掉两颗大门牙，但依然不废啸歌。

谢鲲年轻时有过一段奇异经历，作为正史，《晋书》还专门将这个经历写进去。谢鲲当年因病辞职，其实就是不想干活，找个借口出去玩。路过豫章，住在一个空亭子里，这个亭子每到半夜，就会有妖物出来杀人。有人劝谢鲲不要住，谢鲲不走寻常路，越不让我住，我还非住不可。

四更天时，有一个穿着黄衣服的人来到亭子前，喊着谢鲲的字，说幼舆兄弟，开门啊，咱俩清谈一会咋样？谢鲲很镇定，说你把手伸过来，我拉你进来。黄衣人将手伸给他，谢鲲一把拉住，死命往里拽。黄衣人吓得吱哇乱叫，情急之下，这哥们儿够狠，自断其臂，落荒而逃。第二天早上一看，这胳膊是条鹿腿。谢鲲沿着血迹找去，发现了一只三条腿的鹿，奄奄一息，于是便直接杀了吃肉。从此以后，亭子再也不闹鬼了。

121. 吴时，庐陵郡都亭重屋①中常有鬼魅，宿者辄死。自后使官，莫敢入亭止宿。时丹阳人汤应者，大有胆武，使至庐陵，便止亭宿。吏启不可，应不听。迸②从者还外，惟持一大刀，独处亭中。至三更竟，忽闻有叩阁者。应遥问：『是谁？』答云：『部郡③相闻。』应使进，致词而去。顷间，复有叩阁者如前，曰：『府君④相闻。』应复使进，身着皂衣。去后，应谓是人，了无疑也。旋又有叩阁者，云：『部郡、府君相诣。』应乃疑曰：『此夜非时，又部郡、府君不应同行。』知是鬼魅，因持刀迎之。见二人皆盛衣服，俱进。坐毕，府君者便与应谈。谈未竟，而部郡忽起至应背后，应乃回顾，以刀逆击，中之。府君下坐走出，应急追，至亭后墙下及之，斫伤数下，应乃还卧。达曙，将人往寻，见有血迹，皆得之。云称府君者，是一老狶⑤也；部郡者，是一老狸也。自是遂绝。

‖注释‖ ①重屋：高楼。②迸：通『屏』，屏退。③部郡：负责督促文书、监督郡守的官职。④府君：对郡守、太守的尊称。⑤狶（xī）：野猪。

<解说> 本书中的很多故事都涉及都亭闹鬼事件。这里有必要对古代的“亭”进行一点普及介绍。《一切经音义》里称：“汉家因秦，十里一亭。亭，留也。”秦国开始设置亭，以供来往行旅休息，十里安排一个亭，亭设亭长，刘邦当年就曾当过泗水亭长。亭有“都亭”“驿亭”之分，“都亭”一般在都邑周围，如果天黑城门已关，就可在“都亭”休息。“驿亭”汉代叫“邮亭”，唐代以后改为“驿亭”，颜师古注《汉书》称：“邮，行书之舍，如今之驿。”“驿亭”是提供给邮递人员休息之处，普通旅客路过也可休息。

亭中经常有过往旅客在晚上入住，有点像公立的招待所。由于来往人员复杂，一些不法之徒，有可能会在亭中行凶，因此亭长有时也负责基本的治安管理。但是单凭亭长一人，有时也难以维护和平，时常就会发生流血事件。久而久之，有的亭中死过人，百姓就会传此亭闹鬼。实际上很多鬼怪事件，都是人在作祟。

本则故事情节曲折，细节描绘尤其出色，简直可媲美悬疑小说。

三国吴国时，庐陵郡的都亭二楼上，经常出现鬼魅，住宿者多被害死。此后很久，官员都不敢进入亭中住宿。当时有一个丹阳人叫汤应，此人胆大心细，有勇有谋，平时行侠仗义，游侠四方。这一天行至庐陵郡，天色已晚，于是打算投宿在此亭中。亭长说此亭不可住人，否则有性命危险。

汤应一听这里有危险，气血上涌，来了兴致。不听亭长劝告，让随从在外住宿，自己单身一人，带着一把大刀，住在亭子楼上。

三更天刚过，只听有人敲门，汤应问道，来者何人？门外答道，检察官某某听说先生在此，特来拜访。汤应将检察官请到屋里坐下，两人寒暄一番，检察官说您胆子够大，希望明天您能安然无恙。闲聊了几句，检察官离开了。

过了一会儿，又有人敲门，说是省长来拜访。汤应心想我这面子够大啊，刚走了个检察官，又来了省长。将省长让进来吧，看他穿着黑色的官服，聊了两句，看说话举止，应该是人不是鬼。

刚送走省长，又有人来敲门。汤应心想，今晚挺热闹啊，这地方还真不清静。汤应问，外面是谁？外面人说，检察官和省长一起来看您啦。汤应立刻警觉起来，两人刚才前后脚离开，怎么又一起来了？这里面肯定有鬼。于是手里抓着刀，开门让进两人。

这两人穿着跟之前来的两人明显不一样，检察官穿着制服，省长穿着高级官服，鱼贯而入。坐下聊了两句，汤应心里明白了大半，这俩肯定不是人。汤应不动声色，嘴上应和着，心里盘算着怎么应对此二鬼。

聊着聊着，检察官起身转到汤应背后，假意去倒茶。汤应心里一惊，要是被俩鬼前后夹击，那可相当被动。没别的，先下手为强，后下手遭殃。说时迟，那时快，汤应回身就是一刀，直接砍在检察官腿上。省长看到此情景，吓得夺门而出。汤应快步追上去，追到亭子后墙根下，砍了好几刀。砍完后，汤应信步回到亭中，坦然休息。

第二天早上，汤应起来后跟随从说，沿着血迹寻找去吧，肯定有收获。结果找到一只野猪和一只狐狸。后来蒲松龄老先生总结说："禽兽之变诈几何哉，止增笑耳。"表示了对这些野兽小伎俩的轻蔑。

122. 东越[1]闽中[2]有庸岭，高数十里，其西北隙中有大蛇，长七八丈，大十余围，土俗常病。东治[3]都尉及属城长吏，多有死者。祭以牛羊，故不得福。或与人梦，或下谕巫祝，欲得啖童女年十二三者。都尉令长并共患之。然气厉[4]不息，共请求人家生婢子，兼有罪家女养之。至八月朝祭，送蛇穴口，蛇出吞啮之。累年如此，已用九女。尔时预复募索[5]，未得其女。将乐县李诞家有六女，无男，其小女名寄，应募欲行，父母不听。寄曰：『父母无相[6]，惟生六女，无有一男，虽有如无。女无缇萦济父母之功，既不能供养，徒费衣食，生无所益，不如早死。卖寄之身，可得少钱，以供父母，岂不善耶！』父母慈怜，终不听去。寄自潜行，不可禁止。寄乃告请好剑及咋蛇犬。至八月朝，便诣庙中坐，怀剑，将犬，先将数石米餈，用蜜麨[7]灌之，以置穴口。蛇便出。头大如囷[8]，目如二尺镜，闻瓷香气，先啖食之。寄便放犬，犬就啮咋，寄从后研得数创。疮痛急，蛇因踊出，至庭而死。寄入视穴，得其九女髑髅[9]，悉举出，咤言曰：『汝曹怯弱，为蛇所食，甚可哀愍。』于是寄女缓步而归。越王闻之，聘寄女为后，拜其父为将乐令，母及姊皆有赏赐。自是东治无复妖邪之物。其歌谣至今存焉。

═ 注释 ═ ① 东越：汉初小国，大致在今浙江东南及福建一带。② 闽中：今福建中部。③ 东治：东越国治所，今福建福州。④ 气厉：疾疫灾害。⑤ 募索：招募，搜寻。⑥ 无相：没有福气之相。⑦ 蜜麨（chǎo）：用蜂蜜拌麦粉做成的食物。⑧ 囷（qūn）：圆形的谷仓。⑨ 髑（dú）髅：死人头骨。

<解说> 东越闽中一带，有座庸岭，此山海拔有几十里，山的西北有个缝隙，里面住了一条大蛇。山民经常能看到此蛇，长七八丈，差不多有三十米，有十几围那么粗。这蛇只要出来，就会上演一场激烈的“狂蟒之灾”，周边百姓深受其害。东治都尉及属城长吏多次派人去剿杀巨蟒，结果都是伤亡惨重，失败而归。

有人就想办法，要不然我们给巨蟒上点供吧，没事就杀点牛羊送到山上，可是依然不见效果，它还是出来祸害人。这巨蟒一看人类这么怂，就有点得寸进尺，三天两头就给人托梦，或者给巫祝下神谕，说是要吃十二三岁的小女孩。都尉和县长头疼了，谁家愿意拿出十二三岁的女孩给蛇当供品啊。眼看着巨蟒越来越嚣张，没办法，只得找一些地位低贱的奴婢家的女儿，或者罪犯家的女儿，养得胖乎乎的。每逢八月初，将女孩送到蛇洞口，大蛇出来一口吞了。吃了女孩，大蛇多少就消停一阵子。连续好几年，已经有九个无辜女孩受害了。

这一年眼看到八月初了，还没找到合适的女孩。没办法，看看谁家女儿多，能不能让贡献出来一个，大不了花高价买一个总可以吧。将乐县有个李诞，这么多年想要个男孩也没要成，家里有六个女儿，眼看着大家都把目光盯在自己家，李诞愁得直叹息，唉，人间不值得啊。

李诞的小女儿李寄主动跟爸爸说，我要去给大蛇当供品。爸妈一看这孩子别是疯了吧，赶紧摸摸她的头，没发烧啊，怎么说起了胡话？李寄说我没病，别担心，咱家有六个女孩，却没有一个儿子，对您二老来说，相当于没有孩子吧。虽说我没有缇萦救父那样的能力，也不能供养二老，长这么大只是浪费粮食而已，既然活着没什么意义，还不如早点死了算啦。把我卖出去换点钱，至少能维持您二老将来的生计。

爸妈看到李寄这么懂事，再加上平时就很疼爱小女儿，死活不让她去。但是李寄决心已定，自己偷偷跑出来，还给爸妈留个字条：“再见了爸爸妈妈，今晚我就要远航，别为我担心，我有快乐和智慧的桨。”

李寄来到衙门，说自己主动要求作为供品卖给官府。官府正愁没办法，天上掉下个大馅饼，赶紧啥也别说了，给你个大红花挂胸前。李寄说大红花我就不要了，太碍事，你给我一把宝剑，再给我配条专门抓蛇的狗。官府人员说，行行行，别说一把剑一条狗，十把剑十条狗都不叫事儿。

到了祭祀这天，李寄来到祭祀大蛇的庙中，事先用一石米做了很多米糕，用蜂蜜和麦麸拌好，闻起来喷喷香，带着狗和宝剑来到蛇洞口。大蛇闻到食物的香味，从洞口探出头来。只见这大蛇光头就有小谷仓那么大，两只眼睛像挂了两个二尺的大铜镜。大蛇闻了闻食物，大口大口开嚼。

李寄从隐蔽处蹦出来，指挥着猎狗上去咬住大蛇脖子，自己跳上大蛇后背，挥舞着宝剑，狠命地往大蛇脖颈上刺去。一下、两下……混乱中也不知刺了多少剑，大蛇疼得直翻滚。从洞中跑出来，到了庙的院子里就死翘翘了。李寄喘息既定，进到洞穴中，看到了几个骷髅，啧啧感慨道：各位姐姐们，你们就是太懦弱了，才被大蛇欺负，可悲可叹啊。

123. 孔子厄于陈，弦歌于馆，中夜，有一人长九尺余，着皁衣，高冠，大咤，声动左右。子贡进问『何人耶？』便提子贡而挟之。子路引出，与战于庭。有顷，未胜。孔子察之，见其甲车间①时时开如掌。孔子曰：『何不探其甲车，引而奋登？』子路引之，没手仆于地，乃是大鳀鱼也，长九尺余。孔子曰：『此物也，何为来哉？吾闻物老，则群精依之，因衰而至。此其来也，岂以吾遇厄，绝粮，从者病乎？夫六畜之物，及龟、蛇、鱼、鳖、草木之属，久者神皆凭依，能为妖怪，故谓之五酉。五酉者，五行之方，皆有其物。酉者，老也，物老则为怪，杀之则已，夫何患焉？或者天之未丧斯文，以是系予之命乎？不然，何为至于斯也？』弦歌不辍。子路烹之，其味滋，病者兴②。明日，遂行。

注释 ①甲车间：盔甲与腮之间。车指牙车，下颌骨。②兴：起身，站起来。

<解说> 孔子当年周游列国，从卫国出来后，楚国想派人去请孔子。陈国和蔡国听说楚国要请孔子，生怕对自己不利，就将孔子一行人围困，不让他们南下。孔子离开卫国时走得也匆忙，随身没带太多干粮，又被陈蔡围困，一行人饿得直打晃儿。因为孔子说“君子固穷”，徒弟们如果出去要饭，总觉得对不起“君子”二字。没办法，大家只能听听孔子弹琴，靠精神食粮维持。

屋漏偏逢连夜雨，这天晚上孔子弹着琴，哼着曲儿。忽然一个九尺多高的人，穿着黑色衣服，戴着高高帽子，冲进馆中，吱哇乱叫。叫声惊动了大家，子贡走出来了，指着这大个子问道，来者何人？缘何在此怪叫？这大个头一把就把子贡抓起来，本来子贡就柔柔弱弱，再加上没吃饭，当时就蒙了。这大个子刚要往外跑，就看一个勇夫挡在门口，此人正是子路。

当年孔子跟大家开玩笑，说我将来退休以后啊，就想整个小船，在海上漂着。跟着我的人，恐怕只有子路吧。子路听后大喜，看，老师喜欢我，谁都不带就带我。孔子笑着说，子路你啊，没别的长处，也就是有两膀子力气，带着你给我当个保镖啥的，也是极好的。只因这子路孔武有力，性格直爽，关键时刻总能站出来保护大家，给孔子解决了不少麻烦。

子路看师兄子贡被贼人拿住，快步上前，跟贼人斗在一块儿。无奈好几天没吃东西了，身子使不上力气，斗了几个回合，也不见占上风。孔子被一帮学生围着，远远观战。忽然孔子发现这大个子穿的铠甲和两腮帮子中间一开一合，于是冲着子路喊道，子路，用手抠他的腮帮子，往上使劲拉！

听老师这么一说，子路也发现了他这个弱点，于是卖个破绽，回身抓着大汉两腮，使劲一提，走你！大汉应声而倒。扑哧一阵黑烟，原来是条九尺多长的大鳀鱼精。

大家走过来围观，孔子说：这个怪物为何会来骚扰我们？我听说物老则为怪，在人穷困潦倒时就来欺负人。莫不是因为看我们困在此地，没有粮食，饿得快死了，它来趁火打劫的？那些六畜和龟蛇鱼鳖之类的，岁数大了就容易被神灵依附，变成妖怪，称之为“五酉”。所谓“五酉”啊，就是指五行各个方位产生的怪物，这种怪物不值得害怕，杀了就得了。看来是天不亡我孔丘啊，特意送来这么一顿美味大餐，维系我们生命，感谢苍天赐我食物啊！

弟子们看到大鱼，一个个瞪着眼睛，哈喇子流老长。子路说，老师您别感慨了，咱赶紧炖了吧，你看把大家伙给馋的。孔子哈哈大笑说，好！子路你来掌勺，我给你们弹琴助兴，今天咱来一顿全鱼宴！

子路兴冲冲地把大鱼收拾了，在院子里支起一口大锅，咕嘟咕嘟炖了足足半个时辰，子路掀开锅盖，嗬！香气飘满了院子。弟子们都围过来，连那些生病的，都撑着爬到锅前，凑过鼻子不停地闻。大家一顿风卷残云，吃得有滋有味。

这个故事讲孔子被困在陈蔡时期的一段经历，从内容上看，显然与“子不语怪力乱神”相冲突。孔子对待鬼神之事，虽然没有绝对否定，但也尽量回避不谈。提到鬼神，孔子总是打哈哈：“未能事人，焉能事鬼。”“未知生，焉知死。”“敬鬼神而远之，可谓知矣。”在孔子看来，人的事还没搞明白，就不要去搞虚无缥缈的鬼神之事了。

所以此故事定是虚构无疑，干宝之所以编造这个故事，是为了证明给大家看，孔子这样的圣人也会讨论鬼神的事。但是孔子对妖物的态度是，见怪不怪，其怪自败。

124. 狄希，中山人也，能造千日酒，饮之千日醉。时有州人，姓刘，名玄石，好饮酒，往求之。希曰：『我酒发来未定①，不敢饮君。』石曰：『纵未熟，且与一杯，得否？』希闻此语，不免饮之。复索，曰：『美哉！可更与之。』希曰：『且归。别日当来。只此一杯，可眠千日也。』石别，似有怍色②。至家，醉死。家人不之疑，哭而葬之。经三年，希曰：『玄石必应酒醒，宜往问之。』既往石家，语曰：『石在家否？』家人皆怪之曰：『玄石亡来，服以阕③矣。』希惊曰：『酒之美矣，而致醉眠千日，今合醒矣。』乃命其家人凿冢，破棺看之。冢上汗气彻天。遂命发冢，方见开目，张口，引声而言曰：『快哉，醉我也！』因问希曰：『尔作何物也？令我一杯大醉，今日方醒，日高几许？』墓上人皆笑之。被石酒气冲入鼻中，亦各醉卧三月。

═注释═ ①酒发来未定：发酵不充分，酒性不稳定。②怍色：羞愧之色，此形容酒醉后的神态。③服以阕：服丧期满除去丧服。

<解说> 中国有悠久的酿酒历史，相传大禹时期，有个人叫仪狄，无意间发现了谷子发酵可以做成酒。仪狄将酒献给大禹，大禹喝后觉得奇美无比，但是大禹认识到酒的危害，说是后世必然有因酒亡国的人，于是疏远了仪狄，拒绝贪杯，拒绝腐败。

酒在中国文化中有非常重要的地位，多少文人墨客离不开酒的滋养。刘伶醉酒以遗世，阮籍借酒以避世；李白斗酒诗百篇，苏轼把酒问青天；王羲之酒后书兰亭，张旭饮罢狂草成。如果没有酒，中国文学和艺术会缺少许多激荡人心的传世之作。

很多著名诗人都提到一种酒，比如王勃《春园》："还持千日醉，共作百年人。"刘禹锡《故园置酒》："愿逢千日醉，得缓百年忧。"杜甫《垂白》："甘从千日醉，未许七哀诗。"陆游《遣兴》："纵酒山南千日醉，看花剑外十年狂。"等等。这种叫"千日醉"的究竟是何酒？是否真的能让人醉千日不醒呢？下面这个故事，讲的就是以上诗歌典故的来源。

魏晋时期，中山一带有个人叫狄希，取这个名字也许是为了跟"仪狄"的名字相配。据说狄希能够酿造一种让人一醉千日的酒，名字就叫"千日醉"。当时同州有个大酒鬼刘玄石，听说狄希此酒，慕名而去。狄希说不行不行，我这酒还没发酵好，酒性还不稳定，还不能给你喝。刘玄石说，没事没事，就喝一杯，我可是千杯不醉的体质。

狄希说啥也不同意，但是终究拗不过刘玄石软磨硬泡，最后给他倒了一小杯。刘玄石闻到酒味奇美，生平从未闻到过如此甘美的酒香。拿起酒杯，一饮而尽。这酒入口绵，落口甜，醇美柔和，回味无穷。好酒！刘玄石赞不绝口。还要再来一杯。狄希说不行了，就这一杯，就够你回去醉一千天了，等你醒了再来吧。刘玄石看索酒不得，只好悻悻离开。

走在路上，刘玄石就觉得头重脚轻，有一种飘飘欲仙的感觉，好不容易支撑到家，刚进家门，咕咚一声倒在地上，死了。刘玄石老婆听到声音，从屋里出来，一看刘玄石倒在地上，嘴里骂道，你个挨千刀的，天天喝天天喝，早晚喝死你！哎呀妈呀！咋还真死了！？家里人给刘玄石穿寿衣，买棺材，入殓下葬。

过了三年，这天狄希忽然想到，哎呀不好，当年刘玄石来我这喝了一杯千日醉，算算日子，也就这几天该醒了，我得过去看看。到了刘玄石家一问，他的家人说，刘玄石死了三年了啊，我们连丧服都脱了。狄希也吃了一惊，想不到自己的酒威力如此之大，真的让他睡了一千天，啥也别说了，赶紧去看看埋在哪，今天也该醒了，去晚了估计就真憋死了。

家里人一听还有这种事？赶紧吧，也别追究人家狄希的责任了，去看看是真是假再说。刚走到墓前，就见坟墓上冒起了蒸汽，打鼻子一闻，嗬，这个香啊！赶紧挖开坟墓，打开棺材。棺材板刚揭开，就见刘玄石好像刚睡醒一样，伸着懒腰，打着哈欠，口中兀自说道，哎呀妈呀，这酒劲儿还挺大，给我醉得够呛啊。抬眼一看，这不是给我酒的狄希嘛，他开口问道，狄希兄弟，你这酒是咋酿的？这么厉害，喝了一杯就醉成这样，现在几点了？是不是该吃中午饭了？咱哥俩儿再整两杯？

大家一看刘玄石好像昨天才喝醉了一样，根本不知道自己已经在坟里待了三年，又好气又好笑。抬回家吧，以后少喝点，喝多了恐怕就真进坟墓里出不来了。要说这千日醉还真是厉害，当年去挖坟的人，闻到了刘玄石身上散发的酒气，回家也都醉了三个月，也不知这是酒还是毒药。

125. 晋魏郡①亢阳②，农夫祷于龙洞，得雨，将祭谢之。孙登见曰：『此病龙雨，安能苏禾稼乎？如弗信，请嗅之。』水果腥秽。龙时背生大疽，闻登言，变为一翁，求治，曰：『疾痊，当有报。』不数日，果大雨。见大石中裂开一井，其水湛然③。龙盖穿此井以报也。

═注释═ ①魏郡：郡名，今河北临漳县西南。②亢阳：大旱。③湛然：水清澈的样子。

＜解说＞ 孙登是西晋时期的隐士，他住在汲郡北山的山洞当中，夏天穿着草编的衣服，冬天全靠一头长发遮身蔽体，基本上过着原始人一样的生活。有时候孙登也到人间走一圈，到了百姓家里，人家招待他，他也不客气，吃吃喝喝，走时还拿点衣服之类的。这些日用品孙登带到山里，维持一段生活，如果想搬家换地方住，就全部丢了不要，相当洒脱自由。

孙登喜欢读《周易》，弹得一手好琴，而且善啸。据说当年阮籍还特意请教过孙登，孙登不屑理他，阮籍临走时，听到孙登在山上长啸一声，声音在山林中久久回荡。孙登性格比较随和，从来没见他跟谁生过气，有人故意整蛊他，将他扔到水里，看他到底生不生气。结果孙登从水里爬出来，哈哈大笑，扬长而去。

有一年魏郡干旱了很久，农民们在龙洞祈祷龙王降雨，结果真的下了雨，百姓欢呼雀跃。刚想要拿着祭品感谢龙王，孙登说，这条龙是个病龙，虽然降了雨，但是不能滋润庄稼，要是不信，你们闻闻雨水的味道便知。

百姓一闻，这雨水果然又腥又臭。原来是这龙背上生了一个大疮，龙听到孙登的话，变成一个白头老者，找到孙登，让他给自己看病。说如果我的病能治好，将来必定重谢。孙登给他开了一服药，过了几天果然好利索了。这次，天上降下的雨犹如甘露一般。人们发现一块大石头上裂开一口井，井水清澈甘甜，此井正是龙的谢礼。

这个“病龙降雨”的故事，后来被安在唐代著名医药学家孙思邈身上。说他曾给一个老头把脉，说你这不是普通人脉象，你这是龙脉啊。这老者正是得了疮的龙，孙思邈给他治好了病，雨水也就干净了。

126. 汉时弘农杨宝，年九岁时，至华阴山北，见一黄雀为鸱枭[1]所搏，坠于树下，为蝼蚁所困。宝见，愍之，取归，置巾箱中，食以黄花。百余日，毛羽成，朝去，暮还。一夕三更，宝读书未卧，有黄衣童子，向宝再拜曰：『我西王母使者，使蓬莱，不慎为鸱枭所搏。君仁爱见拯，实感盛德。』乃以白环四枚与宝，曰：『令君子孙洁白，位登三事，当如此环。』

═注释═ ①鸱枭：又作『鸱鸮』，猫头鹰。

<解说> 弘农杨氏在中古政治舞台上，扮演着重要的角色，作为知名当世的名门望族，弘农杨氏人才辈出。西汉汉昭帝时，杨敞任为宰相，弘农杨氏高光亮相于历史舞台。杨敞的玄孙杨震更是以德行闻名于世，有“关西孔子”之称，官至三公太尉。杨震儿子杨秉、孙子杨赐、重孙杨彪，均为太尉，被称为“四世三公”。魏晋南北朝时期，弘农杨氏在北朝也位居显赫要职。到了隋唐，更是厉害，隋文帝杨坚，隋炀帝杨广，越国公杨素及子杨玄感，包括杨国忠、杨贵妃，都出自弘农杨氏。

关于这个家族的起源，还颇有点传奇色彩。据说弘农杨氏最早的祖先叫杨宝。杨宝九岁那年，到华山北边玩耍，看到一只黄雀，被老鹰打败，掉在树下。又被一群蝼蚁围困，眼看着要成为蝼蚁的口中餐。杨宝看这黄雀可怜，将它救下来，放到巾箱里，用黄花喂养它。养了一百多天后，黄雀羽毛长好了，杨宝将它放走。早上走了，晚上就回来，好像舍不得离去。

一天晚上，三更时分，杨宝在屋里读书，忽见一个穿着黄色衣服的童子走进屋子。童子面向杨宝拜了两拜，说道，我是西王母的使者，奉命出使蓬莱，路上不幸被老鹰所伤，幸得公子相救，保住了性命，特来感谢您的大恩大德。说完，从怀里掏出白玉环四枚献给杨宝。并且跟他说，将来您的子孙会像这玉环一样洁白华贵，官位可以做到三公。

杨宝虽未在史书中留下名姓，但杨氏子孙却在中古历史上留下了辉煌的印记。干宝在这里想要表达的是，一个不经意的善举可能会影响自己一生，乃至泽被子孙后世。俗云“勿以善小而不为”，此之谓也。

127. 隋县[1]溠水[2]侧，有断蛇丘。隋侯出行，见大蛇被伤，中断。疑其灵异，使人以药封之，蛇乃能走。因号其处断蛇丘。岁余，蛇衔明珠以报之。珠盈径寸，纯白，而夜有光明，如月之照，可以烛室。故谓之『隋侯珠』，亦曰『灵蛇珠』，又曰『明月珠』。

注释 ①隋县：今湖北随州。②溠（zhà）水：水名，在今湖北随州西北。

<解说> 春秋时期有两件著名宝物，一个是随侯珠，一个是和氏璧。两者合称“随和之宝”，很多人不惜一切代价想要得到这两件宝物，甚至以城池交换，所谓价值连城，恐怕就是这个意思。当年赵国蔺相如和秦昭王在渑池，为了一块和氏璧，就曾上演了一幕惊心动魄的争夺战。很多人对完璧归赵的成语比较熟悉，但是关于随侯珠却不甚明了。

随侯珠可能是一种会发光的玉石，自然界有很多矿物质和岩石，因为含有磷质等发光成分，能够在夜间发出五光十色的耀眼光芒。很多典籍中记载有夜明珠，汉代的昭和殿中，就用随侯珠做夜间照明之用，班固的《西都赋》中写道：“随侯明月，错落其间。”这里所说“随侯明月”可能是一些普通的夜明珠，并非特指“随侯珠”。随侯珠应当是一颗体量相当大的玉石，比普通夜明珠要大很多，所以更加珍贵。

128. 孙权时李信纯，襄阳纪南[1]人也。家养一狗，字曰黑龙，爱之尤甚，行坐相随，饮馔之间，皆分与食。忽一日，于城外饮酒大醉，归家不及，卧于草中。遇太守郑瑕出猎，见田草深，遣人纵火爇[2]之。信纯卧处，恰当顺风。犬见火来，乃以口拽纯衣，纯亦不动。卧处比[3]有一溪，相去三五十步。犬即奔往，入水湿身，走来卧处。周回以身洒之，获免主人大难。犬运水困乏，致毙于侧。俄尔信纯醒来，见犬已死，遍身毛湿，甚讶其事。睹火踪迹，因尔恸哭。闻于太守。太守悯之曰：『犬之报恩，甚于人。人不知恩，岂如犬乎？』即命具棺椁衣衾葬之。今纪南有义犬葬，高十余丈。

注释 ①纪南：今湖北江陵西北。②爇（ruò）：焚烧。③比：附近。

<解说> 作为社会性的动物，狗习惯于人类生活，对主人口令执行力强，加上无比的忠诚，当之无愧为人类最好的朋友。古今中外有很多关于狗报恩的故事，与这些故事类似，本则故事丝毫没有神异的成分，只是如实展现了狗忠诚的本色而已。

故事发生在三国孙权时期，襄阳纪南人李信纯养了一只狗，取名黑龙。李信纯非常喜欢黑龙，走到哪都带着它。黑龙也乖巧，跟李信纯寸步不离，吃饭的时候，李信纯也分给黑龙。有一天李信纯在城外喝酒，喝得酩酊大醉，回去时城门已关，他就趴在草丛中打起了鼾。黑龙就依偎在主人身边，给他取暖。

刚巧太守郑瑕出城打猎，看到此处田野里的草太长，就派人放火烧草。李信纯就睡在放火的下风处，此时节秋高气爽，天干物燥，火势蔓延很快。黑龙鼻子灵敏，嗅到了烟火味道。爬起来用牙咬着李信纯衣袖，想叫他起来。怎奈李信纯醉得厉害，无论如何也叫不醒。黑龙四处求救，发现三五十步外有一条小溪，黑龙跳进溪水中，浑身沾满水，跑回李信纯睡觉的地方。扑棱扑棱，抖动身子，用水将周围的草浸湿，如此来来回回不知多少趟，总算保住了主人性命。黑龙也累得趴在主人身边，闭上了眼睛。

过了不知多久，李信纯起来，伸个懒腰，打个哈欠，酒劲过去了大半。睁眼一看四周，焦糊一片。再看身边，草地湿了一大片，火丝毫没有烧到自己。转身再看黑龙，浑身湿淋淋躺在地上一动不动。李信纯摇摇黑龙，口里喊着它的名字，可是黑龙依然没有反应。李信纯心中明白，是黑龙舍命救了自己，一阵悲伤涌上心头，他伏在黑龙身上大哭。

这件事传到了太守耳中，太守感慨道，狗都知道报恩，人有时候还不如狗啊。想想黑龙的死其实也跟自己放火有直接关系，于是命人给黑龙穿上丧服，入殓棺材，厚葬了这只忠犬。

129. 临川东兴有人入山，得猿子，便将归，猿母自后逐至家。此人缚猿子于庭中树上以示之。其母便搏颊[①]向人，若乞哀状，直谓口不能言耳。此人既不能放，竟击杀之。猿母悲唤，自掷而死。此人破肠视之，寸寸断裂。未半年，其家疫死，灭门。

注释　①搏颊：拍打脸颊。

<解说>　猿猴的叫声类似人的哭号，给人以悲凉哀伤之感，尤其是三峡一带，经常有客船通过，听到猿鸣声，就会让离乡的人莫名哀伤。《水经注》关于“三峡”的描述中就有一段著名的记载：“每至晴初霜旦，林寒涧肃，常有高猿长啸，属引凄异。空谷传响，哀转久绝。故渔者歌曰：‘巴东三峡巫峡长，猿鸣三声泪沾裳。’”因此诗歌中常用猿声传达哀愁情绪，如“剑门鸟道输天险，巫峡猿声助客哀”“猿声一叫断，客泪数重痕”之类。

也许因为猿叫声自带的悲凉，容易让人将肝肠寸断与猿联系在一起，有个成语叫“猿肠寸断”，来形容思念的悲切。李白《赠武十七谔》云：“爱子隔东鲁，空悲断肠猿。”吴融《松江晚泊》云：“寸肠无计免，应只楚猿知。”都是用此典故。

幻想中国丛书

《博物志》《搜神记》《神仙传》《拾遗记》《异苑》